全国导游人员资格考试专用教材

# 导游业务

导游人员资格考试研究中心 编

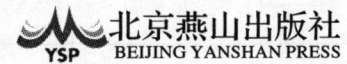

图书在版编目(CIP)数据

导游业务／导游人员资格考试研究中心编. －－北京：北京燕山出版社，2016.4(2018.12 重印)

ISBN 978－7－5402－4126－1

Ⅰ.①导… Ⅱ.①导… Ⅲ.①导游－资格考试－习题集 Ⅳ.①F590.63－44

中国版本图书馆 CIP 数据核字(2016)第 086494 号

**导游业务**

责任编辑:满　懿
责任校对:天明教育
封面设计:李煜峰
策划编辑:刘　晶
出版发行:北京燕山出版社
社　　址:北京市丰台区东铁营苇子坑路 138 号
邮　　编:100054
印　　刷:辉县市宏大印务有限公司
开　　本:787mm×1092mm　1/16
字　　数:303 千字
印　　张:18
版　　次:2016 年 4 月第 1 版
印　　次:2018 年 12 月第 6 次印刷
定　　价:36.00 元

版权所有　　翻版必究

# 全国导游资格考试备考指南

## 一、关于考试语种及排序

| | 2018 年 | 2017 年 | 分析变动 |
|---|---|---|---|
| 考试语种 | 考试语种分为中文和外语两种,其中外语类包括英语、日语、俄语、法语、德语、西班牙语、朝鲜语、泰语等。 | 考试语种分为中文和外语两种,其中外语类包括英语、日语、俄语、法语、德语、西班牙语、朝鲜语、泰语等。 | 无变化 |

## 二、考试方式

考试形式分笔试与现场考试两种,科目一、科目二、科目三、科目四为笔试,科目五为现场考试。笔试实行全国统一的计算机考试。现场考试以模拟考试方式进行,由省级考试单位根据考试大纲和《全国导游资格考试现场考试工作标准(试行)》组织。

## 三、笔试考试内容、题型及分值比例

相比2017年导游资格考试大纲,2018年题型不变,题量有所增加,其中,判断题由30道增加到40道,每小题0.5分,共20分;单项选择题由80道增加到90道,每小题0.5分,共45分;多项选择题由30道增加到35道,每小题1分,共35分。

|  | 2017 年 | 2018 年 | 分析变动 |
| --- | --- | --- | --- |
| 笔试考试内容 | 科目一、科目二合并为 1 张试卷进行测试,其中科目一、科目二分值所占比例各为 50%;科目三、科目四合并为 1 张试卷进行测试。每张试卷考试时间为 90 分钟,含 140 题。 | 科目一、科目二合并为 1 张试卷进行测试,其中科目一、科目二分值所占比例各为 50%;科目三、科目四合并为 1 张试卷进行测试。每张试卷考试时间为 90 分钟,含 165 题。 | 题量增加 |
| 题型及分值比例 | 考试题型包括判断题、单项选择题、多项选择题。其中判断题 30 题,每题 0.5 分,共 15 分;单项选择题 80 题,每题 0.5 分,共 40 分;多项选择题 30 题,每题 1.5 分,共 45 分。 | 考试题型包括判断题、单项选择题、多项选择题。其中判断题 40 题,每题 0.5 分,共 20 分;单项选择题 90 题,每题 0.5 分,共 45 分;多项选择题 35 题,每题 1 分,共 35 分。 | 1.题型不变; 2.多项选择题总分减少 10 分; 3.判断题和单项选择题各增加 5 分。 |

### 四、现场考试内容及分值比例

相比 2017 年导游考试大纲中对现场考试的要求,2018 年导游考试大纲对中文类考生分值比例进行了略微调整:语言表达所占比例由 15% 增加到 20%;景点讲解由 50% 减少到 45%。可见导游考试提高了对考生语言表达能力的要求。

| 科目五 | | 时长 | 景点讲解考察范围 | 总分值 | 考查项目及占比情况 |
| --- | --- | --- | --- | --- | --- |
| 中文类考生 | 2018 年 | ≥15 分钟 | ≥12 个 | 100 分 | 礼貌礼仪占 5%,语言表达占 20%,景点讲解占 45%,导游服务规范占 10%,应变能力占 10%,综合知识占 10%。 |

(续表)

| 科目五 | | 时长 | 景点讲解考察范围 | 总分值 | 考查项目及占比情况 |
|---|---|---|---|---|---|
| 中文类考生 | 2017年 | ≥15分钟 | ≥12个 | 100分 | 礼貌礼仪占5%,语言表达占15%,景点讲解占50%,导游服务规范占10%,应变能力占10%,综合知识占10%。 |
| 外语类考生 | 2018年 | ≥25分钟 | ≥5个 | 100分 | 礼貌礼仪占5%,语言表达占25%,景点讲解占30%,导游服务规范占10%,应变能力占5%,综合知识占5%,口译占20%。 |
| | 2017年 | ≥25分钟 | ≥5个 | 100分 | 礼貌礼仪占5%,语言表达占25%,景点讲解占30%,导游服务规范占10%,应变能力占5%,综合知识占5%,口译占20%。 |

**五、科目二《导游业务》大纲变化分析**

1. 更加强调考察导游的语言表达、带团和应变能力及常识性知识的掌握。

2. 新增掌握《导游领队引导文明旅游规范》的内容,引导游客文明旅游,了解旅游饭店星级的划分和旅游景区质量等级的划分;掌握导游职业道德规范的基本内容调整为熟悉导游职业道德规范的基本内容;删除了我国导游服务的发展历程。

3. 掌握各类导游的职责、从业素质及礼仪规范调整为熟悉;了解散客旅游的类型,熟悉散客旅游的特点调整为了解散客旅游的定义和特点。

  4.新增了熟悉导游语言的沟通技巧;了解导游语言的概念、特点改为了解导游语言的内涵和特性;删除了熟悉导游语言的基本要求。

  5.熟悉导游带团的特点和原则调整为了解,掌握导游同游客交往的原则和技巧,掌握导游引导旅游者行为,调动游客游兴的方法,掌握导游同旅游接待单位、导游服务集体之间以及同司机之间合作共事的方法调整为熟悉导游主导地位的确立和导游形象的塑造,掌握导游提供心理服务、活跃气氛、引导游客审美、组织和协调、接待重点游客的方法和技巧。

  6.掌握游客个别要求的处理方法中新增了交通和游览两项。

  7.熟悉游客的投诉心理调整为了解;删除了解游客投诉的原因;掌握游客投诉的处理办法调整为熟悉;掌握游客死亡的处理方法调整为熟悉;掌握重大自然灾害的避险方法中新增了海啸一项;删除掌握旅游事故处理的基本原则和程序;删除了解自然灾害的类型;删除掌握重大传染疾病的应对措施。

  8.熟悉出入境应持有的证件和需要办理的手续调整为掌握;熟悉航空、铁路、水运购票、退票和携带物品的规定调整为掌握。

  9.了解我国可兑换人民币的外币种类、旅行支票和信用卡的使用规定,熟悉外汇知识概括为了解我国货币兑换的相关知识;了解国际时差改为了解时差;熟悉旅游事故产生的原因改为熟悉漏接、错接和误机(车、船)事故产生的原因。

导游是旅游业的灵魂和形象,是游客与景观进行心灵对话的媒介,是提升旅游产业形象的"景点红娘",更是促进全国经济发展、社会和谐的重要力量。

近年来,国务院先后出台了《关于加快发展旅游业的意见》《国民旅游休闲纲要》和《关于促进旅游业改革发展的若干意见》等文件,要求把旅游业培育成国民经济的战略性支柱产业和人民群众更加满意的现代旅游业,旅游业迎来了新一轮的改革发展的黄金机遇期。因此,加快建设一支高素质的旅游人才队伍,以适应旅游新业态发展,已成为摆在各级旅游行政管理部门面前的一项重要而紧迫的战略任务。

日新月异的旅游形势告诉我们,旅游业是"一业兴,百业旺"的行业,且行业特点鲜明,发展空间广阔。这就要求旅游从业人员以良好的状态、较高的水准迎接来自五湖四海的宾朋。

为此,我们严格按照国家旅游局发布的《全国导游人员资格考试大纲》,着眼导游人员资格准入所需的素质、知识、能力,精心编写了本套教材。本书不仅搭建了导游工作需要用到的主要理论框架,概括了导游工作的基本知识点,用曲线划出记忆重点,也汲取了一线导游工作的最新实践成果,既可以作为导游人员资格考试的参考用书,又可以作为广大旅游从业人员特别是导游人员的培训资料,还可供旅游爱好者使用。

江山千古秀,祖国万年春!衷心希望广大导游人员以宣传祖国的锦绣江山和风华物茂为己任,以实现"猛志逸四海,骞翮思远翥"。同时,也衷心感谢有关专家和业内人士对本书的编写工作付出的辛勤劳动和不懈努力。

受时间和作者水平的限制,本书难免有不足与疏漏之处,望广大读者多提宝贵意见。

编　者

- 第一章 导游服务 …………………………………… (1)
  - ◆考点提炼 …………………………………… (1)
  - ◆思维导图 …………………………………… (1)
  - 第一节 导游服务的产生及其发展 …………… (2)
  - 第二节 导游服务的概念与类型 ……………… (9)
  - 第三节 导游服务的性质与特点 ……………… (12)
  - 第四节 导游服务的地位与作用 ……………… (18)
  - 第五节 导游服务的原则 ……………………… (20)
  - 第六节 中国旅游行业核心价值观 …………… (23)
  - 第七节 导游人员职业道德规范的基本内容 … (25)
  - 第八节 导游领队引导文明旅游规范的基本内容 … (27)
  - ◆强化训练 …………………………………… (34)
  - ◆参考答案及解析 …………………………… (35)
- 第二章 导游人员 …………………………………… (37)
  - ◆考点提炼 …………………………………… (37)
  - ◆思维导图 …………………………………… (37)
  - 第一节 导游人员的概念及分类 ……………… (38)
  - 第二节 导游人员的职责 ……………………… (40)

第三节　导游人员的从业素质 …………………………………（43）
　　第四节　导游人员的职业形象 …………………………………（49）
　　第五节　导游人员的修养与行为规范 …………………………（59）
　　◆强化训练 ………………………………………………………（62）
　　◆参考答案及解析 ………………………………………………（64）

# 第三章　导游服务规范及程序 …………………………………（65）
　　◆考点提炼 ………………………………………………………（65）
　　◆思维导图 ………………………………………………………（65）
　　第一节　导游服务团队 …………………………………………（66）
　　第二节　全陪导游服务规范及程序 ……………………………（68）
　　第三节　地陪导游服务规范及程序 ……………………………（73）
　　第四节　散客导游服务 …………………………………………（85）
　　◆强化训练 ………………………………………………………（93）
　　◆参考答案及解析 ………………………………………………（94）

# 第四章　游客个别要求的处理 …………………………………（96）
　　◆考点提炼 ………………………………………………………（96）
　　◆思维导图 ………………………………………………………（96）
　　第一节　个别要求的处理原则 …………………………………（97）
　　第二节　游客个别要求的处理方法 ……………………………（99）
　　◆强化训练 ………………………………………………………（109）
　　◆参考答案及解析 ………………………………………………（111）

# 第五章　常见旅游事故的预防与处理 …………………………（113）
　　◆考点提炼 ………………………………………………………（113）
　　◆思维导图 ………………………………………………………（113）
　　第一节　旅游事故概述 …………………………………………（114）
　　第二节　旅游计划和行程变更的处理 …………………………（117）

第三节 漏接、错接、空接和误机事故的原因、预防与处理……（118）
第四节 旅游者证件、行李、钱物遗失的处理……（122）
第五节 旅游者走失的预防与处理……（126）
第六节 旅游者越轨言行的处理……（128）
第七节 旅游者投诉的心理及处置方法……（129）
◆ 强化训练……（132）
◆ 参考答案及解析……（133）

# 第六章 旅游中自然灾害及安全事故的处理……（135）
◆ 考点提炼……（135）
◆ 思维导图……（135）
第一节 重大自然灾害的应对措施……（136）
第二节 旅游安全事故的预防和处理办法……（140）
第三节 旅游常见疾病和急症的防治知识……（146）
第四节 旅游者患病、死亡的处理办法……（148）
◆ 强化训练……（150）
◆ 参考答案及解析……（152）

# 第七章 导游带团技能……（154）
◆ 考点提炼……（154）
◆ 思维导图……（154）
第一节 带团的特点和原则……（155）
第二节 人际交往能力……（157）
第三节 组织能力……（161）
第四节 协作能力……（174）
第五节 重点游客的接待方法和技巧……（178）
◆ 强化训练……（183）
◆ 参考答案及解析……（185）

## 第八章 导游讲解技能 (186)
- ◆ 考点提炼 (186)
- ◆ 思维导图 (186)
- 第一节 导游语言 (187)
- 第二节 口头语言 (189)
- 第三节 体态语言 (195)
- 第四节 导游语言的沟通技巧 (201)
- 第五节 导游讲解的原则和要求 (208)
- 第六节 导游讲解方法 (211)
- ◆ 强化训练 (217)
- ◆ 参考答案及解析 (218)

## 第九章 导游业务常识 (220)
- ◆ 考点提炼 (220)
- ◆ 思维导图 (220)
- 第一节 旅行社业务常识 (221)
- 第二节 入出境常识 (231)
- 第三节 交通常识 (239)
- 第四节 货币和保险常识 (246)
- 第五节 特殊旅游项目的安全知识 (250)
- 第六节 其他常识 (253)
- ◆ 强化训练 (256)
- ◆ 参考答案及解析 (258)

## 附录 (260)
- 导游人员管理条例 (260)
- 导游服务质量标准 (263)
- 旅游饭店星级的划分与评定细则 (272)

# 第一章　导游服务

同步练习

了解导游服务的产生及其发展历程；了解导游服务的概念，现代导游服务特点；熟悉导游服务的性质、地位与作用；掌握社会主义核心价值观和旅游行业核心价值观，熟悉导游人员职业道德规范的基本内容；掌握《导游领队引导文明旅游规范》的内容，引导游客文明旅游。

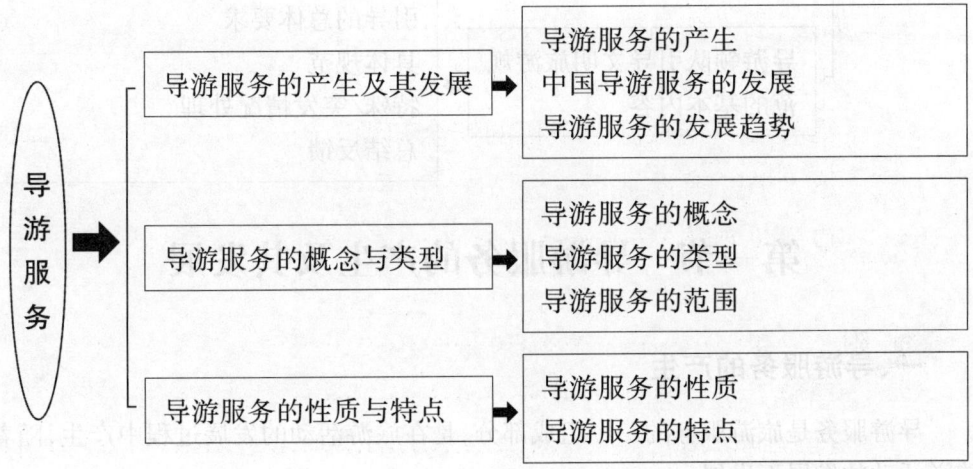

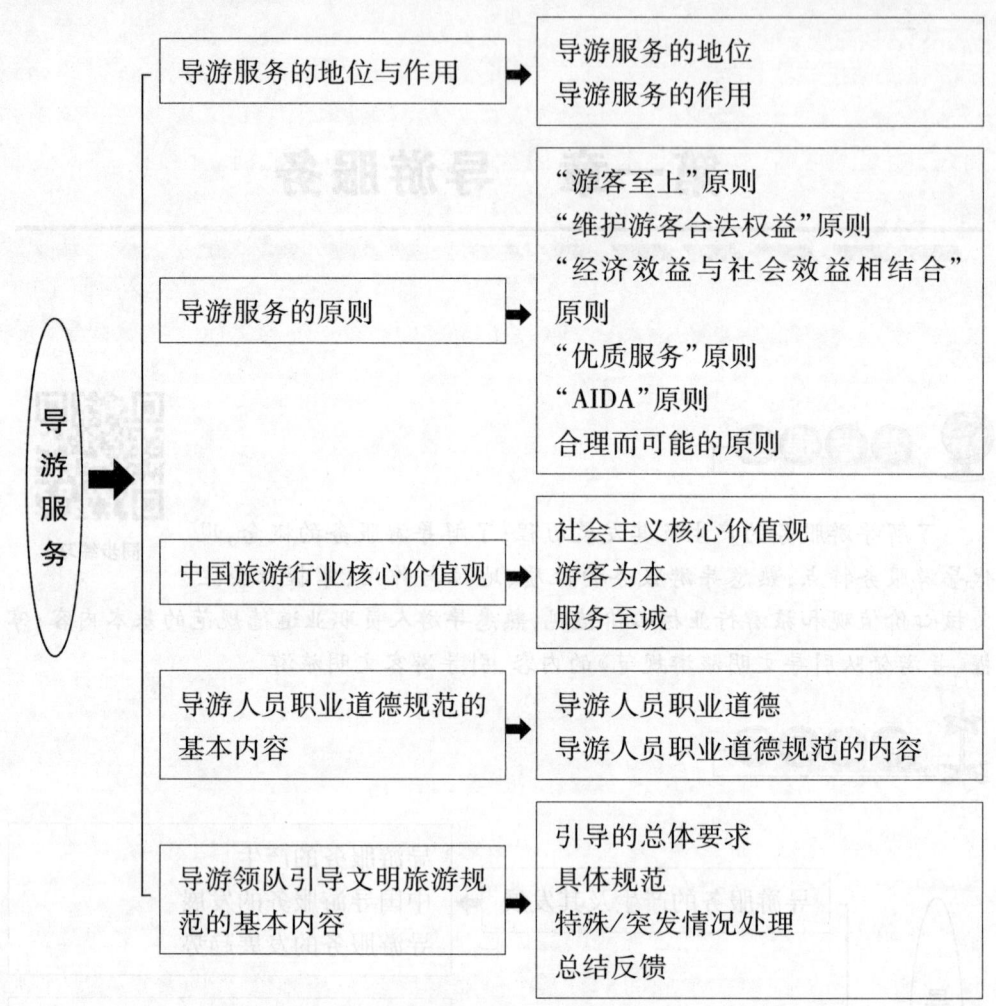

## 第一节　导游服务的产生及其发展

### 一、导游服务的产生

导游服务是旅游服务的一个组成部分,是在旅游活动的发展过程中产生,随着旅游活动的发展而发展。

## 第一章 导游服务

### (一)古代旅游活动

在人类历史上,人类有意识的外出旅行是由于产品或商品交换引起的,即第三次社会大分工使商业从农牧业和手工业中分离出来,出现了专门从事商品交换的商人。正是他们在原始社会末期开创了人类旅游活动的先河。他们以经商为目的,周游于不同的部落之间。显然,在这个时期,导游服务还没有产生。

古代旅游充满艰苦性、冒险性的原因除了交通工具落后外,没有向导是其重要的原因。事实证明,有组织、有领导的旅游成功性大,反之,则很难达到预期目的。近代旅游成为人们愉快的活动,专职导游随之而产生,在人类社会上掀起了新的一页。

### (二)导游服务的产生和发展历程

1. 早期有陪同和领队的旅行活动

世界上有领队和陪同的旅行的最早记载是《圣经》上的《出埃及记》。它所记载的事,大约发生在公元前14世纪—前15世纪。当时,以色列人离开两河流域移居埃及,在那里大量繁衍,引起埃及人的仇恨。埃及法老(国王)没收其财产,强迫他们做苦工。为了生存,以色列人的首领摩西决定带领全族离开埃及,寻找新的居留地。摩西作为上帝的使者,运用自己的智能和勇气,克服了重重困难,经过40年的长途跋涉终于走出埃及,来到迦南地东方约旦河东岸。旅途中的以色列人因缺水而精疲力竭地倒在地上和死人一般,是一群野驴带他们找到水源,并在水源的附近建立了城市。

由此可见,旅行团的领队是个非常重要的角色,他要具备各种才能和应变能力。今天的领队虽不像摩西那样面临种种危险,但也并不只是参观游览、住饭店、品尝美味或会见新闻人物。现在的导游已成为一种职业,要做名副其实的摩西式的人物,能创造奇迹,完成表面上看来不可能完成的事,要做游客的密友,为他们解决旅途中的各种问题。

2. 近代导游服务

(1)18世纪60年代,英国发生了工业革命,并蔓延到整个欧洲。工业革命促进了社会生产力的重大变革,新兴的资产阶级、工人阶级的出现和新型商业城市的崛起,将人类的历史进程推到一个崭新的发展阶段。新的历史发展时期,必然会引发人们新的需求。由于以蒸汽机为代表的现代交通工具的出现为旅游提供了全新的物质条件,使得旅游消费开始成为19世纪西方发达国家富人阶层的一大时尚。

(2)生于英国一个贫寒家庭的托马斯·库克就是在这个大背景下,于1841年

7月包租了一列火车,运送570人从莱斯特前往拉巴夫勒参加禁酒大会,并获得空前成功。托马斯·库克组织的这次活动被公认为世界上第一次商业性旅游活动,之后他又组织了几次旅游活动,并亲自陪同。

(3)1845年,托马斯·库克创建了历史上首家专门从事旅游活动组织和经营的旅行社,并在当年组织了350人从莱斯特到利物浦的包价旅游,不仅亲自陪同,还在中途游览中聘请了地方导游。之后陆续组织了一系列的旅游活动,并在这些活动中配置全程导游服务。

(4)1846年,托马斯·库克亲自带领一个旅行团乘火车和轮船到苏格兰旅行。他为每个成员发了一份活动日程表,还为旅行团配置了向导,这是世界上第一次有商业性导游陪同的旅游活动。此后,他每年都要组织大约5000多人在英伦三岛之间旅行。

(5)在托马斯·库克成功经验的启迪下,欧洲、北美和亚洲的日本也先后掀起商业性旅游活动的序幕,纷纷成立旅行社或类似组织,招募导游与陪同,不但促进了导游队伍的形成,也使得导游服务变成旅游团提供的服务中一项必不可少的服务。

(6)从上述的说明可以看出,这个时期不仅出现了导游服务,从事这一工作的人员也已细分成了全程陪同服务和地方游览讲解服务两种类型。前者肩负着向导作用和旅游团的行程与生活照料工作,后者专门负责当地游览项目的导游和讲解。所以,这个时期是导游服务的开创时期,也是现代导游服务的奠基时期。

(7)另外,旅行社组织的旅游活动还招聘全程陪同和在参观游览景点临时雇佣当地人进行导游讲解,这也使得一部分人逐渐将导游工作作为一种职业来看待,从而促进了导游服务向职业化的转变。

3.现代导游服务

(1)现代导游服务开始于第二次世界大战之后,因经济稳步发展,人们收入水平的提高以及闲暇时间的增多,出现了各种目的的旅行,旅游活动也得到了快速发展。

(2)导游服务在旅游服务中的重要性和导游人员队伍的不断扩大,使得许多国家政府都加强了对导游人员的管理,也使得现代导游服务呈现出职业化、规范化的特点。

## 二、中国导游服务的发展

中国第一代导游人员出现于1923年8月,上海商业储备银行的旅游部组建之时,至今经历了四个发展阶段。

### (一)起步阶段(1923—1949年)

同欧美国家相比,中国近代旅游业起步较晚。20世纪初期,一些外国旅行社,如英国的通济隆旅游公司(前身即托马斯·库克父子旅游公司),美国的运通旅游公司开始在上海等地设立旅游代办机构,总揽中国旅游业务,雇用中国人充当导游。1923年8月,上海商业储备银行总经理陈光甫先生在其同仁的支持下,在该银行下创设了旅游部。1927年6月,旅游部从该银行独立出来,成立了中国旅行社,其分支社遍布华东、华北、华南等15个城市。与此同时,中国还出现了其他类似的旅游组织,如铁路游历经理处、公路旅游服务社、浙江名胜导游团等。社会团体方面也相继成立了旅游组织。1935年中外人士组成中国汽车旅行社,1936年筹组了国际旅游协会,1937年出现友声旅行团、精武体育会旅行部、萍踪旅行团、现代旅行社等。这些旅行社和旅游组织承担了近代中国人旅游活动的组织工作,同时也出现了第一批中国导游人员。

### (二)开拓阶段(1949—1978年)

新中国成立后,我国旅游事业有了进一步发展。第一家旅行社"华侨服务社"于1949年11月在厦门筹建,12月正式营业。1954年4月15日,中国国际旅行社在北京诞生。其后又在各地设立分支社,主要负责接待外宾,为外国人来华旅游提供方便,但不承担自费的接待任务。1960年开始,随着我国国际关系的改善,西方的旅行者逐年增多,我国的旅游事业有所开拓和发展。1964年6月,国务院批准成立"中国旅行游览事业管理局"作为国务院直属机构,加强对旅游事业的组织和领导。在此期间我国的导游队伍逐渐形成,规模约有二三百人,近十几种语言。这时期导游服务是作为外事接待工作的面貌出现,因此,从事导游服务的工作人员均称为翻译导游人员。在周总理提出的"三过硬"(思想过硬、业务过硬、外语过硬)原则指导下,他们是国际导游队伍的一支后起之秀,为我国旅游事业的发展、创立中国导游风格、总结导游工作经验、扩大我国国际旅游市场中的影响起到了重要作用。

1. 中国旅行社("中旅"CTS)成立过程

1949年11月19日厦门有关部门接管了旧"华侨服务社",创立了新中国第一家华侨服务社。1957年3月,全国各地华侨服务社在北京开会,决定在社名上增加"旅行"二字,并于4月22日在北京成立"华侨旅行服务社总社"。1969年因"文革"因素被短期撤销。1972年8月,中央又批准恢复总社,但考虑到当时许多国外华侨已加入外国国籍,因此1974年经国务院批准,成立了中国旅行社,并与华侨旅行社合署办公,统称中国旅行社。

2. 中国国际旅行社("国旅"CITS)成立过程

1952年中国成立"国际活动指导委员会",1953年南汉宸和刘贯一了解苏联国际旅行社情况后,决定筹建中国国际旅行社,并于1953年6月18日呈报政务院。6月20日周总理批示:"同意,请即指导有关方面筹办。"1954年4月15日"中国国际旅行社"在北京正式成立总社。1954年4月28日,政务院通知在天津、上海、南京、广州、杭州、汉口、沈阳、哈尔滨、南宁、安东、大连和满洲里等12个城市成立分社。

### (三)发展阶段(1978—1988年)

中国共产党第十一届三中全会后,我国实行对外开放政策,吸引了大批海外旅游者涌入我国,国内旅游也蓬勃发展。为适应旅游业的大好形势,1978年,中国旅行游览事业管理局改名为"管理总局",各省、市、自治区都设立相应的旅游局。1980年6月,中国青年旅行社("青旅"CYTS)总社成立,几个中央部委如邮电、教育、铁路等也相继成立了旅行社。1984年后旅行社外联权的下放,全国各行业和地区性旅行社迅速发展。到1988年底,全国形成了以中旅、国旅、青旅为主干框架的近1600家旅行社体系,全国导游人员迅速扩大到25000多人,他们为这一时期我国旅游业的发展作出了贡献。但由于增长速度过快,一批水平不高的人也进入了导游队伍中来,出现了鱼龙混杂的局面,整体导游水平和素质不如前一阶段,个别导游人员甚至做出了有损人格、国格的事情,走上违法犯罪的道路。

### (四)全面建设导游队伍阶段(1988年至今)

为了整顿导游队伍,使导游服务水平适应我国旅游业大发展的需要,1989年3月,国家旅游局在全国范围内进行了一次规模空前的导游资格考试,自此,每年举行一次全国性的导游资格考试;同年,《中国旅游报》等单位发起了"春花杯导游大奖赛",以后又举办了多次全国导游大奖赛,对提高我国的导游服务水平、推进导游工作规范化的进程做出了贡献。同时也标志着我国开始迈入全面建设导游队伍的阶段。

为进一步规范导游服务、加强导游管理,1994年国家旅游局决定对全国持有导游证的专职及兼职导游人员分等定级,划分为初级、中级、高级、特级四个级别,进一步加强导游队伍建设。同年,国家旅游局联合国家技术监督局发布了《导游人员职业等级标准》(试行),1995年发布《中华人民共和国国家标准导游服务质量》。1999年5月国务院颁发的《导游人员管理条例》标志着我国导游队伍的建设迈上了法律进程。

2001年,国家旅游局颁发《导游人员管理实施办法》,决定启用新版导游证,实行导游计分制管理,并运用现代科学技术手段建立导游数据库,在全国范围内推行导游电子信息网络化管理。2002年,国家旅游局开展整顿和规范旅游市场秩序活动,把全面清理整顿导游队伍作为三个重点环节之一来抓,明确提出严厉查处乱拿、私收回扣,打击非法从事导游活动,坚决清理一批政治、道德、业务素质不合格的导游人员,建立和完善"专职导游"和"社会导游"两套组织体系和教育管理体系,全面推行导游计分制管理和IC卡管理等举措。这些举措促进了导游工作的规范化和导游队伍的建设。2003年起,为了支持我国西部地区旅游事业的发展和导游队伍的建设,还开展了"百名导游援藏"行动。

目前,我国已形成了一支由职业导游和兼职导游组成的专业队伍。大旅行社,如CITS、CTS和CYTS一般拥有比较稳定的导游队伍,这支导游队伍从总体上来看,具有较高的文化素质和较大的工作热情。他们主要从事国际旅游接待,为旅游业的发展做出了贡献。他们中大多数为第三代导游人员即90年代以来进入旅行社和旅游行业的,年轻能干,对市场经济比较适应。并且由于工作的需要、队伍的稳定、服务质量的要求,他们或多或少都参加过培训和定期学习。大多数小旅行社,基本上没有专职导游队伍,社里部分有导游证的外联、计调人员可兼任导游,各业务部门都有相对稳定的兼职导游。

由于国家重视旅游人才的培养,导游的职业队伍已经形成。他们中不乏经验丰富、知识渊博、导游技能高超的人才,是各个旅行社的骨干。然而中国的导游队伍毕竟还年轻,大部分人的文化水平不理想,导游的技巧和方法不够熟练,还不能真正承担起肩负的责任,还必须把培训和考核导游人员的工作作为发展旅游业的重要任务。

### 三、导游服务的发展趋势

未来旅游活动的发展趋势对导游服务将会产生直接影响并提出新的要求。导游服务将会呈现出以下趋向。

## (一)讲解内容高度知识化

导游服务是一种知识密集型的服务,即通过导游人员的讲解来传播文化、传递知识,促进世界各地区间的文化交流。随着人们文化修养的提高,对知识的获取与更新更加重视,文化旅游、会奖旅游、专项旅游、科考旅游等的发展,将对导游人员提出更高的知识要求。

因此导游人员必须提高自身的文化修养,不断吸收新知识和新信息。导游人员掌握的知识不仅要有广度,还要有深度;不仅能同游客讨论一般问题,还能较深入地谈论某些专业问题。由此使导游讲解的内容进一步深化,更具有科学性,导游讲解更有说服力。导游人员不仅要成为上知天文下知地理的杂家,还应该尽力成为某些方面的专家。

## (二)导游手段科技化

随着科学技术的发展,一定会有更先进的科技手段运用到导游服务中来。如图文声像导游方面,各类先进的视听电子产品、可穿戴设备等将能够极大丰富导游手段,互联网成为导游、游客获取知识的重要手段。在游览前或在游览现场引导游客参观游览过程中,不仅让游客看到(听到)景观景物的现状,还能进一步了解其历史沿革和相关知识。因此,导游人员必须能够灵活运用,并与实地口语导游方法密切配合,相辅相成,锦上添花。

## (三)导游方法多样化

随着旅游活动日趋多样化,尤其是参与性、体验性旅游活动的兴起和发展,要求导游人员随之改变其导游方法。参与性旅游活动的发展,意味着人们追求自我价值实现的意识在不断增强。追求自我价值不仅体现在工作中,人们还将其转移到了娱乐活动之中。人们参加各种节庆活动,与当地居民一起活动、生活,在旅游目的地学习语言、各种手艺和技能,甚至参加冒险活动等。这些都要求导游人员不仅会动嘴,还要能动手,与游客一起参加各种活动。

## (四)导游服务个性化

导游服务的个性化,一方面是指导游人员不但要按照服务规范做好基本的服务工作;还要能够根据游客不同需求,及时到位地提供针对其心理个性化需求的超常规的服务工作。国外服务理论研究结果表明:规范化服务通常只能满足顾客对于服务的最基本要求,却难以产生满意、忠诚的顾客,只有提供针对顾客个性化的服务,才能增加顾客价值与顾客满意感。另一方面,导游服务的个性化有利于导游人员根据自身优势或特长、爱好,形成个性化导游风格,给游客留下更加深刻的印象。

### (五)导游职业社会化、兼职化

进入21世纪,我国导游职业逐渐呈现出社会化、兼职化倾向。从早先的旅行社专职导游,逐渐过渡到今天数量上以兼职社会导游人员占主体的格局。

导游职业社会化、兼职化的趋势,给保持与提高导游服务质量带来了新的挑战。体现在以下几个方面:

**1. 整体上,我国导游队伍的综合素质有待提高**

从导游人员学历、导游等级看,中、低学历和初级导游人员占很大比例,结构不合理。应该采取措施鼓励导游人员努力提高业务水平,对不同等级的导游人员,在薪资待遇、出团补贴收入方面向高级别导游倾斜。

**2. 导游服务水平不尽如人意,对导游人员服务质量的投诉占比最大**

仔细查看历年对导游人员的投诉案例,发现相对于旅行社专职导游,兼职业余导游被投诉比例较高。

相比旅行社专职导游,社会导游与旅行社间不存在长期契约关系,除带团的短暂期间,平时生活与工作性质可能跟导游工作毫无关联。相对来说,社会导游对企业组织承诺水平较低,企业文化和组织规章制度对其约束力较弱。出团机会少,实践经验少,又缺乏及时到位的日常业务培训,是导致工作中出差错几率较高的主要原因。

由此可见,必须重视对社会导游的日常管理、培训、考核工作,依据《旅游法》精神,探讨、建立和完善切实有效的导游管理体制,从整体上提高导游人员服务意识和服务水平。

## 第二节 导游服务的概念与类型

### 一、导游服务的概念

导游服务是指导游人员代表所属的旅行社,接待或陪同游客旅行、游览,按照组团合同或约定的内容和标准向游客提供的旅游接待服务。

导游服务的概念包含如下含义:

(1)表明从事导游服务的导游人员必须是经旅行社委派的。未经旅行社委派的导游人员,不得擅自接待旅游者。所以,导游服务是旅行社经营活动的一个组成

部分，而不是导游人员的个人行为。

（2）导游服务必须严格按照有关规定进行。对于团体旅游者，导游服务应以旅游团的组团合同和导游服务质量标准为依据；对于散客，导游服务应按事先约定的内容和标准实施。导游人员不得擅自更改旅游项目和服务质量标准。

（3）导游服务的主要内容是从事旅游者的接待服务。即在陪同旅游者旅行、游览的过程中，为旅游者提供向导、讲解及相关旅游服务。

## 二、导游服务的类型

导游服务的类型是指导游人员向游客介绍目的地和景点景区情况的方式。现代导游服务的方式多种多样，大致可归纳为实地口语导游方式和图文声像导游方式两大类。

### （一）实地口语导游方式

实地口语导游方式也称讲解导游方式，是指导游人员在游客旅行游览过程中对游客进行介绍、讲解的导游方式。实地口语导游长期以来一直是主要的导游方式，与图文声像导游相比，这种方式具有以下特点：

1. 体现了人在旅游服务中的主导地位

导游人员在进行讲解导游服务时，直接面对需求与目的各异的游客，其讲解水平的高低，服务质量的优劣，能否满足游客的各种需求，甚至其导游服务的成败，往往取决于导游人员本身的素质与知识水平的高低、讲解艺术和服务态度的优劣。

2. 能够灵活自如地应对各种复杂多变的情况

现场导游情况纷繁复杂，在旅游过程中，游客随时都有可能提出各自感兴趣的问题和要求，一些事先无法预料的事情也可能会随时发生。而通过实地讲解导游服务，可以有针对性、有重点地进行声情并茂的口语讲解并解答游客的各种提问，迅速灵活地处理游客提出的各种要求，妥善解决各种突发事件。

3. 有利于旅游活动中的人际交往和情感交流

旅游不仅是一种经济活动，更是一种社会文化活动。人们到异域他乡观光游览，通过对当地社会文化的了解来增加知识，通过与旅游目的地居民的接触来了解当地人民的生活方式，在人与人的交往中增进友谊。而导游人员是当地居民的代表，可以说是游客首先接触到并且接触时间最长的当地居民，通过导游人员的言谈举止、讲解和服务，可以使旅游者产生对目的地居民的友好印象。

## (二)图文声像导游方式

图文声像导游方式也称为物化导游方式。随着科学技术的飞速发展,图文声像导游的方式更加丰富多样,目前主要包括图文导游方式、声像导游方式和多媒体导游方式三种。

### 1. 图文导游方式

图文导游方式包括各种导游图、交通图、旅游指南、景点介绍册页、宣传册、画册、旅游产品介绍、有关旅游活动的宣传品、广告、招贴等印刷资料。图文导游方式图文并茂,能给人一种身临其境的感觉。旅游相关资料携带方便,并且制作快捷、成本低廉,因而是一种良好的导游方式。在旅游业发达的国家,这种方式已极为普遍。

### 2. 声像导游方式

声像导游方式包括有关国情介绍、景点介绍的录音带、录像带、影片、幻灯片等。这种导游方式主要是作为旅游者旅行前及旅行期间的旅游指导,通过声音影像给旅游者以深刻的感官印象,帮助旅游者了解旅游目的地的基本概况,起到导游的作用。声像导游方式一般多用于重大参观项目、旅游博览会和大型旅游活动中。在一些环境相对封闭的旅游景区、景点(如博物馆、教室、游船等)也多装备有先进的声像设施,以方便游人参观游览。

### 3. 多媒体导游方式

多媒体导游方式是一种利用计算机和现代信息技术开发的导游方式,在旅游业中已获得广泛的应用。多媒体导游方式充分利用各种传输媒介,方便、迅捷地与旅游者进行双向交流。例如,旅游咨询处和公共场所的多媒体信息查询系统以及旅游景区内的电子导游系统,旅游者可以通过电脑键盘、触摸屏等与旅游信息数据库进行查询、交流。广义地说,因特网上众多的旅游网站,就是非常不错的多媒体导游系统。

## 三、导游服务的范围

导游服务范围是指导游人员向游客提供服务的领域,即导游人员业务工作的内容。导游服务工作繁重纷杂,服务范围很广,食、住、行、游、购、娱、入出境迎送、上下站联络、邮电通讯、医疗等,几乎无所不包。但归纳起来,导游服务大体可分为三大类,即导游讲解服务、旅行生活服务和市内交通服务。

### （一）导游讲解服务

导游讲解服务包括游客在目的地旅行期间的沿途讲解服务、参观游览现场的导游讲解以及座谈、访问和某些参观点的口译服务。<u>导游讲解在导游服务中占主导地位</u>。

### （二）旅行生活服务

旅行生活服务包括游客入出境迎送、旅途中生活照料、邮电通讯、安全服务以及上下站联络等。

### （三）市内交通服务

市内交通服务是指导游人员同时兼任旅游车驾驶员，除了在景点为游客提供讲解服务之外，还在各景点之间为游客提供市内交通服务。导游人员提供市内交通服务，一般仅限于散客旅游。欧美国家较常见，我国则不多见。

## 第三节　导游服务的性质与特点

### 一、导游服务的性质

导游服务的性质因国家和地区的不同，其政治属性也不同。在资本主义制度下，导游人员由于长期受资本主义社会环境影响，资本主义思想熏陶，在向游客提供导游服务时，往往会自觉或不自觉地传播资本主义人生观、价值观和伦理道德，使导游服务有形或无形地带有资本主义色彩。

社会主义中国的导游服务工作在本质上有别于资本主义国家。中国的导游服务工作是一项为祖国的社会主义建设和国内外民间交往服务的旅游服务工作。它以游客为服务对象，以协调旅游活动、导游讲解、帮助游客了解中国为主要服务职责，以沟通语言和文化为主要服务形式，以增进相互了解和友谊为主要工作目的，以"热情友好、服务周到"为服务座右铭，以"游客为本，服务至上"为核心价值观。

总之，导游服务的政治属性在世界各国或地区都是存在的，区别是在不同的社会制度下，政治性质不同而已。此外，世界各国的导游服务还具有以下共同属性。

### （一）社会性

旅游活动是一种社会现象，在促进社会物质文明和精神文明建设中起着十分重要的作用。在旅游活动中，导游人员处于旅游接待工作的中心位置，接待着四海宾朋、八方游客，推动世界上这一规模最大的社会活动。所以导游人员所从事的工

# 第一章 导游服务

作本身就具有社会性。并且,导游工作又是一种社会职业,对大多数导游人员来说,它是一种谋生的手段。

### (二)文化性

作为导游服务的实际承担者,导游工作者是主体。行话说:"看景不如听景"。锦绣山川、艺术宝库、文化古迹,只有加上导游人员的解说、指点,再穿插动人的故事,才能活起来,才能引起游客更大的兴趣,使人增长知识,领略到异乡风情,享受到审美的乐趣。限于语言和生存环境等方面的不同,游客同旅游目的地之间往往存在很大的文化差异,导致交流和欣赏的障碍。为了加强旅游的美感和愉悦程度,游客们迫切地需要导游的引导和服务,需要导游跨越不同的文化范畴,弥合文化差异。导游服务的文化性主要体现在以下两方面:

1. 导游服务是传播文化的重要渠道

导游人员的导游讲解或翻译,与游客的日常交谈,甚至一言一行都在影响着游客,都在扩大着一个国家(或地区)及其民族的传统文化和现代文明的影响。导游人员为来自世界各国、各民族的游客服务,通过引导和生动、精彩的讲解给游客以知识、乐趣和美的享受。同时也对各国、各民族的传统文化和现代文明进行兼收并蓄,有意无意间传播着异国文化。

2. 导游服务是审美和求知的媒介

游客要通过旅游去认识过去不曾接触或不曾了解过的事物,以期得到求知欲望的满足。这几乎要从零开始。我们知道,山水风光或文物古迹的欣赏价值,并不是孤立地存在,它总是与一定的自然、地理、历史、艺术等条件和特点相联系,是一种完美地融合在一起的客观实体。在这方面,有无指导大不相同。导游讲解服务能循循善诱地指导游客以最佳的方式,或最合适的角度去欣赏某一名胜古迹、历史故事、神话传说,能妙趣横生地向游客介绍当地的风俗习惯、掌故趣谈、风味特产等,使游客得到自然美和艺术美的享受,并且在潜移默化中增长知识。由此可见,导游服务起着沟通和传播精神文明、为人类创造精神财富的作用,直接或间接地起着传播一个国家(或地区)及其民族的传统文化和现代文化的作用。

### (三)服务性

导游服务,顾名思义是一种服务工作。导游服务与第三产业的其他服务一样,属于非生产劳动,是一种通过提供一定的劳务活动,提供一定的服务产品,创造特定的使用价值的劳动。与一般服务工作不同的是,导游服务不是一般的简单服务,它围绕游客展开,通过翻译、讲解、安排生活、组织活动等形式,工作内容涉及旅途中的交通、住宿、饮食、娱乐、购物、票证、货币和其他各方面的生活需求等,给游客提供全方位、全过程的服务。导游人员除具有丰富的专业知识外,还应具备一定的社会活动能力、应变能力以及独立处理问题的工作能力。

### (四)经济性

导游服务是导游人员通过向游客提供劳务而创造特殊使用价值的劳动。在商品经济条件下,这种劳动通过交换而具有交换价值,在市场上表现为价格。

导游服务的经济性主要表现在以下诸方面:

#### 1. 优质服务、直接创收

旅行社是现代旅游业的龙头行业。旅行社的产品开发能力、促销能力、接待能力如何对整个旅游业的发展意义重大。旅行社组合的旅游产品在形式上是通过签订旅游合同销售出去的,但实际上,旅游产品不同于一般的有形商品,它的销售是多次性的,贯穿于旅游全过程,通过提供综合性服务来实现,而导游服务在其中起着举足轻重的作用。产品的设计是为了接待,宣传和销售的效果需要通过接待来实现。会计业务的顺利进行依赖于接待工作的顺利完成,依赖于导游的协调和回款。导游人员直接为游客服务,为他们提供语言翻译服务、导游讲解服务、旅行生活服务以及各种代办服务,收取服务费和手续费。旅行社的产品最终是通过导游工作生产和提供出来的。因此,导游服务是旅行社产品的最终生产者和提供者,它直接为国家建设创收外汇、回笼货币、积累资金。

#### 2. 扩大客源、间接创收

游客是旅游业生存和发展的先决条件。没有游客,发展旅游业无从谈起,导游人员也就没有了服务对象。所以,世界许多国家和地区的政府为支持旅游业的发展,不惜投入大量资金和人力在国内外进行大规模的广告宣传和促销活动以招徕游客。

然而,与广告宣传相比,另一种更为有效的宣传方式则是游客的"口头宣传",即游客在旅游目的地参观访问之后,回去向其亲朋好友讲述他在旅游地所受到的接待、旅游经历和体验。这种"口头宣传"不仅向游客周围的人传播了旅游目的地的旅游信息,提高了旅游目的地和旅行社的知名度,而且在一定程度上会对其他游客今后的旅游流向产生影响。因为,游客的亲身体验比任何广告宣传更可靠,更令人信服。所以,导游人员向游客提供优质的导游服务,在招徕回头客,扩大客源,以及间接创收方面都起着不可忽视的作用。

### 3. 因势利导、促销商品

商品和旅游纪念品的开发、生产和促销是发展旅游业的重要组成部分。各国、各地对此都非常重视，并将其视作争夺游客的魅力因素和增加旅游收入的重要手段。据统计，在国际旅游总消费中，用于购物的部分约占50%，在新加坡、香港等国家和地区的旅游总收入中，销售商品和纪念品的收入甚至已超过了上述比例。在促销商品过程中，导游人员的作用举足轻重。

### 4. 增进了解、促进经济交流

在来中国旅游的海外人士及在国内游客中，不乏科学家、教授及方方面面的专家和经济界人士，他们中有人希望借旅游之机与各地的同行接触，相互交流信息；或想通过参观访问，了解合作的可能性以及投资的环境。因此，导游人员在与游客交往过程中要做一个有心人，设法了解他们的愿望，并不失时机地向旅行社报告，在有关领导的指示下积极牵线搭桥，促进中外及地区间的科技、经济交流与合作，为国家和本地的现代化建设做出应有的贡献。

### （五）涉外性

大力发展海外入境旅游是中国旅游业的长期方针，也是一项战略任务。自中国改革开放以来，随着经济的迅速发展，人民生活水平的不断提高，我国公民出境旅游发展势头强劲。无论是入境游还是出境游，两者都具有明显的涉外性。导游人员应努力宣传中国，当好"民间大使"。

从入境旅游来看，旅游活动本身是帮助海外游客了解中国政治、经济、社会、文化、自然的历史与现状的过程。导游人员的导游讲解，甚至一言一行，其实质都是在宣传中国。导游人员在进行涉外导游服务时，应有鲜明的政治立场，要以积极的姿态，努力将对外宣传寓于导游讲解、日常交谈和参观浏览娱乐中。旅游活动是当今世界最大规模的民间外交活动，旅游促进了国家之间、地区之间的人际交往，增进了各国、各地区、各族人民之间的相互了解和友谊，消除因相互隔绝而造成的误解、猜忌，对加强世界各国人民的团结，维护国家安定和世界和平具有重要意义。在这一方面，作为"民间大使"的导游人员起着极为重要的作用。

## 二、导游服务的特点

导游服务是旅游服务中具有代表性的工作，处在旅游接待的前沿。随着时代的发展，导游工作的特点也会随之发生变化，但目前，其特点归纳起来有以下几点。

### (一)独立性强

导游服务工作要求导游人员能独当一面。在旅游者整个旅游活动过程中,往往只有导游人员与游客朝夕相处,时刻照顾他们吃、行、游、购、娱等方面的需求,独立地提供各项服务,特别在回答游客政策性很强的问题或处理突发性事故时,常常要当机立断、独立决策,事后才能向领导和有关方面汇报。导游的讲解也是比较独特的,因为在同一景点,导游要根据不同游客的不同特性、不同时机进行针对性的导游讲解,以满足他们的精神享受。这是每位导游人员都必须努力完成的任务,其他人无法替代。

### (二)脑体高度结合

导游服务是一项脑力劳动与体力劳动高度结合的服务性工作。由于旅游活动涉及面广,这就要求导游人员具有丰富而广博的知识,如此才能使导游服务工作做到尽善尽美,精益求精。除了掌握导游工作程序外,导游人员还必须具有一定的政治、经济、历史、地理、天文、宗教、民俗、建筑、心理学、美学等方面的基本知识,还必须了解我国当前的大政方针和旅游业的发展状况及其有关的政策法规,掌握旅游目的地主要游览点、旅游线路的基本知识。同时,还要了解客源国(或地区)的政治倾向、社会经济、风土民情、宗教信仰、禁忌等。导游人员在进行景观讲解、解答游客的问题时,都需要运用所掌握的知识和智能来应对,这是一种艰苦而复杂的脑力劳动。所以导游人员要不断学习,不仅在学校里学,而且还要在实践中学,努力扩大知识面,使自己成为"万事通",并尽力掌握一两门专业知识,成为游客敬佩的导游艺术家。另一方面,导游人员的工作量也相当大,除了在旅行游览过程中进行介绍、讲解,还要随时随地应游客的要求,帮助解决问题,事无巨细,也无分内与分外。尤其是旅游旺季时,导游人员往往会连轴转,整日、整月陪同游客,无论严寒酷暑,长期在外作业,体力消耗大,又常常无法正常休息。因此,要求导游人员必须具备高度的事业心和良好的体质。

### (三)客观要求复杂多变

导游服务工作具有一定的规程,如接站、送站、旅途服务和各方面关系的接洽、协调等,按照一定的程序进行工作,具有相对的规范性和便利性。但导游服务中面对更多的是不确定性和未知性,客观要求复杂多变。即使是预定的日程和规程范围内,具体的情况可能千差万别,意外的情况也可能随时出现,游览中各种矛盾可能集中显现。因此,导游人员必须具备应对各种可能和偶然情况的能力。归纳起来,导游服务的复杂性主要有以下几方面:

1. 服务对象复杂

导游服务的对象是游客,他们来自五湖四海,不同国籍、民俗、肤色的人都有,职业、性别、年龄、宗教信仰和受教育的情况各异,性格、习惯、爱好等各不相同。导游人员面对的就是这样一个复杂的群体,而且每一次接待的游客都互不相同,这就更增加了服务对象的复杂性。

2. 游客需求多种多样

导游人员除按接待计划安排和落实旅游过程中的行、游、住、食、购、娱等基本活动外,还有责任满足或帮助游客随时随地提出的各种个别要求,以及解决或处理旅游中随时出现的问题和情况,如会见亲友、传递信件、转递物品、游客患病、游客走失、游客财物被窃与证件丢失等。而且由于对象不同、时间场合不同、客观条件不同,同样的要求或问题也会出现在不同的情况下,需要导游人员审时度势、判断准确并妥善处理。

3. 接触的人员多,人际关系复杂

导游人员的工作是与人打交道的工作,其服务的进行触及方方面面的关系和利益。抛开导游人员是旅游目的地国家(或地区)的代表不谈,如前所述,导游人员还是旅行社的代表,他们既要维护旅行社利益,又代表着游客的利益,除天天接触游客之外,在安排和组织游客活动时还要同饭店、餐馆、旅游点、商店、娱乐、交通等部门和单位的人员接洽、交涉,以维护游客的正当权益,这自然是一项复杂的工作。单就游客而言,他们由于来自不同的国家,有着不同的旅游心愿和文化背景,他们的旅游需求基本一致却又各具特色,导游人员能够面对游客提供"CS 服务"已是难能可贵。但良好的旅途感受是综合的,导游人员还要处理和协调导游人员中全陪、地陪与领队的关系,争取各方面的支持和配合。虽然导游人员面对的方方面面的关系是建立在共同目标基础之上的合作关系,然而每一种关系的背后都有各自的利益,落实到具体人员身上,情况就更为复杂。因此,导游人员需要具备"十八般武艺"来面对纷繁复杂的人际关系。

4. 要面对各种物质诱惑和"精神污染"

导游人员常年直接接触各方游客,直接面对各色各样的意识形态、政治经济、文化观点、价值观念和生活方式,有时还会面临金钱、色情、利益、地位的不断诱惑,耳濡目染,直接面对精神污染的机会大大多于常人。常言道"近朱者赤,近墨者黑",导游人员如果缺乏高度的自觉性和抵抗力,往往容易受其影响。所以身处这种氛围中的导游人员需要有较高的政治思想水平,坚强的意志和高度的政治警惕

导游业务

性,始终保持清醒头脑,防微杜渐,自觉抵制"精神污染"。

### (四)跨文化性

导游服务是传播文化的重要渠道,起着沟通和传播文明、为人类创造精神财富的作用。各类游客来自不同的国家和地区、不同的民族、不同的文化背景,导游人员必须在各种文化的差异中,甚至在各民族、各地区文化的碰撞中工作,应尽可能多地了解中外文化之间的差异,圆满完成文化传播的任务。

## 第四节 导游服务的地位与作用

### 一、导游服务的地位

旅行社、饭店和交通是现代旅游业的三大支柱,其中处于核心地位的是旅行社,因为旅行社担负着生产和销售旅游产品的职能,旅行社招徕游客的多少直接关系到饭店、交通部门接待游客的数量和其经济效益。

旅行社的业务主要有四大项,即旅游产品的开发、旅游产品的销售、旅游服务的采购和旅游接待(包括团体和散客)。根据马克思的生产与再生产原理,旅行社的前三项业务属于产品的生产和交换,后一项业务属于产品的消费,即游客购买了旅游产品后到旅游目的地进行消费。旅游接待过程即是实现旅游产品的消费过程。如果说我们把旅游接待过程看作是一条环环相扣的链条(从迎接游客入境开始,直到欢送游客出境为止),那么,向游客提供的住宿、餐饮、交通、游览、购物、娱乐等服务分别是这根链条中的一个个环节。正是导游服务把这些环节连接起来,使相应服务的部门和单位的产品和服务的销售得以实现,使游客在旅游过程中的种种需求得以满足,使旅游目的地的旅游产品得以进入消费。因此,导游服务虽然只是旅游接待服务中的一种服务,然而与旅游接待服务中的其他服务,如住宿服务、餐饮服务、购物服务相比,无疑居于主导地位。

### 二、导游服务的作用

#### (一)纽带作用

导游服务是旅游接待服务的核心和纽带。导游人员在旅游服务各环节之间沟通上下、连接内外、协调左右关系方面起着举足轻重的作用。

## 第一章 导游服务

1. "沟通上下"的作用

导游人员是国家方针政策的宣传者和具体执行者,他代表旅行社执行并完成旅游计划,同时,游客的意见、要求、建议乃至投诉,其他旅游服务部门在接待中出现的问题以及他们的建议和要求,一般也通过导游人员向旅行社转递,直至上达国家最高旅游管理部门。

2. "连接内外"的作用

导游人员既代表接待方的旅行社的利益,又肩负着维护旅游者合法权益的责任;导游人员既有责任向游客介绍中国,同时又要多与游客接触,进行调查研究,了解外国,了解游客。

3. "协调左右"的作用

旅行社与饭店、餐馆、游览点、交通部门、商店、娱乐场所等企业之间的第一联络员是导游人员,他在各旅游企业之间起着重要的协调作用。导游人员要通过自己的努力使游客在游览过程中的物质补偿及其他生活需求得到满足,而相互协作是导游服务中的生活服务得以顺利进行的重要保障。相互协作是提高生活服务质量的重要保证,而高质量的生活服务又为导游讲解服务的成功奠定了基础。所以,搞好与各有关部门的相互协作对提高旅游质量至关重要,而导游人员处在各项旅游服务协调的中心位置,所负责任重大。

(二)标志作用

导游服务质量是旅游服务质量高低的最敏感的标志。导游服务质量包括导游讲解质量、为游客提供生活服务的质量以及各项旅游活动安排落实的质量。导游人员与游客朝夕相处,因此游客对导游人员的服务接触最直接,感受最深切,对其服务质量的反应最敏感。旅游服务中其他服务质量虽然也很重要,对游客的旅游活动也会有影响,但除特殊情况外,由于接触时间短,游客的印象一般不如对导游服务质量印象深刻。一般来说,如果导游服务质量高,令游客感到满意,游客会认为该旅游产品物有所值,而且在满载而归后,以其亲身体验向亲朋好友进行宣传,从而扩大了旅游产品的销路。同时优质的导游服务还可以弥补其他旅游服务质量的某些不足。而导游服务质量低劣会导致游客抱怨和不满,并间接影响其周围的人,从而阻碍了旅游产品的销路,它给旅游企业造成的损失是无法弥补的。因此,游客旅游活动的成败更多取决于导游服务质量。导游服务质量的好坏不仅关系到整个旅游服务质量的高低,而且关系着国家或地区旅游业的声誉。

### (三)信息反馈作用

在消费过程中,游客会根据自己的需要对旅游产品的型号、规格、质量、标准等做出这样或那样的反映。而导游人员在向游客提供导游服务过程中,由于处在接待游客的第一线,同游客交往和接触的时间最长,对游客关于旅游产品方面的意见和需求最了解。导游人员可充分利用这种有利条件,根据自己的接待实践,综合游客的意见,反馈到旅行社有关部门,促使旅游产品的设计、包装和质量得到不断改进和完善,更好地满足游客的需要。

### (四)扩散作用

优质的导游服务能对旅游目的地的旅游产品和旅行社形象起到扩散或传播作用。旅游产品质量主要由旅游资源质量、旅游服务质量、旅游活动组织安排质量和旅游环境质量构成。它们都与导游服务质量密切相关。因为旅游资源的特色需要导游人员的讲解,"景色美不美,全靠导游一张嘴"。各种旅游服务质量和活动安排都离不开导游人员的业务水平和对工作的投入。

应当指出的是,在此重点阐述导游服务在旅游服务中的地位和作用,并不意味着其他各项旅游服务就不重要。其实,旅游服务是一项综合性服务,导游服务只是其中一个重要环节,没有其他各项旅游服务的配合,导游服务也无法做好,旅游产品的价值就不可能充分实现。

## 第五节 导游服务的原则

导游服务工作的基本原则是导游人员在接待服务过程中所必须遵守的准则。它们是从大量的导游实践活动中总结出来的,有一定的普遍性,并符合国际惯例,具有一定的指导性及强制性。优秀的导游人员之所以能向旅游者提供优质的导游服务,是因为他们奉行既适合自己的特点又能令旅游者满意的行为准则。

### 一、"游客至上"原则

"游客至上"是服务行业的座右铭。它不仅是招徕游客的宣传口号,更是服务行业的服务宗旨、行动指南,也是服务工作中处理问题的出发点。

"游客至上"意味着"顾客第一",即在顾客和服务行业的关系中,顾客总是第一位的。

"游客至上"表现在服务人员与顾客的关系上就是要尊重顾客,真心实意地为

# 第一章 导游服务

顾客服务。导游人员为旅游者提供的不是有形的商品,而是无形的劳务。如果导游人员在陪同旅游者时不进行导游服务或导游服务不到位,这是对游客的不尊重,也是严重的失职行为。

"游客至上"表现在导游人员在处理问题时就是应以旅游者的利益为重,不应过多地强调自身的困难,更不能以个人的情绪随心所欲地对待或左右旅游者,而应尽可能地满足旅游者的正当需求。

## 二、"维护游客合法权益"原则

世界旅游组织通过的《旅游权利法案》对游客的权利和在旅游目的地应受到的保护做了如下规定:

(1)在法律允许的范围内不受约束地自由旅行是每个人的权利。

(2)对青年、老年人和残疾人旅游应予以特别关注。

(3)通过预防和保护措施,保证游客人身和财产安全。

(4)尽其可能提供最优良的卫生和医疗条件,以及对传染病和意外事故的预防措施。

(5)防止利用旅游进行淫秽活动的可能性。

(6)为保护游客和接待国居民,加强防止吸毒的措施。

(7)不允许对游客采取任何种族歧视措施。

(8)为迅速解决游客的请求,应允许他们尽快与行政、法律和领事机构进行接触,并保证他们使用现有的国际公共通讯系统。

(9)为使游客了解过境和逗留地居民的习俗,接待国应为游客提供有关情况。

(10)应该制止利用旅游对他人进行任何形式的盘剥。

我国国家旅游局发布的《旅行社管理条例实施细则》中对旅游者的权益保护也作出了明确规定:

(1)旅行社为旅游者提供保障旅游者人身、财务安全需要的服务。

(2)旅行社所提供的服务项目应该明码标价,质价相符,不得有价格欺诈行为。

(3)旅行社在组织旅游者旅游之前应与其签订合同,合同应就下列内容作出明确的约定:旅游行程(包括乘坐的交通工具、游览景点、住宿标准、餐饮标准、购物次数等)安排,旅游价格,违约责任。

(4)旅游者的合法权益受到损害时,旅游者有权向旅游行政管理部门或其委托的旅游质量监督机构投诉;证实是因旅行社的过错使旅游者的合法权益受到损

害时,旅行社应视情节依法给予赔偿。

作为旅行社委派的代表,导游人员处在旅游接待的第一线,必须不折不扣地按照有关标准或约定向旅游者提供导游服务,将维护旅游者的合法权益作为自己的服务准则,并根据这一准则对其他旅游服务的供给进行监督,处理旅游过程中的有关问题。

### 三、"经济效益与社会效益相结合"原则

导游服务具有双重功能,一是导游人员帮助游客消费旅游产品和提供服务,使产品和服务的价值得以最终实现,从而创造经济效益;二是导游人员作为知识和文化的传播者,既满足游客的精神需要,又促进了游客同目的地人民之间的相互了解和友谊,从而产生社会效益。所以,导游人员在提供导游服务时,应追求经济效益和社会效益相结合。

### 四、"优质服务"原则

导游人员在提供导游服务时,"优质服务"原则应贯穿旅游的全过程和各个环节,同时它也是导游服务追求的最终结果。"优质服务"即提供令游客满意的服务,它是规范化服务和个性化服务的完美结合。规范化服务是由国家或行业主管部门所制定并发布的某项服务(工作)应达到的统一标准。关于导游服务,目前我国已有三个标准,即《导游服务质量》(国家标准)和《旅行社国内旅游服务质量》《旅行社出境旅游服务质量》(行业标准)。这三个标准规定了导游服务的质量要求,提出了导游服务过程中若干问题的处理原则,是当前指导导游工作的权威性文件,也是导游人员向旅游者提供服务的工作指南。

个性化服务是导游人员按照上述三个标准的质量要求执行旅行社与游客之间的约定之外向旅游者提供的额外服务,以满足他们的正当要求。这种服务一般是针对旅游者的个别要求提供的。

导游人员应该将规范化服务和个性化服务结合起来,向旅游者提供优质服务,让旅游者高兴而来,满意而归。

### 五、"AIDA"原则

A(Attention),指通过有趣的、尽可能具体的形象引起谈话对方的注意力;I(Interest),指通过进一步展开已经引起对方注意的谈话来激起谈话对象的兴趣;D(Desire),激起谈话对象希望进一步了解情况的欲望,得到启示,加深双方关系,尤

其是激起对方的占有欲望;A(Action),努力使对方采取占有的行动。

导游人员运用这一原则,作为激发旅游者的游兴、推销附加游览项目、处理游览日程因故临时变更、处理问题时的一个行为模式。正确运用 AIDA 原则有助于客、导双方创造友好气氛和建立良好的人际关系。

### 六、合理而可能的原则

在实际导游服务工作中,针对一些旅游团的特殊情况和游客的一些个别要求,在合理而可能的情况下,导游人员应尽量予以满足以使服务过程更富有人情味,使游客更加满意。

合理是指导游人员遇事将自己摆在游客的位置上进行换位思考,设身处地地为游客着想,分析游客的请求是否在情理之中。导游人员在可能的情况下,"莫以事小而不为",应尽量为游客提供帮助。

以上六项原则并不是孤立的,而是相互联系、互为补充的,它们既是导游人员保证提供优质服务和处理各种问题时的基本原则,也是衡量导游人员服务态度、服务质量及其工作能力的重要标准。导游人员必须牢记这些原则,并将其融会贯通、灵活运用,努力为旅游者提供优质导游服务,尽量满足旅游者合理而可能的要求,并力争妥善处理他们的意见和投诉以及旅游活动中出现的难题和事故。

## 第六节　中国旅游行业核心价值观

"游客为本,服务至诚"作为旅游行业的核心价值观,是社会主义核心价值观在旅游行业的延伸和具体化,是旅游行业持续健康发展的精神指引和兴业之魂,也是对改革开放以来业已形成的旅游行业核心价值取向的高度提炼和概括。

### 一、社会主义核心价值观

党的十八大提出,倡导富强、民主、文明、和谐,倡导自由、平等、公正、法治,倡导爱国、敬业、诚信、友善,积极培育和践行社会主义核心价值观。富强、民主、文明、和谐是国家层面的价值目标,自由、平等、公正、法治是社会层面的价值取向,爱国、敬业、诚信、友善是公民个人层面的价值准则,这24个字是社会主义核心价值观的基本内容。社会主义核心价值观是社会主义核心价值体系的内核,体现社会主义核心价值体系的根本性质和基本特征,反映社会主义核心价值体系的丰富内涵和实践要求,是社会主义核心价值体系的高度凝练和集中表达。是中国对我国的每一个成员的严格要求。

## 二、游客为本

"游客为本"即一切旅游工作都要以游客需求作为最根本的出发点和落脚点,是旅游行业赖以生存和发展的根本价值取向,解决的是"旅游发展为了谁"的理念问题。

"游客为本"是以人为本的科学发展观在旅游行业的生动体现。旅游业作为现代服务业的龙头,本身就是以为人服务为核心特点的行业。"游客为本"是行业属性使然,更是行业发展的基石。20世纪80年代,旅游业作为我国率先改革开放的行业之一,与国际先进的经营管理接轨,在与中国传统服务理念结合中,逐步形成了"顾客至上"等基本价值取向。当前,我国已经进入大众旅游的新阶段,旅游已经成为人民生活水平提高的重要指标,满足人民群众日益增长且不断变化的旅游需求成为旅游业发展的中心任务,以"游客为本"作为根本价值取向是旅游行业完成上述历史使命的必然。同时,旅游行业只有以游客为本,才能在满足游客需求的过程中,充分发挥改善民生、推动消费、带动就业、调整结构、促进和谐等产业和社会功能,实现行业自身的价值,获得相应的社会认可。

## 三、服务至诚

"服务至诚"即以最大程度的诚恳、诚信和真诚做好旅游服务工作,是旅游行业服务社会的精神内核,是旅游从业人员应当树立的基本工作态度和应当遵循的根本行为准则,解决的是"旅游发展怎么做"的理念问题。

"服务至诚"是旅游行业特性的集中概括,体现了对服务对象的承诺,展示了对自身工作的追求。服务是旅游行业的本质属性,至诚是人们道德修养追求的最高境界。《中庸》说:"唯天下至诚,为能经纶天下之大经,立天下之大本,知天地之化育。""服务至诚"的价值理念,反映了广大旅游从业人员为游客提供更加优质服务的不懈追求。改革开放以来,广大旅游从业人员用自己的至诚服务为丰富人民群众的精神文化生活做出了突出贡献,使"游客为本"落到了实处。

当前,我国旅游业处于加快发展的黄金期,"服务至诚"的价值理念尤为重要。首先,行业管理要诚恳。要摒弃官僚主义、形式主义等作风,加快服务型政府建设,以服务促管理。其次,企业经营要诚信。旅游企业要摒弃唯利是图、急功近利的经营理念,自觉维护和提升旅游行业形象,要通过为游客提供优质服务获得正当回报,而不是通过欺客、宰客来获取利益。最后,旅游服务要真诚。旅游行业从业人员,要端正对旅游服务的正确认识,增强职业认同感和工作主动性,以满腔热忱尽可能地满足游客不断增长的需求,以真诚服务赢得游客和社会的尊重。

"游客为本"和"服务至诚"二者相辅相成,共同构成旅游行业核心价值观的有机整体。"游客为本"为"服务至诚"指明方向,"服务至诚"为"游客为本"提供支撑。二者完美地结合在一起,将指引旅游行业沿着国民经济的战略性支柱产业和人民群众更加满意的现代服务业两大战略目标更好地前进,并在这一过程中实现从业人员、游客、企业、社会等多方利益相关者的共赢。

## 第七节 导游人员职业道德规范的基本内容

### 一、导游人员职业道德

导游人员职业道德是职业道德的表现形式。一般意义上讲,导游人员职业道德是指在从事导游职业活动中的比较稳定的道德观念,行为规范和道德品质的总和。简而言之,就是指所有的导游人员在导游职业活动中应遵循的行为准则。

### 二、导游人员职业道德规范的内容

1996年11月20日,国家旅游局制定了《关于加强旅游行业精神文明建设的意见》,提出了旅游企业一线工作人员的职业道德规范,该意见是第一个由官方制定和实施的导游从业人员职业道德范本。导游人员的职业道德规范,既是每个导游人员在职业活动中必须遵循的行为准则,又是导游人员做好服务工作的基本保证。其内容是:爱国爱企、自尊自强;遵纪守法、敬业爱岗;公私分明、诚实善良;克勤克俭、宾客至上;热情大度、整洁端庄;一视同仁、不卑不亢;耐心细致、文明礼貌;团结协作、顾全大局;优质服务、好学向上。下面仅就遵纪守法、敬业爱岗;克俭克勤、宾客至上;公私分明、诚实善良;一视同仁、不卑不亢;团结协作、顾全大局;优质服务、好学向上,六个方面做细致的说明。

#### (一)遵纪守法、敬业爱岗

这是导游人员正确处理个人与集体,个人与社会,个人与国家的一种行为

准则。导游人员必须遵守国家的法律、法规,自觉地执行行业和所在旅行社的各项规章制度,遵守旅行社行业的纪律,执行导游服务质量标准,严格按导游操作规程办事,即做好准备、接待、善后处理三大程序的各项工作。必须具有牢固的专业思想,热爱本职工作,一个人如果热爱自己所从事的事业,就会把对事业的追求作为自己的奋斗目标,就会刻苦钻研业务,不断开拓自己的知识领域,增强自己的服务技能,为旅游者提供高质量的导游服务,在导游服务岗位上做出显著成绩。

### (二)克勤克俭、游客至上

全心全意为旅游者服务的思想和"游客至上""服务至上"的服务宗旨是导游人员职业道德的主要内涵。导游人员心中有旅游者,把旅游者看成客人、朋友、亲人,想旅游者所想,急旅游者所急,有了这种境界,诸如善解人意,热情周到,任劳任怨等美德,就会在实际工作中表现出来。这样的导游人员就会受到旅游者的欢迎,反之,即使导游人员有渊博的知识,高超的技能,也不会做好导游工作,更不会受到旅游者的欢迎。

### (三)公私分明、诚实善良

公私分明、诚实善良对导游人员的要求是:在工作中,要能够自觉抵制各种诱惑,不为一己私利而损害游客利益;对待游客要诚实守信,不弄虚作假、不欺骗游客,严格履行合同的规定,杜绝随意增减景点和购物点的行为,维护旅游者的合理利益。

### (四)一视同仁、不卑不亢

不卑不亢,一视同仁是导游职业活动中导游人员民族自尊心、自信心以及国格、人格的体现,是正确处理主客关系的重要道德规范。

旅游者不管是来自哪个国家地区,属于哪个民族,不管其社会经济地位高低,年老年幼,都是导游人员的服务对象,导游人员要尊重旅游者人格,热情周到地为其服务,维护其合法权益,满足其合理又可能办到的要求,切忌亲疏偏颇,厚此薄彼。

旅游团中,不免有无理取闹的人,对这类人的言行,导游人员始终要沉着冷静,或一笑了之,做到不伤主人之雅,不损客人之尊,理明则让。

### (五)团结协作、顾全大局

团结协作、顾全大局是导游人员正确处理同事之间、部门之间、行业之间以及局部利益与整体利益之间,眼前利益与长远利益之间等相互关系的道德行为规范。

它要求导游人员,摆正个人、集体、国家三者的关系,自觉做到个人利益服从集体利益,局部利益服从整体利益,眼前利益服从长远利益。这是一种较高的道德要求,但又是在导游职业活动中经常遇到的而且要妥善解决的问题,每个导游工作人员都须以此为准则,在自己的职业实践中努力做到。只有这样,才能维护旅游业的整体形象,给客人提供优质服务。

### (六)优质服务、好学上进

好学上进,提高业务是导游人员一项重要的职业道德规范。只有丰富的业务知识和熟练的职业技能以及过硬的基本功,才能为旅游者提供优质服务,才能尽到自己的职业责任,才能为企业赢得声誉,才能为旅游业发展做出贡献。好学上进,优质服务,也就成了一种道德义务,不能只将其理解为一种业务要求。只有这样的导游人员才能为旅游者提供优质服务,尽好职业责任。同时求得自身发展,进而达到道德知行统一的要求。

## 第八节　导游领队引导文明旅游规范的基本内容

倡导文明旅游,是提高社会文明程度、促进社会和谐、形成良好社会风尚的有效途径。文明旅游,核心是"文明"两字,根本目的是通过规范公民的基本行为习惯,实现公民文明素质的提升。加强文明旅游是塑造中国形象、增强国家软实力的必然要求;加强文明旅游是培育和践行社会主义核心价值观的必然要求;加强文明旅游是提升公民文明素质和全社会文明程度的必然要求。

2015年5月1日起,《导游领队引导文明旅游规范》开始实施,赋予了导游举报游客的权力,旅游主管部门核实后可纳入游客不文明行为记录,这是规范文明旅游引导的第一个专业性行业标准。《导游领队引导文明旅游规范》从法律法规、风俗禁忌、绿色环保、礼仪规范等总体的内容要求,到吃、住、行、游、购、娱,以及突发紧急情况的具体处理,都做出了相应的要求。

### 一、引导的总体要求

#### (一)引导的基本要求

1. 一岗双责

导游领队人员应兼具为旅游者提供服务,与引导旅游者文明旅游两项职责。

导游领队人员在引导旅游者文明旅游过程中应体现服务态度、坚持服务原则、在服务旅游者过程中应包含引导旅游者文明旅游的内容。

**2. 掌握知识**

导游领队人员应具备从事导游领队工作的基本专业知识和业务技能。

导游领队人员应掌握我国旅游法律、法规、政策以及有关规范性文件关于文明旅游的规定和要求。

导游领队人员应掌握基本的文明礼仪知识和规范。

导游领队人员应熟悉旅游目的地法律规范、宗教信仰、风俗禁忌、礼仪知识、社会公德等基本情况。

导游领队人员应掌握必要的紧急情况处理技能。

**3. 率先垂范**

导游领队人员在工作期间应以身作则，遵纪守法，恪守职责，体现良好的职业素养和职业道德，为旅游者树立榜样。

导游领队人员在工作期间应注重仪容仪表、衣着得体，展现导游领队职业群体的良好形象。

导游领队人员在工作期间应言行规范，举止文明，为旅游者做出良好示范。

**4. 合理引导**

导游领队人员对旅游者文明旅游的引导应诚恳、得体。

导游领队人员应有维护文明旅游的主动性和自觉性，关注旅游者的言行举止，在适当时机对旅游者进行相应提醒、警示、劝告。

导游领队人员应积极主动营造轻松和谐的旅游氛围，引导旅游者友善共处、互帮互助，引导旅游者相互督促、友善提醒。

**5. 正确沟通**

在引导时，导游领队人员应注意与旅游者充分沟通，秉持真诚友善原则，增强与旅游者之间的互信，增强引导效果。

对旅游者的正确批评和合理意见，导游领队人员应认真听取，虚心接受。

**6. 分类引导**

（1）针对不同旅游者的引导

a. 在带团工作前，导游领队人员应熟悉团队成员、旅游产品、旅游目的地的基本情况，为恰当引导旅游者做好准备。

b. 对未成年人较多的团队，应侧重对家长的引导，并需特别关注未成年人特点，避免损坏公物、喧哗吵闹等不文明现象发生。

c. 对无出境记录旅游者,应特别提醒旅游目的地风俗禁忌和礼仪习惯,以及出入海关、边防(移民局)的注意事项,提前告知和提醒。

d. 旅游者生活环境与旅游目的地环境差异较大时,导游领队应提醒旅游者注意相关习惯、理念差异,避免言行举止不合时宜而导致的不文明现象。

(2)针对不文明行为的处理

a. 对于旅游者因无心之过而与旅游目的地风俗禁忌、礼仪规范不协调的行为,应及时提醒和劝阻,必要时协助旅游者赔礼道歉。

b. 对于从事违法或违反社会公德活动的旅游者,或从事严重影响其他旅游者权益的活动,不听劝阻、不能制止的,根据旅行社的指示,导游领队可代表旅行社与其解除旅游合同。

c. 对于从事违法活动的旅游者,不听劝阻、无法制止,后果严重的,导游领队人员应主动向相关执法、管理机关报告,寻求帮助,依法处理。

### (二)引导的主要内容

**1. 法律法规**

导游领队人员应将我国和旅游目的地国家和地区文明旅游的有关法律规范和相关要求向旅游者进行提示和说明,避免旅游者出现触犯法律的不文明行为。引导旅游者爱护公物、文物,遵守交通规则,尊重他人权益。

**2. 风俗禁忌**

导游领队人员应主动提醒旅游者尊重当地风俗习惯、宗教禁忌。在有支付小费习惯的国家和地区,应引导旅游者以礼貌的方式主动向服务人员支付小费。

**3. 绿色环保**

导游领队人员应向旅游者倡导绿色出游、节能环保,宜将具体环保常识和方法向旅游者进行说明。引导旅游者爱护旅游目的地自然环境,保持旅游场所的环境卫生。

**4. 礼仪规范**

导游领队人员应提醒旅游者注意基本的礼仪规范:仪容整洁,遵序守时,言行得体。提醒旅游者不在公共场合大声喧哗、违规抽烟,提醒旅游者依序排队、不拥挤争抢。

**5. 诚信善意**

导游领队人员应引导旅游者在旅游过程中保持良好心态,尊重他人、遵守规则、恪守契约、包容礼让,展现良好形象。通过旅游提升文明素养。

## 二、具体规范

### (一)出行前

1. 导游领队应在出行前将旅游文明需要注意的事项以适当方式告知旅游者。

2. 导游领队参加行前说明会的,宜在行前说明会上,向旅游者讲解《中国公民国内旅游文明行为公约》或《中国公民出境旅游文明行为指南》,提示基本的文明旅游规范,并将旅游目的地的法律法规、宗教信仰、风俗禁忌、礼仪规范等内容系统、详细告知旅游者,使旅游者在出行前具备相应知识,为文明旅游做好准备。

3. 不便于召集行前说明会或导游领队不参加行前说明会的,导游领队宜向旅游者发送电子邮件、传真,或通过电话沟通等方式,将文明旅游的相关注意事项和规范要求进行说明和告知。

4. 在旅游出发地机场、车站等集合地点,导游领队应将文明旅游事项向旅游者进行重申。

5. 如旅游产品具有特殊安排,如乘坐的廉价航班上不提供餐饮、入住酒店不提供一次性洗漱用品的,导游领队应向旅游者事先告知和提醒。

### (二)登机(车、船)与出入口岸

1. 导游领队应提醒旅游者提前办理检票、安检、托运行李等手续,不携带违禁物品。

2. 导游领队应组织旅游者依序候机(车、船),并优先安排老人、未成年人、孕妇、残障人士。

3. 导游领队应提醒旅游者不抢座、不占位,主动将上下交通工具方便的座位让给老人、孕妇、残障人士和带婴幼儿的旅游者。

4. 导游领队应引导旅游者主动配合机场、车站、港口以及安检、边防(移民局)、海关的检查和指挥。与相关工作人员友好沟通,避免产生冲突,携带需要申报的物品,应主动申报。

### (三)乘坐公共交通工具

1. 导游领队宜利用乘坐交通工具的时间,将文明旅游的规范要求向旅游者进行说明和提醒。

2. 导游领队应提醒旅游者遵守和配合乘务人员指示,保障交通工具安全有序运行;如乘机时应按照要求使用移动电话等电子设备。

3. 导游领队应提醒旅游者乘坐交通工具的安全规范和基本礼仪,遵守秩序,尊

# 第一章 导游服务

重他人:如乘机(车、船)时不长时间占用通道或卫生间,不强行更换座位,不强行开启安全舱门。避免不文雅的举止,不无限制索要免费餐饮等。

4. 导游领队应提醒旅游者保持交通工具内的环境卫生,不乱扔乱放废弃物。

## (四)住宿

1. 导游领队应提醒旅游者尊重服务人员,服务人员问好时要友善回应。
2. 导游领队应指引旅游者爱护和正确使用住宿场所设施设备,注意维护客房和公用空间的整洁卫生,提醒旅游者不在酒店禁烟区域抽烟。
3. 导游领队应引导旅游者减少一次性物品的使用,减少环境污染,节水节电。
4. 导游领队应提醒旅游者在客房区域举止文明,如在走廊等公共区域衣着得体,出入房间应轻关房门,不吵闹喧哗,宜调小电视音量,以免打扰其他客人休息。
5. 导游领队应提醒旅游者在客房内消费的,应在离店前主动声明并付费。

## (五)餐饮

1. 导游领队应提醒旅游者注意用餐礼仪,有序就餐,避免高声喧哗干扰他人。
2. 导游领队应引导旅游者就餐时适量点用,避免浪费。
3. 导游领队应提醒旅游者自助餐区域的食物、饮料不能带离就餐区。
4. 集体就餐时,导游领队应提醒旅游者正确使用公共餐具。
5. 旅游者如需在就餐时抽烟,导游领队应指示旅游者到指定抽烟区域就座,如就餐区禁烟的,应遵守相关规则。
6. 就餐环境对服装有特殊要求的,导游领队应事先告知旅游者,以便旅游者准备。
7. 在公共交通工具或博物馆、展览馆、音乐厅等场所,应遵守相关规则,勿违规饮食。

## (六)游览

1. 导游领队宜将文明旅游的内容融合在讲解词中,进行提醒和告知。
2. 导游领队应提醒旅游者遵守游览场所规则,依序文明游览。
3. 在自然环境中游览时,导游领队应提示旅游者爱护环境、不攀折花草、不惊吓伤害动物,不进入未开放区域。
4. 观赏人文景观时,导游领队应提示旅游者爱护公物、保护文物,不攀登骑跨或胡写乱划。
5. 在参观博物馆、教堂等室内场所时,导游领队应提示旅游者保持安静,根据场馆要求规范使用摄影摄像设备。不随意触摸展品。

6. 游览区域对旅游者着装有要求的（如教堂、寺庙、博物馆、皇宫等），导游领队应提前一天向旅游者说明，提醒准备。

7. 导游领队应提醒旅游者摄影摄像时先后有序，不妨碍他人。如需拍摄他人肖像或与他人合影，应征得同意。

### （七）娱乐

1. 导游领队应组织旅游者安全、有序、文明、理性参与娱乐活动。

2. 导游领队应提示旅游者观赏演艺、比赛类活动时遵守秩序：如按时入场、有序出入。中途入场或离席以及鼓掌喝彩应合乎时宜。根据要求使用摄像摄影设备，慎用闪光灯。

3. 导游领队应提示旅游者观看体育比赛时，尊重参赛选手和裁判，遵守赛场秩序。

4. 旅游者参加涉水娱乐活动的，导游领队应事先提示旅游者听从工作人员指挥，注意安全，爱护环境。

5. 导游领队应提示旅游者在参加和其他旅游者、工作人员互动活动时，文明参与、大方得体，并在活动结束后对工作人员表示感谢，礼貌话别。

### （八）购物

1. 导游领队应提醒旅游者理性、诚信消费，适度议价，善意待人，遵守契约。

2. 导游领队应提醒旅游者遵守购物场所规范，保持购物场所秩序，不哄抢喧哗，试吃试用商品应征得同意，不随意占用购物场所非公共区域的休息座椅。

3. 导游领队应提醒旅游者尊重购物场所购物数量限制。

4. 在购物活动前，导游领队应提醒旅游者购物活动结束时间和购物结束后的集合地点，避免旅游者迟到、拖延而引发的不文明现象发生。

### （九）如厕

1. 在旅游过程中，导游领队应提示旅游者正确使用卫生设施；在如厕习惯特别的国家或地区，或卫生设施操作复杂的，导游领队应向旅游者进行相应说明。

2. 导游领队应提示旅游者维护卫生设施清洁、适度取用公共卫生用品，并遵照相关提示和说明不在卫生间抽烟或随意丢弃废弃物、不随意占用残障人士专用设施。

3. 在乘坐长途汽车前，导游领队应提示旅游者行车时间，提醒旅游者提前上卫生间。在长途行车过程中，导游领队应与司机协调，在中途安排停车如厕。

4. 游览过程中，导游领队应适时提示卫生间位置，尤其应注意引导家长带领未成年人使用卫生间,不随地大小便。

5. 在旅游者众多的情况下,导游领队应引导旅游者依序排队使用卫生间、并礼让急需的老人、未成年人、残障人士。

6. 在野外无卫生间等设施设备的情况下,导游领队应引导旅游者在适当的位置如厕,避免污染水源或影响生态环境。并提示旅游者填埋、清理废弃物。

### 三、特殊/突发情况处理

(一)旅游过程中遭遇特殊/突发情况,如财物被抢被盗、重大传染性疾病、自然灾害、交通工具延误等情形,导游领队应沉着应对,冷静处理。

(二)需要旅游者配合相关部门处理的,导游领队应及时向旅游者说明,进行安抚劝慰,导游领队还应积极协助有关部门进行处理。在突发紧急情况下,导游领队应立即采取应急措施,避免损失扩大,事态升级。

(三)导游领队应在旅游者和相关机构和人员发生纠纷时,及时处理、正确疏导,引导旅游者理性维权、化解矛盾。

(四)遇旅游者采取拒绝上下机(车、船)、滞留等方式非理性维权的,导游领队应与旅游者进行沟通、晓以利害。必要时应向驻外使领馆或当地警方等机构报告,寻求帮助。

### 四、总结反馈

(一)旅游行程全部结束后,导游领队向旅行社递交的带团报告或团队日志中,宜有总结和反馈文明旅游引导工作的内容,以便积累经验并在导游领队人员中进行培训、分享。

(二)旅游行程结束后,导游领队宜与旅游者继续保持友好交流、并妥善处理遗留问题。

(三)对旅游过程中严重违背社会公德、违反法律规范,影响恶劣,后果严重的旅游者,导游领队人员应将相关情况向旅行社进行汇报,并通过旅行社将该旅游者的不文明行为向旅游管理部门报告,经旅游管理部门核实后,纳入旅游者不文明旅游记录。

(四)旅行社、导游行业组织等机构应做好导游领队引导文明旅游的宣传培训和教育工作。

一、判断题

1. 世界上第一次有商业性导游陪同的旅游活动是在1841年。（    ）

2. 导游服务的文化性主要体现在保证服务质量的前提下,尽可能地降低成本,为本地区经济发展多做贡献。（    ）

3. 导游服务质量是旅游服务质量高低的最敏感的标志。（    ）

4. 导游服务是一项脑体高度结合的工作,它的脑力劳动主要体现在四处奔波满足游客要求和为游客解决问题。（    ）

二、单项选择题

1. （    ）的原则是圆满解决问题的关键,也是处理问题的钥匙。

  A. 为大家服务　　　　　　　　B. 合理而可能

  C. 服务至上　　　　　　　　　D. 宾客至上

2. 现代导游发展时期是指（    ）。

  A. 20世纪至今　　　　　　　　B. 第一次世界大战以后至今

  C. 第二次世界大战以后至今　　D. 20世纪50年代至今

3. 在导游服务中占据主导地位的是（    ）。

  A. 参观游览服务　　　　　　　B. 导游讲解服务

  C. 旅途服务　　　　　　　　　D. 餐饮服务

4. （    ）年8月,上海商业储备银行总经理陈光甫先生在其同仁的支持下,在该银行旗下创立了旅游部。

  A. 1921　　　　　　　　　　　B. 1923

  C. 1925　　　　　　　　　　　D. 1927

5. 导游人员通过引导和生动精彩的讲解,给游客以知识、乐趣和美的享受,这体现了导游服务的（    ）。

  A. 文化性　　　　　　　　　　B. 社会性

  C. 涉外性　　　　　　　　　　D. 服务性

6. 在现代旅游业中,处于核心地位的是（    ）。

  A. 饭店　　　　　　　　　　　B. 交通

  C. 旅游景点　　　　　　　　　D. 旅行社

# 第一章 导游服务

7. 中国国际旅行社总社成立于( )。
   A. 1949 年　　　　　　　　　　B. 1954 年
   C. 1974 年　　　　　　　　　　D. 1979 年

8. 新中国创立的第一家旅行社是成立于 1949 年 11 月 19 日的( )。
   A. 中国国际旅行社　　　　　　B. 中国旅行社
   C. 中国青年旅行社　　　　　　D. 华侨服务社

### 三、多项选择题

1. 未来旅游活动的发展趋势将对导游服务产生直接影响并提出新的要求。新世纪导游服务发展趋势是( )。
   A. 导游内容的高知识化　　　　B. 导游手段的高科技化
   C. 导游方法的多样化　　　　　D. 导游过程的智能化
   E. 导游人数的大量化

2. 导游服务的共同属性有( )。
   A. 社会性　　　　　　　　　　B. 文化性
   C. 服务性　　　　　　　　　　D. 经济性
   E. 多变性

3. 在新的世纪里,旅游活动也呈现从观光旅游向知识度假旅游发展的趋势,如日益发展的( )和红色旅游等。
   A. 文化旅游　　　　　　　　　B. 专项旅游
   C. 科研考察　　　　　　　　　D. 科考旅游
   E. 学习调研

## 参考答案及解析

### 一、判断题

1. ×　【解析】1846 年,托马斯·库克亲自带领一个旅行团到苏格兰旅行。旅行社为每个成员发了一份活动日程表,还为旅行团专门配备了向导,这是世界上第一次有商业性导游陪同的旅游活动。

2. ×　【解析】在保证服务质量的前提下,尽可能地降低成本,为本地区经济发展多做贡献,这体现的是导游服务的经济性。

3. √　【解析】游客旅游活动的成败更多取决于导游服务质量。导游服务质量不仅关系到整个旅游服务质量的高低,而且关系着国家或地区旅游业的声誉。

4. × 【解析】四处奔波满足游客要求和为游客解决困难属于体力劳动的表现。

二、单项选择题

1. B

2. C 【解析】第二次世界大战以后至今是现代导游发展时期。

3. B 【解析】导游讲解服务是导游服务的灵魂,它能给旅游者带来知识享受和美感享受。导游讲解在导游服务中占主导地位。

4. B 【解析】1923年8月,上海商业储备银行总经理陈光甫先生在其同仁的支持下,在该银行旗下创立了旅游部。

5. A

6. D 【解析】旅行社、旅游饭店和旅游交通是现代旅游业的三大支柱,其中处于核心地位的是旅行社。

7. B 【解析】中国国际旅行社总社英文缩写为CITS,成立于1954年,于2008年3月更名为中国国际旅行社总社有限公司(简称中国国旅)。

8. D 【解析】1949年11月9日,厦门华侨服务社成立,是新中国的第一家旅行社。1957年4月,华侨旅行服务社总社在北京成立,至1974年更名为中国旅行社(简称中旅CTS)。

三、多项选择题

1. ABC 【解析】导游过程是跟旅游者打交道的,人工导游还是会主导导游过程。因此导游过程的智能化并不现实。

2. ABCD 【解析】世界各国的导游服务具有共同属性:社会性、文化性、服务性、经济性及涉外性。

3. ABD 【解析】科研考察和学习调研不是旅游活动。

# 第二章 导游人员

了解导游资格考试的报考条件;熟悉导游的定义、分类;熟悉各类导游人员的职责、从业素质及礼仪规范要求;熟悉导游人员应有的修养以及工作中的行为规范。

同步练习

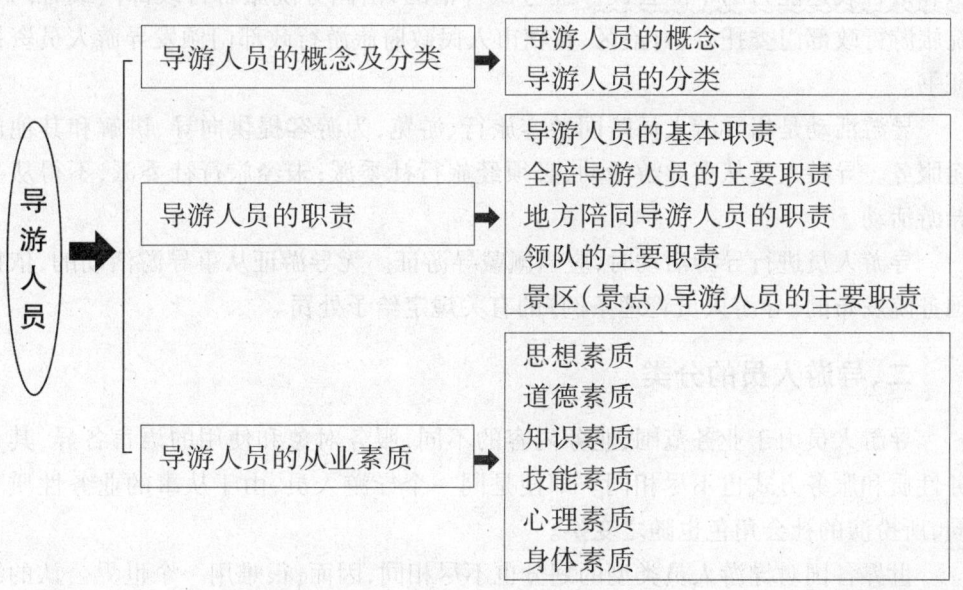

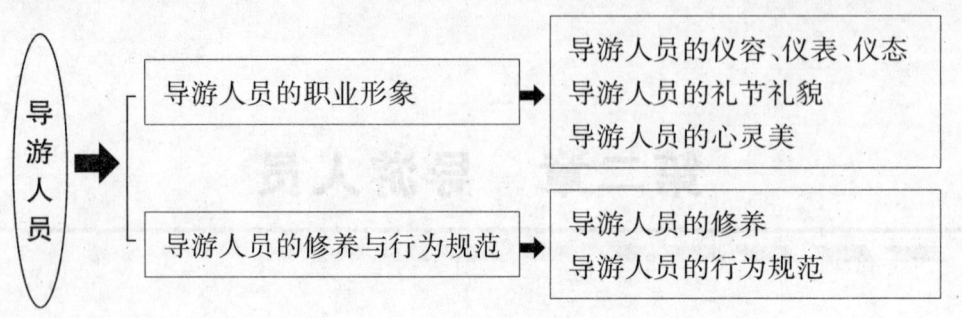

# 第一节 导游人员的概念及分类

## 一、导游人员的概念

导游人员是指依照《导游人员管理条例》的规定取得导游证,接受旅行社委派,为游客提供向导、讲解及相关旅游服务的人员。

报考导游人员资格考试的条件是:遵守宪法,热爱祖国;坚持四项基本原则;具有高级中学、中等专业学校或者以上学历,身体健康;具有适应导游需要的基本知识和语言表达能力的中国公民。经考试合格的,由国务院旅游行政部门或者国务院旅游行政部门委托省、自治区、直辖市人民政府旅游行政部门颁发导游人员资格证书。

导游活动是指导游人员陪同游客旅行、游览,为游客提供向导、讲解和其他旅途服务。导游人员从事导游活动,必须经旅行社委派;未经旅行社委派,不得从事导游活动。

导游人员进行导游活动时,应当佩戴导游证。无导游证从事导游活动的,依据国务院发布的《导游人员管理条例》的有关规定给予处罚。

## 二、导游人员的分类

导游人员由于业务范围、业务内容的不同,服务对象和使用的语言各异,其业务性质和服务方式也不尽相同。即使是同一个导游人员,由于从事的业务性质不同,所扮演的社会角色也随之变换。

世界各国对导游人员类型的划分也不尽相同,因而,很难用一个世界公认的统一标准对导游人员进行分类。根据目前的实际情况,我国导游人员可以从不同的角度进行分类。

(一)按业务范围划分

导游人员按业务范围可分为海外领队、全程陪同导游人员、地方陪同导游人员和景点景区导游人员。

(1)海外领队是指受经国家旅游行政主管部门批准可以经营出境旅游业务的旅行社的委派,全权代表该旅行社带领旅游团从事旅游活动的工作人员。

(2)全程陪同导游人员(以下简称全陪)是指受组团旅行社委派,作为组团社的代表,在领队和地方陪同导游人员的配合下实施接待计划,为旅游团(者)提供全程陪同服务的工作人员。这里的组团社或组团旅行社,是指接受旅游团(者)或海外旅行社预订,制订和下达接待计划,并可提供全程陪同导游服务的旅行社。这里的领队是指受海外旅行社委派,全权代表该旅行社带领旅游团从事旅游活动的工作人员。

(3)地方陪同导游人员(以下简称地陪)是指受接待旅行社委派,代表接待社实施接待计划,为旅游团(者)提供当地旅游活动安排、讲解、翻译等服务的工作人员。这里的接待社或接待旅行社是指接受组团社的委托,按照接待计划委派地方陪同导游人员负责组织安排旅游团(者)在当地参观游览等活动的旅行社。

(4)景点景区导游人员亦称讲解员,是指在旅游景区景点,如博物馆、自然保护区等,为游客进行导游讲解的工作人员。

(二)按职业性质划分

导游人员按职业性质可分为专职导游人员和兼职导游人员。

(1)专职导游人员是指在一定时间内以导游工作为其主要职业的导游人员,目前,这类导游人员一般为旅行社的正式职员。他们是当前我国导游队伍的主体。

(2)兼职导游人员亦称业余导游人员,是指不以导游工作为其主要职业,而利用业余时间从事导游工作的人员。

在西方国家还有一类导游人员,他们以导游为主要职业,但不是某家旅游公司的正式雇员,而是通过签订合同为多家旅游公司服务,他们是一批真正意义上的自由职业导游人员。他们构成了西方大部分国家导游队伍的主体。这类导游人员已经在中国出现,目前人数还不多,但很可能成为一种发展方向。

(三)按使用的语言划分

导游人员按导游使用的语言可分为中文导游人员和外语导游人员。

(1)中文导游人员是指能够使用普通话、地方话或者少数民族语言从事导游服务的人员。目前,这类导游人员的主要服务对象是国内旅游中的中国公民和入境旅游中的港、澳、台同胞。

(2)外语导游人员是指能够运用外语从事导游服务的人员。目前,这类导游人员的主要服务对象是入境旅游的外国游客和出境旅游的中国公民。

**(四)按技术等级划分**

导游人员按技术等级可分为初级导游人员、中级导游人员、高级导游人员和特级导游人员。

(1)获导游人员资格证书后,按技能、业绩和资历对其进行考核,合格者自动成为初级导游人员。

(2)取得初级导游证书满三年,或具有大专以上学历的取得初级导游证满两年,申报前三年实际带团不少于90个工作日,带团工作期间表现出良好的职业道德;经笔试合格者晋升为中级导游人员。

(3)具有本科及以上学历或旅游类、外语类大专学历,取得中级导游证满三年,并且在申请前三年内以中级导游身份实际带团不少于90个工作日,带团工作期间表现出良好的职业道德;经笔试合格,晋升为高级导游人员。

(4)取得高级导游人员资格5年以上,业绩优异,有突出贡献,有高水平的科研成果,在国内外同行和旅行商中有较大影响,经考核合格者晋升为特级导游人员。

## 第二节　导游人员的职责

### 一、导游人员的基本职责

根据当前我国旅游业的发展状况和导游服务对象,导游人员的基本职责可概括为下述五点:

(1)根据旅行社与游客签订的合同或约定,按照接待计划安排和组织游客参观、游览,即接受服务,带团游览。

(2)负责为游客导游、讲解,介绍中国(地方)文化和旅游资源,即导游讲解,传播文化。

(3)配合和督促有关单位安排游客的交通、食宿等,保护游客的人身和财物安全,即安排旅游事宜,保护游客安全。

(4)对游客的意见和要求,导游人员应及时向上级反映,并积极协助有关部门

## 第二章 导游人员

安排会见、座谈等活动,即反映意见要求,安排相关活动。

(5)耐心解答游客的问询,协助处理旅途中遇到的问题,即解答问询,处理问题。

(6)在旅游过程中,导游人员要以身作则,遵守文明旅游规范,并引导旅游者开展文明旅游活动,即率先垂范,引导文明旅游。

### 二、全陪导游人员的主要职责

全陪是组团旅行社的代表,对所带领的旅游团(者)的旅游活动负有全责,在全程旅游活动中起着主导作用。全陪的职责主要有:

1. 实施旅游接待计划

按旅游合同或约定,实施组团社的接待计划,监督各地接待旅行社执行计划的情况和接待服务质量。

2. 组织协调工作

协调导游服务集体各成员之间的合作关系,督促、协助各地方接待旅行社安排、落实各项旅游活动,照顾好游客的旅行生活。

3. 联络工作

负责旅游过程中组团社和各地接待社之间的联络,做好旅行各站之间的衔接工作。

4. 维护安全、处理问题

在旅游过程中维护游客的人身、财物安全,处理突发事件。

5. 宣传、调研

宣传中国(地方),解答游客的问询;了解外国(外地),转达游客的意见、建议和要求。

### 三、地方陪同导游人员的职责

地陪是地方接待旅行社的代表,是旅游接待计划在当地的具体执行者,是当地旅游活动的组织者。地陪的主要职责有:

1. 安排落实旅游活动

根据旅游接待计划,科学、合理地安排旅游团(者)在当地的旅游活动。

2. 做好接待工作

认真落实旅游团(者)在当地的迎送工作和食、住、行、游、购、娱等各项服务;在地陪、领队的配合下,做好当地旅游接待工作。

### 3. 导游讲解

做好旅游团(者)在当地参观游览中的导游讲解和翻译工作,耐心解答游客的问题。

### 4. 维护安全

维护游客的安全,做好事故防范和安全提示工作。

### 5. 处理问题

妥善处理当地各相关服务单位之间的协作关系,以及旅游团(者)在本站旅游过程中可能出现的各类问题。

## 四、领队的主要职责

《旅行社条例实施细则》第三十一条规定:旅行社为组织旅游者出境旅游委派的领队,应当具备下列条件:(一)取得导游证;(二)具有大专以上学历;(三)取得相关语言水平测试等级证书或通过外语语种导游资格考试,但为赴港澳台地区旅游委派的领队除外;(四)具有两年以上旅行社业务经营、管理或者导游等相关从业经历;(五)与委派其从事领队业务的取得出境旅游业务经营许可的旅行社订立劳动合同。

赴台旅游领队还应当符合《大陆居民赴台湾地区旅游管理办法》规定的要求。

第三十四条规定了领队的职责:领队应当协助旅游者办理出入境手续,协调、监督境外地接社及从业人员履行合同,维护旅游者的合法权益。因此,领队在团结旅游团全体成员、组织游客完成旅游计划方面往往起着全陪、地陪难以起到的作用。其主要职责是:

### 1. 全程服务,旅途向导

领队行前应向旅游团介绍旅游目的国(地)概况及注意事项;陪同旅游团的全程参观游览活动,积极提供必要的旅途导游和生活服务。

### 2. 落实旅游合同

领队要监督但更要配合旅游目的国(地)的全陪、地陪安排好旅游计划,组织好游览活动,全面落实旅游合同。

### 3. 做好组织和团结工作

领队应积极关注并听取游客的要求和意见,做好旅游团的组织工作,维护旅游团内部的团结,调动游客的积极性,保证旅游活动顺利进行。

# 第二章 导游人员

**4. 协调联络,维护权益,解决难题**

领队应负责旅游团与接待方旅行社的联络工作,转达游客的建议、要求、意见及投诉,维护游客的正当权益,遇到麻烦和微妙问题时出面斡旋或解决。

应该注意到,许多旅行社既做接团业务,也做发团业务,因而在导游实践中,地陪和全陪并不是绝对分开的,做全陪还是地陪要看具体业务需要。但无论全陪或地陪,其主要职责都是为游客服务。在带团过程活动期间,既是翻译,又是导游。既要组织安排游览、参观,又应照顾好游客的生活,一身多职。

## 五、景区(景点)导游人员的主要职责

**1. 导游讲解**

负责所在景区、景点的导游讲解,解答游客的问询。

**2. 安全提示**

提醒游客在参观游览的过程中注意安全,并给予必要的协助。

**3. 普及知识**

结合景物向游客宣讲环境、生态和文物保护知识,实现拓宽游客知识面的目的。

# 第三节 导游人员的从业素质

导游人员良好从业素质的标准是:成为有理想、有道德、有文化、有纪律的社会主义导游人员。

导游人员的工作繁杂、责任重大,因而对一名合格导游人员的从业素质要求是多方面的,不过基本上可以将其归纳为思想素质、道德素质、知识素质、技能素质、心理素质和身体素质等六个方面。

## 一、思想素质

### (一)爱国主义意识

爱国,在任何时代、任何国家,都是伦理道德的核心。爱祖国、爱家乡、爱社会主义制度是中国导游人员的首要美德。

### (二)很强的服务意识

导游人员要将全心全意为人民服务的思想与"游客至上""服务至上"旅游服务宗旨紧密结合起来,真心实意地为游客服务。

## 二、道德素质

衡量一个人的素质时,道德素质永远居于首位。道德素质包括政治素质和品德素质。

### (一)健康的政治素质

导游人员应具有健康的政治素质、高尚的情操,不断提高判断是非、识别善恶、分清荣辱的能力,抵制形形色色的物质诱惑和"精神污染"。

### (二)良好的品德素质

导游人员要做好导游服务工作,首先要学会做人,要尊重他人,要诚信待人,要将个人的功利追求和国家利益融合起来。

导游人员要自尊、自爱,时时维护自己的人格尊严,绝不为蝇头小利而做有损人格、国格之事。

导游人员要自信、自强,不管面对什么人、什么事,导游人员都不应妄自菲薄,而要相信自己、相信自己的力量和能力。一个自信的人在工作和生活中总是充满信心,勇于克服困难、争取成功。不过,一个人的自信来自于实力,所以导游人员要努力学习、刻苦钻研,不断提高自己,使自己成为名副其实的导游人员。

## 三、知识素质

随着时代的发展,现代旅游活动更加趋向于对文化、知识的追求。人们出游,除了消遣,还想通过旅游来增长知识、增加阅历、获取教益,这就对导游人员提出了更高的知识要求。

丰富的知识是搞好导游服务工作的前提。导游讲解必须以丰富的知识做后盾,讲解内容要丰富,要言之有物,内容要健康,要有情有趣;讲解内容要有根有据,而不是胡编乱造。这就表明,导游服务工作本身要求导游人员具有真才实学,知识要丰富、涵盖面要广。事实也证明,导游人员的知识越丰富、信息量越多,就越有可能把导游工作做得有声有色,就能在更大程度上满足旅游者的知识需求。

导游知识包罗万象,这里简单介绍导游人员应知应会的几方面知识:

### (一)语言知识

语言知识是导游人员最重要的基本功,是导游服务的工具。古人曰:"工欲善其事,必先利其器。"导游人员若没有扎实的语言功底,就不可能顺利地进行文化交流,也就不可能高质量地完成导游服务工作。

外语导游人员既要熟练掌握外语,又要不断提高运用母语的能力。

导游讲解是一项综合性的口语艺术,要求导游人员具有很强的口语表达能力,而导游人员的口语艺术必须建立在丰富的知识、扎实的语言功底的基础之上。

(二)史地文化知识

史地文化知识是导游讲解的素材,掌握史地文化知识是做一名合格导游人员的必备条件。

史地文化知识包括历史、地理、民族、宗教、风俗民情、风物特产、文学艺术、古建园林等诸方面的知识。导游人员应综合理解史地文化知识并将其融会贯通、灵活运用,这对做好导游服务工作具有特别重要的意义。

导游人员也要不断提高自身的艺术鉴赏能力。艺术素养不仅能使导游人员的人格更加完美,还可使导游讲解的层次大大提高,从而在文化交流中做出更多的贡献。

(三)政策法规知识

政策法规知识也是导游人员的必备知识。这是因为:

(1)政策法规是导游人员工作的指针,指导导游人员的导游讲解、回答游客问题及与游客讨论有关问题。

(2)政策法规是处理问题的原则,导游人员要以相关的法律、法规正确处理旅游活动中出现的问题和事故。

(3)导游人员必须遵纪守法,还要让游客尤其是外国游客了解中国的法律、法规,遵守中国的法律、法规。

导游人员必须掌握相关的法律、法规知识,以便正确地处理问题,做到有理、有利、有节。导游人员自己也可防范错误的发生。

(四)心理学和美学知识

导游人员的服务对象是形形色色的旅游者,而且都是短暂相处,因而掌握心理学知识具有特殊的重要性。导游人员要学会运用心理学知识了解旅游者,有的放矢地做好导游讲解和旅行生活服务;有针对性地提供心理服务,从而使旅游者从心理上得到满足,在精神上获得享受。同时导游人员也要运用心理学知识搞好与各种各样的旅游接待部门工作人员的关系。导游人员还要运用心理学知识随时调整自己的心理状态,使自己始终精神饱满、热情周到地为旅游者服务。

旅游活动是一项综合性的审美活动,要求导游人员懂得什么是美、知道美在何处,并且善于运用生动形象的语言向不同审美情趣的旅游者传递审美信息,帮助他

们最大限度地获得美的享受。导游人员还要运用美学知识指导自己的衣着打扮和言行举止,因为导游人员本身就是旅游者的审美对象。

此外,导游人员还应该掌握旅游业务知识,熟悉交通知识、海关知识、货币保险知识、邮电通讯知识、社会知识、国际知识以及卫生、生活等旅行常识。

### 四、技能素质

通常,一个旅游团是因为旅游而临时组织起来的,旅游者之间可能本来素不相识,他们的层次往往参差不齐,他们的文化修养不同,生活习惯、兴趣爱好也有较大差异。此外,在不少旅游者的心中,导游人员是花钱雇来为他们提供服务的"下人"。这给导游人员提出了一个棘手的问题:怎样将旅游者聚集在自己周围?怎样使全团成员,至少使大部分成员旅游生活愉快,获得美的享受并对导游服务工作满意?

为了圆满做好导游服务工作,导游人员不仅要具有较强的实力,也要掌握必不可少的服务技能,还要注意工作时的方式、方法。

语言、知识、服务技能构成了导游服务三要素,缺一不可。只有三者和谐结合才能向旅游者提供高质量的导游服务。

导游人员的服务技能范围很广,但主要有下述几个方面:

#### (一)独立工作能力

导游服务工作的独立性很强。带团外出旅游,导游人员一般是独当一面:独立地组织旅游活动,独立地处理各种各样的问题等。所以较强的独立工作能力对导游人员成功完成导游工作具有特殊意义。

#### (二)组织协调能力

导游人员接团后,要根据旅游接待计划合理安排旅游活动,带领全团游览好、生活好。这就要求导游人员具有较强的组织、协调能力;要求导游人员在安排活动时有较强的针对性并留有余地;在组织各项活动时讲究方式、方法并及时掌握变化着的客观情况,灵活地采取相应的有效措施。

#### (三)善于和各种人打交道的能力

导游人员的工作对象面广、复杂,善于和各种人打交道是导游人员最重要的技能之一。与层次不同、品质各异、性格不同的中外人士交往,要求导游人员必须掌握一定的公共关系学知识并能熟练运用,且具有灵活多变、能适应不断变化着的氛围的能力,随机应变处理问题,搞好各方面的关系。

## 第二章 导游人员

导游人员具有相当的公关能力,在待人接物时会更自然、得体;发挥能动性和自主性的水平必然会提高,有利于提高导游服务质量。

由于导游工作的性质特殊,决定了导游人员的人际关系比较复杂。这就要求导游人员应是一个活泼型、外向型的人,是一个精力充沛、情绪饱满的人,是一个具有爱心、热情地与人交往、待人诚恳、富于幽默感的人,是一个有能力解决问题、可以让人信赖依靠的人。

### (四)导游讲解能力

导游人员要学会对相同的题材从不同角度讲解,使其达到不同的意境,满足不同层次和不同审美情趣旅游者的审美要求。

### (五)特殊问题的处理和突发事件的应变能力

旅游活动中出现问题和事故在所难免,能否妥善处理问题和事故是对导游人员的考验。临危不惧、处惊不乱、头脑清醒、处事果断、办事利索、随机应变是导游人员处理问题和事故时应有的素质。

旅游活动中出现问题和事故的时空条件、问题和事故的性质各不相同,不允许导游人员墨守成规,而应该根据不同情况采取相应措施,合情、合理、合法地予以处理。

## 五、心理素质

导游服务的复杂性和特殊性,决定了导游人员不能只掌握一些操作技能,而是要全面培养自己的各种能力:敏锐的观察能力、准确的判断能力、冷静的思维能力、较强的自控能力等,这些都属于人的心理素质范围。导游人员的良好心理素质是导游活动成功的重要保证。

### (一)敏锐的观察能力和感知能力

导游讲解"贵在灵活、妙在变化",而灵活变化的依据是通过导游人员的观察得到的信息。

有位优秀导游人员把成功的导游服务总结为16个字:注意观察、鉴貌辨色、随机应变、灵活导游。就是说,导游人员要善于通过不同方式自觉观察并发现旅游者的心理变化和需求,及时调整导游讲解的详略、深浅和快慢,使其更具针对性。这样,才能将大部分旅游者吸引在导游人员身边,导游活动才有可能成功。

在参观游览现场,导游人员不仅要注意观察旅游者,还要善于观察周围的事物和环境。若发现异常变化,就得当机立断,或改变游览线路,或干脆把旅游团(者)带离现场,以免发生意外,保证旅游活动顺利进行。

### （二）冷静的思维能力和准确的判断能力

导游人员在带团过程中，需要冷静思考各种各样的问题并且准确判断，采取有效措施，正确予以处理。当遇到险情时，更要求导游人员沉着冷静、果断处理，这样往往能化险为夷，避免事故的发生；出现问题后，如果措施果断，处理合情、合理、合法，会减少损失和不利影响。

事实证明，导游人员处事沉着果断会提高威信，明智地、合情合理地解决问题让游客信服，就能使客、导双方同心协力，共同争取旅游活动的成功。

### （三）较强的自控能力

导游人员应该是一个心理健康的人，是一个十分自律的人，是一个无论在什么情况下都不会放纵自己、感情用事的人。

#### 1. 理性的心理品质

导游人员必须具有理性的心理品质，时刻明白自己的角色是"服务员"，自己的任务是为游客提供服务。一上团，导游人员应该很快进入角色并不受任何外来因素的影响，要始终精神饱满、热情友好、笑口常开。

#### 2. 不卑不亢

导游人员与旅游者、入境旅游团领队及其他人员交往时，应既不骄气又不胆怯，始终沉着自然、不卑不亢。

#### 3. 双赢原则

旅游活动时，导游人员与旅游者及其他人员之间出现矛盾、发生纠纷是常有的事，旅游者有时会对导游服务工作挑剔、指责，甚至无理取闹。对此，导游人员不能感情用事，与之争高低，做"嘴上胜利者"，而要以理服人，并且理明则让，力争双赢，避免发生正面冲突。

#### 4. 克服厌烦情绪

在较短的时间内，人们多次、几十次去同一景点，一般都会产生厌烦情绪。但对导游人员而言，这种情绪却是做好导游服务工作的巨大障碍。一名合格的导游人员去一个曾经到过上百次、上千次的旅游景点，都应该像第一次游览那样兴奋，并因此感染旅游者一起游览、一起欣赏美景，加上导游人员的精彩讲解，游览活动就有可能成功。可以这么说，克服厌烦情绪是导游人员做好导游工作的前提条件之一。

## 六、身体素质

导游服务工作是一项脑力劳动和体力劳动高度结合的工作，为了适应这项工作,导游人员不仅要有丰富的知识、较强的语言表达能力和娴熟的服务技能,还必须有健康的身体。导游服务工作要求导游人员能走路、会爬山,能适应各地的气候、水土和饮食;能为旅游者四处奔波,满足他们的正当要求、解决他们的困难;能适应长期在外、连轴转带团、体力消耗大、无法正常休息的工作特点。

## 第四节　导游人员的职业形象

我们的导游人员首先是一名中国人,然后才是导游人员。外国旅游者往往是从导游人员开始了解中国、认识中华民族的。他们从导游人员的言行举止、穿着打扮来衡量中国人的道德标准、价值观念和文化水准;而且导游人员还是旅游者的审美对象,导游人员的自身美在宣传中国、宣传中华文明中起着重要的作用。因此,导游人员要努力使自己具有良好的德才学识,努力追求自我的完善。

仪容、仪表是人的装饰美、外在美,既供他人欣赏,又可自我欣赏;礼节、礼貌属于行为美,是对他人尊重,也表现出自己的高雅和有教养。只有装饰美、行为美、品质(心灵)美三者完满结合时,才构成人的整体美;只有使美与真、善统一,才能自我完善,并给人以美好的印象。

### 一、导游人员的仪容、仪表、仪态

#### (一)仪容、仪表美

在人际交往中,人们习惯于全方位地审视对方,即从生理角度、伦理角度、心理角度及审美角度来审评他人。在一般情况下,人们长期相处,往往是人的内在美起主要作用,但做短暂相处时,则是人的外表美会给人留下深刻印象。导游人员与旅游者相处的时间一般不会太长,因此,导游人员绝不能忽视自身的仪表美。

仪表美通过一个人的形体美、修饰美和风度美表现出来。

1. 形体美

形体美不是人所能选择的,但是,长得美的人千万别忽略内在的其他品质的培养,而长得平常,甚至比较"丑"的人要在学识、气质方面下功夫,使自己在其他方面产生魅力。每个导游人员都应努力使自己身体健康、充满活力。

2. 修饰美

修饰美是一个人文化修养、艺术气质的展现。

(1) 发型

导游人员的头发要经常修剪和梳理，导游人员不应留怪异发型。

(2) 服饰

服饰是一种文化、一种"语言"，在给旅游者留下第一印象方面起着重要作用，穿着整洁、雅致，具有无形的魅力。

服饰美是搭配出来的，强调和谐统一。

①服饰与职业相协调

导游人员的服饰应适合自己的职业，即导游人员必须明白自己是服务人员，是为旅游者提供服务的，所以自己的服饰不应喧宾夺主。

②服饰应方便工作

导游人员的服饰应适合职业特点和工作环境。导游服务工作主要在户外和旅游车上进行，导游人员要注意选择适合这类活动的服饰。

③服饰要与场合协调

导游人员的服饰要与场合相协调，例如，导游人员去机场、车站接站、送站时要着正装，以示对旅游者的尊重，但带队游览时可穿休闲服，以方便工作。

④服饰应与年龄相协调

导游人员的服饰应与自己的年龄相协调，努力突出自己的风韵和气质。

⑤服饰要与形体协调

导游人员的服饰要与自己的形体协调，不要盲目模仿，即应根据自己的形体特点、容貌、肤色、气质等，来选择适合、合身的服饰，要以穿在身上满意、舒服为好，过分宽松和短小裹身都是不适宜的。还要注意合度，掌握好分寸，不能以奇为美和过分怪异而招摇。衣服不合身会给人留下可笑的印象。

女性导游人员身上首饰不宜过多，否则会给人以浮华和俗气的印象。

⑥服饰要以良好卫生习惯和文雅举止相衬托

导游人员要养成好的卫生习惯，要常洗手、洗澡，常换衣服。男性导游人员更要常修边幅，天天刮胡子，常理发、修鼻毛。导游人员不得随地吐痰、乱扔废弃物，还要阻止旅游者的此类不良行为。

导游人员要保持手部的清洁，指甲要常修剪，戴的手套一定要清洁美观。

导游人员要保持口腔的清洁，常刷牙，工作前不吃葱蒜等带异味的食物，有口臭者应及时医治。

导游人员要养成文雅的举止，咳嗽、打喷嚏时用手或纸巾捂住鼻子并面向一旁；在旅游者面前不做打哈欠、剔牙、掏耳朵、挖鼻孔、脱鞋等不雅动作。

⑦导游人员的服饰要求

导游人员为游客服务时，着装要整洁大方。夏天，男性导游人员不宜穿背心、短裤；女性导游人员不能暴露过多，不穿吊带装、露脐装，不穿超短裙，不袒胸露背；不穿拖鞋上岗。男性导游人员若穿西服，一定要配衬衣、领带、皮鞋，衬衣下摆一定要束在裤内，衣袋、裤袋内不要放东西。

（3）化妆

"化妆"反映一个人的追求和情趣。化妆必须按年龄、脸型、性格、身份、职业等来确定化妆风格，讲究和谐得体，一般以端庄、优雅、自然为好。通过化妆，力求突出自己最美的部分，使其更美；遮掩不美的部分，使其不太引人注意。通过化妆，使自己容光焕发、充满活力。

女性导游人员要化靓妆，但不浓妆艳抹，这样既显示了服务人员的身份，又表示了对旅游者的尊重。香水不能洒得太多。

女性导游人员在化妆方面要注意下述几点：不在男士面前化妆，不在公共场所（如餐桌上）化妆，这不仅非常失礼，也可能会引起不必要的麻烦；不借用别人的化妆品，借用他人化妆品既不卫生，也不礼貌；不议论他人的化妆，更不要对旅游者化的妆指指点点。

衣冠整洁、化妆得体会给人以朝气蓬勃、热情好客、可以信赖的感觉；反之则会给人以不美、不礼貌的感觉，甚至使人望而生厌。不过，导游人员要避免让人用"太"字来评价自己的服饰打扮，如果太注重修饰自己，旅游者可能会怀疑，"光顾修饰自己的导游人员怎会想着别人、照顾别人？"反之，若衣冠不整，旅游者又可能会想"连自己都照顾不好的人怎能照顾好游客"。

3. 风度美

风度美是指一个人在仪表举止、风采气质等方面综合表现出来的美。风度既反映了人的外表，又包含了人的内在品质；既表现人的外貌、举止、仪表、仪态，也表现人的思想、精神、学识、修养、性格和气质。所谓风度美也就是人的人格力量之美，是人的外表与内在高度统一的综合表现。它常常可以显示一个人的文化素养、精神风貌，且往往通过举止、神态、服饰、谈吐等方面表现出来，但又绝不是一个单纯的外表形式问题，它是一个人的精神气质、才智修养的表露。如果一个女孩相貌美丽，身材苗条，穿着考究，配饰得体，但是她的举止、语言粗野无知，缺乏基本的修养，那样也让人感觉不到什么美感。所以风度美是美的内涵的一种自然流露，而不

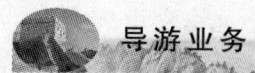

是靠装扮得到的。

### （二）仪态美

仪态是一种修养，比相貌和身材更为重要，仪态美是静态美和动态美的和谐统一，是人的内在美在行动上的外化，是一种深层次的美。

导游人员的仪态美要求站姿挺拔、坐姿文雅、走姿稳健，形体动作得体。仪态美综合体现了一个人的道德品格、思想情操、性格气质、学识教养和处世态度。因此，导游人员要在日常生活中养成良好的姿态举止：大方、自然、得体；直率但不鲁莽，活泼但不轻佻；工作时紧张而不失措；休息时轻松而不懒散；与人交谈时谦虚但不迂腐；人际交往时礼貌但不自卑。

导游人员与旅游者在一起时要显出高雅风度：

精神状态：饱满

要神采奕奕、乐观自信、谈笑自若、充满活力；

仪表礼节：潇洒

要风仪洒脱、落落大方、彬彬有礼、举止得体；

待人态度：诚恳

要诚恳坦率、平等待人，要端庄而不矜持冷漠，谦逊而不矫饰作伪；

行为神态：活泼

要自然大方、热情坦然，动作要和谐适度；

言语谈吐：高雅

要高雅脱俗、优美动听、幽默风趣。

总之，导游人员要以真挚的热情、礼貌动听的语言、高雅大方的举止、修饰有度的衣着接待旅游者，给他们留下深刻、美好的印象。

## 二、导游人员的礼节礼貌

礼节是人们在交际场合中相互问候、致意、祝愿的惯用形式，礼貌则是人与人之间在接触交往中互相尊重和友好的行为规范。礼节是礼貌的具体表现。

礼节、礼貌作为人的一种美德，是良好风度、优美情操、高尚志趣、美好心灵的外在表现，是文明行为的最基本要求。

礼节、礼貌属于文化，是构成精神文明的基本要素，是适应大多数人需要的伦理道德规范。礼节、礼貌在净化社会、美化社会、建设社会主义和谐社会中起着重要的作用。

## 第二章 导游人员

礼节、礼貌的核心是尊重人。人际交往中应该相互尊重,彼此谦让恭敬。

礼貌体现着时代的、民族的风格和道德品质,不同时代、不同民族的礼貌,其表现形式不尽相同。

"行为心表、言为心声",礼节、礼貌是一个人内心世界的外在表现和真实感情的自然流露,体现出人的文化层次、文明程度和道德修养。礼貌修养是一个自我认识、自我养成、自我提高的过程。一名优秀的导游人员总是把礼貌修养作为自身修养不可缺少的一部分,这是事业的需要,是人格完善的需要。因此,注重严于律己、勤奋学习,努力提高自己的文化素养和道德修养,在导游中热情周到、高质量地为旅游者服务,这样的导游人员为旅游者提供的导游服务往往能够得到他们的赏识,个人也能在竞争中获得更多的成功机会。

人际交往活动丰富多彩,礼节烦琐复杂,而且各个地区、各个民族都有自己特有的社交礼节,如果不清楚,甚至用错礼节,就会闹笑话,使自己处于尴尬境地。导游人员与四海宾朋、八方游客交往,掌握一些中外社交礼仪并正确运用,不仅方便工作,而且能获得旅游者的好感,从而获得他们的信任。

### (一)日常接待礼节

**1. 介绍**

(1)自我介绍和介绍他人

人际交往中,不相识的人若有相识的愿望,可自我介绍或由第三者介绍。

自我介绍和介绍他人时态度要诚恳,自我介绍时切忌羞怯或自吹自擂;介绍他人时要热情,但应掌握分寸。介绍有先后之别,一般是将主人介绍给客人,将身份低、年轻者介绍给身份高者和长者,将男子介绍给女子。介绍时,双方应起立,长者和身份较高的女士可例外。

(2)交换名片

递名片是社交场合一种重要的自我介绍方式。在交际场合,可按由尊而卑或由近及远的顺序,依次递送名片。不可只给尊长和领导,以免给人厚此薄彼的感觉。

递名片时应用双手(至少用右手),目视对方,微笑致意;接名片时也要用双手,以示尊重;接过名片应认真地看一遍,不要马上装入口袋,也不要在手中玩弄。不能心不在焉地递、接名片,也不可漫不经心地滥发名片。

**2. 见面礼**

(1)握手礼

握手时,主人、身份高者、年长者和女子先伸手,以免对方尴尬;朋友平辈间以先伸手为有礼;祝贺、谅解、宽慰对方时以主动伸手为有礼。

行握手礼时,上身稍前倾、立正、目视对方、微笑,说敬语或问候语;握手时要摘帽、脱手套,女子和身份高者可例外;握手时不要将另一手插在裤袋里,不要边握手边拍人家肩头,不要低头哈腰,不要眼看别人或与他人打招呼;无特殊原因,不用左手握手;不要握手后马上用手绢或纸巾揩拭自己的手掌;不要拒绝与他人握手,等等。长时间的握手表示亲热,双手握住对方的手以示尊敬,但一般是双方伸手握一下即可。

(2)鞠躬礼

鞠躬礼源自中国,现作为日常礼节已不多见,但在日本、朝鲜和韩国却是常礼。

行鞠躬礼时应立正、脱帽、微笑、目光正视、上身前倾(赔礼、请罪时例外)。平辈应还礼,长辈和上级欠身点头即算还礼。

(3)合掌礼(合十礼)

合掌礼为佛教礼节,盛行于印度和东南亚佛教国家,泰国尤盛。

行礼时,双手略合拢并齐胸前,手掌稍向外向下倾斜,掌尖与鼻尖基本持平,微微低头。对长者,双手略举高,以示有礼,但指尖不能超过额头。

接待旅游者时,对方行合掌礼,导游人员应以同样形式还礼,但不主动向旅游者行合掌礼。

(4)拥抱接吻礼

拥抱接吻礼是盛行于西方、前苏联和阿拉伯世界的礼节。

在一般情况下,父母子女间亲脸、亲额头;平辈亲友间贴面颊;亲人、熟人之间拥抱、亲脸、贴面颊。

在公共场合,见面时拥抱亲吻以示亲热,但有时也只是一种礼节;关系亲近的女子间亲脸,男子之间拥抱,男女之间贴脸颊,晚辈亲长辈额头,长辈亲晚辈的脸或额头。对高贵的女士,男子吻其手背以示尊敬。

见面时的礼节还有招手礼、拱手礼、抱胸礼、脱帽礼、注目礼、点头礼、鼓掌礼等。

3. 称谓

在交际场合,称谓很重要,通过它,反映了人与人间的相互关系,显示出一个人的修养,在某种程度上反映了社会风尚。

称谓一般可分为:

(1)职务称,即以其职务相称,如总经理、李总经理。

(2)姓名称,即以姓名加"同志""先生"。

(3)一般称,即泛称某人为"先生""小姐"等。

(4)职业称,如"司机先生""秘书小姐"。
(5)代词称,"您""他"等。
(6)亲昵称,亲属、好友间的称呼。

一般称男子为"先生",称女子为"夫人"("太太""女士")或"小姐"。在一般称谓前可冠以"姓"(莫利先生、林太太)、"职称"(院长先生、导游小姐)和"衔称"(博士先生)。

对教授、医生、法官、律师可单独称其为"教授""医生"等,或加上"姓"(杜教授、李医生)或加上"先生"(法官先生)等。对军人要称"军衔":上校先生、将军阁下。对有爵位的人要称他们的爵位,或称"阁下"。对地位高的人可称他们为"阁下",如"部长阁下"或"部长先生阁下"。对标志不明的女子,年龄大的称"夫人",年轻者则称"小姐",如有错误,她们会提出纠正。

### (二)聚谈时的礼节和语言

准确优美的语言,诚恳、彬彬有礼的态度,潇洒的风度是人际交往活动成功的保证。因此,与人聚谈时,必须讲究语言艺术,力求表达得体,善于运用礼貌用语,并注意表情、目光、手势等表情语、体态语的适当配合。经常与旅游者交往的导游人员更应该懂得社交聚谈时的礼节礼貌,善于辞令。

#### 1. 交谈时的态度:真诚、庄重

导游人员在与旅游者交谈时或在社交场合与人聚谈时,态度要真诚、庄重,不能傲慢,傲慢会伤害对方的自尊心;不能冷漠,冷漠会让对方感到不亲切,感到被冷落;不能太随便,太随便会给对方一种消极的感觉;不要慌乱,慌乱会给对方留下不诚实、不成熟的感觉,从而使对方产生不信任感。

#### 2. 交谈时的表情:大方、自然

导游人员在与人接触、同旅游者一起交谈时,神情要自信、大方、自然,不能忸怩腼腆,不要惊慌失措,不能心不在焉,不要时时看表,避免打哈欠、伸懒腰以及其他不雅观的小动作。

#### 3. 交谈时的目光:坦率、诚实

与人交谈,要坦诚地注视对方的眼睛,忌讳左顾右盼、躲躲闪闪,不要惶惑不安,切忌居高临下。

#### 4. 与人交谈时的体态:适当配合

与人交谈,要注意体态的适当配合,要避免手舞足蹈,不要用手指指人,双手不能交叉胸前或背后,不要手插裤袋,更不要攥紧拳头,不要疯笑,切忌对人动手动脚。

**5. 交谈时的语言：文雅、得体**

导游人员与旅游者聊天、讨论问题时，在社交场合与人聚谈时，讲话要有内容，要有中心，要简洁明了；语言表达要得体，要掌握分寸；谦虚要适当，赞语不宜过分，不乱用俚语。总之，要努力使用高雅、文明的语言。

### (三)异性交往时的礼节礼貌

在西方世界，尤其在社交场合，处处显示出"女士优先"的原则，男性导游人员在与女性旅游者，特别是在与西方女性旅游者交往时应尊重这一习俗，注意必要的礼节礼貌。

**1. 在与女士交往时，男性导游人员应显示出"绅士"风度，要充满自信、彬彬有礼、相处坦然**

尊重女士，是男性导游人员应有的风度。尊重女士，应表现在方方面面。

例如，在过道相遇，男子为女士让路；男女同行，男子一般应落后女士半步；男子要为女士开门，让她们先进（出）门；上楼、上车，应女先男后，下楼、下车，则应男先女后，以便必要时男子帮女士一把。

又如，与女士交谈，男子应注意，不过分亲昵，也不太冷淡；不过分殷勤，也不过分拘谨；不轻浮，但也不可太严肃；不与女士开过多的玩笑，不说挑逗的话，不与其无休止地攀谈，不谈及她们的隐私。

又如，赞美女士时要诚恳，溢美之词要适当，过多的高级形容词有时会让女士产生被讽刺的感觉；男子应更多地赞赏女士的内在美，这样可能会收到预想不到的效果；在女士面前最好不要赞美另一位女士。

还有，男子不能乱送女士红玫瑰；男子要抽烟时应征得在场女士的同意，等等。

**2. 与男性交往时，女性导游人员要坦诚、大方、自然、言行有分寸**

在男性旅游者面前，女性导游人员服务要热情，礼节要到位，行为要进退有序；要沉着冷静、落落大方；不要太任性，不能太随便，更不能轻浮；不参与有伤风化的活动和聚谈，不单独去异性房间，不单独与异性游客去偏僻的地方。

### (四)与旅游者交往过程中的礼节

**1. 导游服务时的礼节**

(1) 每天首次见到旅游者，应主动问好，问好时要面带微笑、语气热情。

(2) 一般不主动与旅游者握手，但旅游者先伸手，应友好握手，不得拒绝。

(3) 尊老爱幼，主动给予照顾。

(4) 在旅游车上导游讲解时，要面对游客，不宜背对游客坐着导游讲解。

## 第二章 导游人员

（5）导游讲解时,声音要高低适中,语气要亲切自然,表情要自然大方;若借助扩音器导游,音量、距离要适当,话筒不宜挡住嘴部。

（6）讲解时,不得抽烟,不咀嚼食物,不指手画脚。适当运用手势,但动作不宜过大,更不要手舞足蹈,不使用不恰当、不优雅的手势动作;清点人数时,不得用手指着人数数。总之,运用手势等形体动作时应考虑旅游者的不同文化背景,以免招来不必要的麻烦。

（7）旅游者提问时,要耐心听取,及时解答,不能置之不理,如果自己正在说话或讲解时,可示意稍等,讲完后再解答。

（8）不背后批评、议论旅游团内的任何人;不询问旅游者的收入、婚姻状况、年龄、家庭、个人履历等私人问题。

### 2. 进出旅游者房间的礼节

根据"行为规范"的要求,导游人员不能随便进入旅游者的房间,但在特殊情况下需去旅游者的房间,就要求导游人员注意必要的礼节。

（1）到旅游者的房间,要在电话中预先约定并准时抵达,进门前先敲门,经允许后方可入内。

（2）尊重旅游者的休息习惯,尽量避免在休息时间或深夜打扰旅游者,因急事必须打扰时,要表示歉意并说明原因,事办完后尽早离开,以免影响旅游者休息。

（3）一般不在房门口与旅游者谈日程或其他问题。

（4）如必须单独去异性旅游者房间,进入房间,房门要半掩。

（5）未经主人同意不要随意触动、翻看旅游者的物品、书籍等。

### 3. 餐桌上的礼节

导游人员可能会陪同旅游者参加宴会,但更多的是与旅游者一起品尝风味。导游人员都要注意相关的礼节。

（1）按主人安排入席就座,若旁边有女士或年长者,应先帮其入座。

（2）餐巾放在膝上,不能挂在胸前,餐巾可用来擦嘴,但不能用此擦汗和擦鼻涕。

（3）席间不大声喧哗、不抽烟、不解开衣扣,即使很热也不脱外衣。

（4）口中有食物时不宜说话,吃食物时不咂嘴,不要伸舌舔嘴唇,切忌狼吞虎咽。

（5）喝汤时不用嘴啜,以免发出声响;喝汤不能就着碗喝,而要用匙,但喝咖啡时不用匙,而是就着杯喝。

（6）西餐桌上用刀叉进食时注意不要碰击盘子,不得挥舞餐具对着别人指指点点,一般不用手取食。中餐桌上,筷子不要交叉放在桌上,不要插在饭中;不敲击盘碗,不颠倒使用筷子,不将筷子一端含在嘴里发出声音。

(7)正式宴会由侍者布菜,不要拒绝送来的菜,不爱吃的可以留在盘中;冷餐会上、自助餐时,自取食物不宜过多,吃完后可再取;自助餐取食时,不得用公匙品尝食物。

(8)西餐桌上,饮料自取,不劝酒,更不向别人灌酒。

(9)用中餐时,不得乱挑、乱翻菜肴或其他食物,不用自己使用过的餐具为别人夹菜、舀汤或选取食物。

(10)吃有骨、刺的食物,不应将骨、刺随意吐在桌上,而要用餐具或手取出放在碟中。

(11)席间饭后不要当着大家剔牙,不要边走边剔牙,更不要用手指剔牙;不得已剔牙时,要用手或餐巾遮口。

(12)女士在用餐时不得整理自己的衣饰,不在餐桌上化妆、补妆。

(13)导游人员若以翻译身份出席宴会,应注意:

①不得喧宾夺主,不敬酒、祝酒,不随意为他人布菜。

②不得边翻译边吸烟,嘴中有食物时不翻译。

③嘴里不宜放过大、过多、带刺的食物,时刻准备翻译。

## 三、导游人员的心灵美

心灵美是美的一种特殊形态,是其他美的真正依托,是人的思想、情感、意志和行为之美的综合表现。心灵美也具有一切美的共同特征,就是它的直观性与可感性。也就是说,一个人内在的心灵美,必须要通过其他的外在美显现出来。当人们从社会美的角度来评判一个人的美时,总是习惯于把仪表美和风度美归类于"表层"的美,而把心灵美称之为"深层"的美。也就是说,人的仪表美和风度美,应该是一个人"心灵美"的外显化。

心灵美使人更美丽。心灵美的核心是善,就善而言,它是指社会生活中的人与人、人与社会的行为道德规范。符合道德规范的行为,就是善的、美的,否则就是丑的、恶的。

导游人员的心灵美除了要达到"善"的标准外,还要为游客提供优质的服务。在带团的过程中要能够抓住游客的需要,提供周到的服务,想游客之所想,急游客之所急。在关键时刻要能体现作为一名导游人员的高素养,像优秀导游文花枝在生命面临威胁的时候,选择把生的希望先留给游客,这就是心灵美的一种具体体现。导游心灵美的培养,关键在于是否具有人道主义精神和助人为乐的情操。

## 第五节 导游人员的修养与行为规范

### 一、导游人员的修养

导游人员的修养是多方面的,本节只就导游人员必须具备的情操修养、道德修养、学风修养和文化修养四个方面作简单阐述。

#### (一)情操修养

情操是感情和操守相结合,不轻易改变的心理状态。生活在不同时代、不同社会的人具有不同的情操修养。一名中国导游人员的情操修养,首要的是热爱祖国、热爱社会主义,要有历史责任感和社会责任感,要热爱本职工作,具有很强的事业理想以及敬业精神。

#### (二)道德修养

导游人员职业道德规范对导游人员工作具有重要的指导作用,然而对导游个体而言,这些理论、原则、规范,还只是一种外在于主体的客体力量,对于导游人员只具有外在约束力。作为一名合格的导游人员,必须加强导游职业道德修养,把这些要求,转化为自己内在的道德品质,变成自己的道德需要,再外化为正确的道德行为。具体地讲,导游人员要善于自察、自检、自省、自律,把外在的道德要求转化为自身的道德品质,融化于自己心灵中,再自觉地执行道德规范,调整自己的行为,有效地解决导游工作中的各种矛盾,成为一个合格的导游。

#### (三)知识素养

1. 学风修养

导游服务工作是一种知识密集型的工作,要把这项工作做好,为旅客提供优质的服务,需要博而专的知识。要做到:

(1)治学要勤奋,贵在坚持。

(2)治学要博览群书,不耻下问。

(3)治学要严谨,循序渐进。

(4)治学要精思明理,不图虚名。

#### 2. 文化修养

导游人员提高艺术鉴赏能力，培养高尚的品格和美好的情操，能够引导游客赏景审美，能够适时调动游客的游兴。我国的导游人员要重视自我修养，要"吾日三省吾身"，强调"慎独"；要培养高尚的情趣和美好的情操。

### 二、导游人员的行为规范

为了保护国家利益，维护祖国的尊严和中国导游队伍的荣誉，为了确保导游服务工作的顺利进行，为了发展我国的旅游事业，每个导游人员都必须具有很强的法纪观念，时时处处遵纪守法，自觉用几十年来形成的导游人员的纪律和守则约束自己。

#### （一）严守国家机密、保护国家财产

(1) 导游人员要严守国家机密，在接待入境旅游者时要坚持"内外有别"原则。

(2) 在企业、科研单位参观时，外语导游人员要特别注意避免泄露经济情报。

(3) 在旅游者面前，导游人员不谈论内部情况；在涉外场合，不携带内部文件；注意企业机密，不泄露其旅游团的收支细目。

(4) 不带旅游者到不对外开放的单位和地区参观游览，未经允许不带旅游者到导游人员的办公室。

(5) 导游人员要时时处处以国家利益为重，保护国家财产是导游人员的神圣职责。要阻止个别游客破坏文物、景物，若发现有人偷盗、走私文物，必须及时报告有关部门并主动配合其工作，使违法者依法受到处理。

#### （二）严格按规章制度办事

(1) 导游人员进行导游活动必须经由旅行社委派，不得私自承揽或以其他方式直接承揽导游业务。

(2) 导游人员进行导游活动必须佩戴导游证（IC卡），接待10人以上（含10人）旅游团时举本社导游旗。

(3) 坚持请示汇报制度，切忌我行我素。

(4) 坚持诚信原则，必须按约定内容和标准为旅游者服务，不得擅自增加、减少参观游览项目，不得擅自中止参观游览活动。

(5) 紧急情况下，导游人员有权调整计划、变更路线，但必须向旅游者说明原委，征得多数游客同意并立即报告旅行社。

(6) 维护旅游者的合法权益，不乱收费。若增加自费项目，必须与游客商量、

征得同意。

(7)在旅游过程中,若有可能发生危及旅游者人身和财物安全的情况时,导游人员应向旅游者做出真实说明和明确警示,并采取有效的防范措施;遇有紧急情况时,导游人员要采取必要措施,机智、勇敢地保护旅游者,绝不在紧要关头临阵脱逃。

(8)旅游项目中如有危险因素,导游人员应事先向旅游者交代清楚危险程度和安全防护措施,对参加危险活动的旅游者要特别注意保护。

(9)导游人员不应随便单独去旅游者的房间,更不要单独去异性旅游者的房间。

(10)导游人员不应与入境旅游团的领队同住一室。

(11)导游人员不得私带亲友随团活动。

(12)严禁酗酒。导游人员因工作饮酒,不要超过本人酒量的1/3。

### (三)自觉遵纪守法

(1)严禁嫖娼、赌博、吸毒。

(2)不得接受、收集,更不得索要反动、黄色的书刊画报及音像制品。

(3)不得欺骗、胁迫旅游者消费,也不得与经营者串通欺骗、胁迫旅游者消费。

(4)不得收受商店、游览点、娱乐场所等经营者给予的回扣,不得营私舞弊、假公济私。

(5)不得带旅游者到非合同商店购物,不得擅自更改就餐地点。

(6)不得从事或代理他人从事商业活动,不得向旅游者强行销售物品,也不购买旅游者的物品。

(7)不得以明示或暗示的方式向旅游者索取小费,不准因旅游者不给小费而拒绝提供服务或降低服务质量。

(8)不得套汇、炒汇,也不得以任何形式向入境旅游者索取外币。

(9)不与旅游者保持不正常关系,不与他们进行不正当活动。

(10)导游人员必须尊重旅游者的宗教信仰、民族风俗和生活习惯。

(11)不得宣传封建迷信,更不准宣传邪教;若有个别旅游者宣传邪教、进行邪教活动,必须阻止并立即报告有关部门。

### (四)自尊自爱,不失人格、国格

(1)不"游而不导",不擅离职守,不懒散松懈,不搞本位主义,不推诿责任。

(2)不与旅游者过分亲近,不介入他们的内部矛盾和纠纷,更不在他们之间拨弄是非。

(3)关心旅游者,维护旅游者的合法权益。对旅游者态度不冷漠,工作不敷衍。对旅游者要一视同仁，不厚此薄彼。避免与旅游者正面冲突，严禁与旅游者吵架、打架。

(4)对旅游者提出的侮辱人格尊严或违反导游人员职业道德的不合理要求，应态度鲜明、断然拒绝。

(5)不得迎合个别旅游者的低级趣味而在讲解、聊天时掺杂格调低下的内容。不与旅游者开低级庸俗和政治性的玩笑。

**(五)文明服务**

(1)导游人员讲话要注意分寸，坚持五不讲：有伤旅游者自尊心的话不讲、有损旅游者人格的话不讲、埋怨责怪旅游者的话不讲、蛮横无理的话不讲、讽刺挖苦的话不讲。

(2)导游人员与旅游者交往时要做到四不计较：旅游者不理睬导游人员的主动招呼不计较、游客性情急躁语言欠妥不计较、游客提出的意见不客观不计较、导游人员工作繁忙得不到旅游者体谅不计较。

(3)工作时，导游人员不抽烟，不做不文明的小动作，注意自身的清洁卫生，也要负起责任防止个别旅游者破坏环境卫生。

**一、判断题**

1. 知识素质是导游人员最重要的基本功，是导游服务的工具。　　　(　　)
2. 外语导游人员服务的主要对象有出境游的中国公民和入境游的外国游客。
　　　　　　　　　　　　　　　　　　　　　　　　　　　　　(　　)
3. 导游人员的心理素质主要是指敏锐的观察能力、准确的判断能力、冷静的思维能力和灵活地处理问题能力。　　　　　　　　　　　　　　(　　)
4. 导游人员工作的指针是旅行知识。　　　　　　　　　　　　(　　)
5. 导游人员可以私自承揽或以其他方式直接承揽导游业务。　　(　　)

**二、单项选择题**

1. 在导游服务集体中对旅游团(者)的旅游活动负有全责，起着主导作用的是(　　)。

　　A. 全陪　　　　　　　　　　B. 地陪
　　C. 领队　　　　　　　　　　D. 游客

2. 目前我国出境旅游一般采取团队形式,团队的旅游活动须在(　　)的带领下进行。

　　A. 团长　　　　　　　　　　B. 领队

　　C. 全陪　　　　　　　　　　D. 地陪

3. (　　)是指受接待旅行社委派,代表接待社实施接待计划,为旅游团提供当地旅游活动的安排、讲解等服务的工作人员。

　　A. 海外领队　　　　　　　　B. 景区景点讲解员

　　C. 全陪　　　　　　　　　　D. 地陪

4. 古人曰:"工欲善其事,必先利其器。"说明导游人员最重要的基本功和最需要掌握的导游服务工具是(　　)。

　　A. 史地文化知识　　　　　　B. 心理学知识

　　C. 旅行知识　　　　　　　　D. 语言知识

### 三、多项选择题

1. 全陪的主要职责是(　　)。

　　A. 联络工作　　　　　　　　B. 宣传、调研

　　C. 导游讲解　　　　　　　　D. 安全提示

　　E. 订购门票

2. 导游人员按职业性质划分,分为(　　)。

　　A. 专职导游人员　　　　　　B. 正式导游人员

　　C. 临时导游人员　　　　　　D. 兼职导游人员

　　E. 志愿导游人员

3. 导游人员按使用语言划分,分为(　　)。

　　A. 法语导游人员　　　　　　B. 中文导游人员

　　C. 德语导游人员　　　　　　D. 外语导游人员

　　E. 韩语导游人员

4. 导游人员按业务范围划分,可分为(　　)。

　　A. 海外领队　　　　　　　　B. 全程陪同导游人员

　　C. 地方陪同导游人员　　　　D. 景点景区导游人员

　　E. 特级导游人员

## 参考答案及解析

### 一、判断题

1. ×　【解析】语言知识是导游人员最重要的基本功,是导游服务的工具。

2. √　【解析】外语导游人员是指能够运用外语从事导游服务的人员。目前,这类导游人员主要服务对象是入境旅游的外国游客和出境旅游的中国公民。

3. ×　【解析】导游服务的复杂性和特殊性,决定了导游人员不能只掌握一些操作技能,还要有良好的心理素质,包括:敏锐的观察能力和感知能力;冷静的思维能力和准确的判断能力;较强的自控能力。

4. ×　【解析】政策法规是导游人员工作的指针,是指政策法规知识能指导导游人员的导游讲解、回答游客问题及与游客讨论有关问题。导游人员必须掌握相应的法律、法规知识,以便正确地处理问题,做到有理、有礼、有节。

5. ×　【解析】导游人员进行导游活动必须经由旅行社委派,不得私自承揽或以其他方式直接承揽导游业务。

### 二、单项选择题

1. A　【解析】全陪在导游服务集体中对旅游团(者)的旅游活动负有全责,起着主导作用。

2. B　【解析】目前我国出境旅游一般采取团队形式,团队的旅游活动须在领队的带领下进行。

3. D　【解析】地陪导游人员是接待旅行社的代表,是旅游接待计划在当地的执行者,是当地旅游活动的组织者。

4. D　【解析】语言是导游人员最重要的基本功,是导游服务的工具。

### 三、多项选择题

1. AB　【解析】导游讲解、安全提示和购票是地陪的职责。

2. AD　【解析】导游人员的分类:(1)按使用语言划分:中文导游人员、外语导游人员。(2)按职业性质划分:专职导游人员、兼职导游人员。

3. BD　【解析】按使用语言划分,导游人员分为中文导游人员和外语导游人员。

4. ABCD

# 第三章 导游服务规范及程序

同步练习

掌握旅游团队的导游服务程序和服务质量要求；了解散客旅游的定义和特点，掌握散客导游服务程序与质量要求。

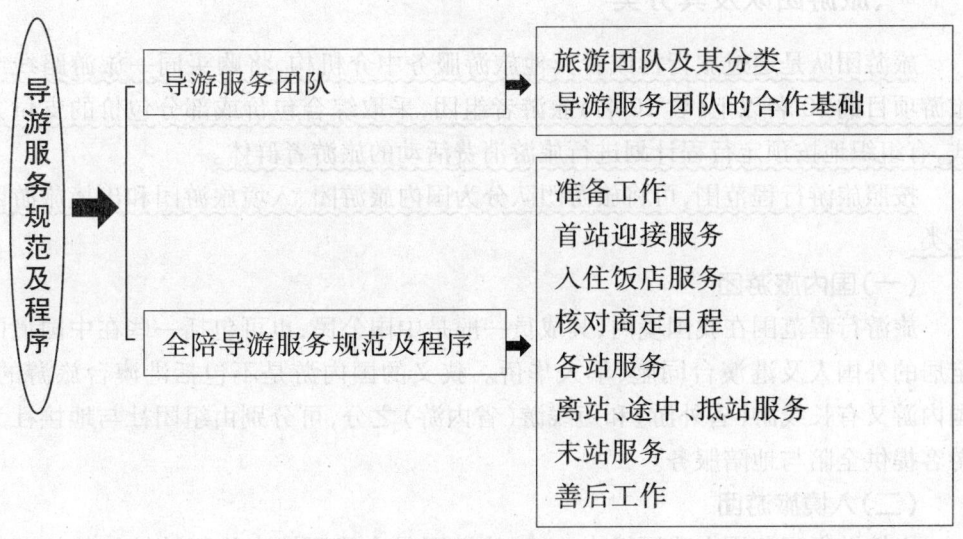

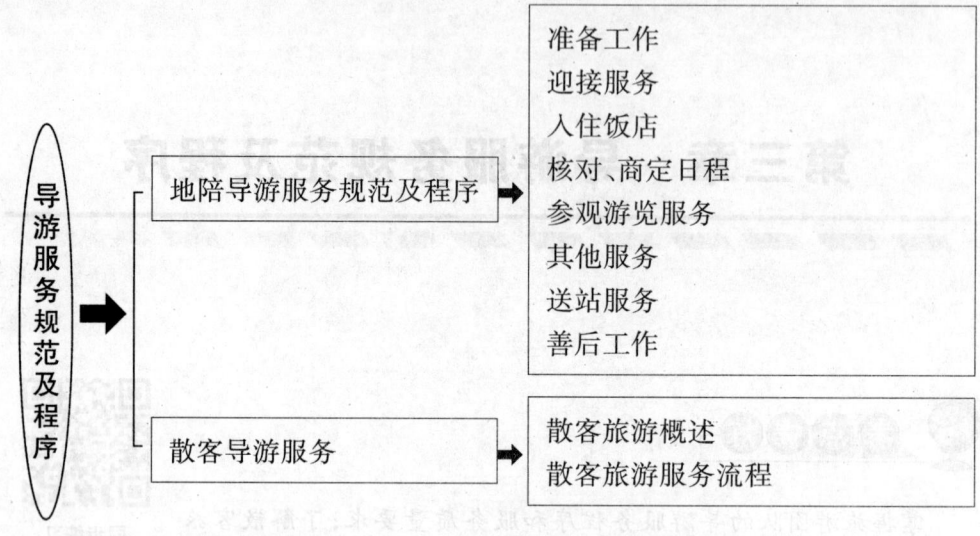

## 第一节　导游服务团队

**一、旅游团队及其分类**

旅游团队是通过旅行社或者其他旅游服务中介机构,将购买同一旅游路线或旅游项目的10名以上(含10名)旅游者组团,采取综合包价或部分包价的支付方式,有组织地按预定行程计划进行旅游消费活动的旅游者群体。

按照旅游行程范围,可将旅游团队分为国内旅游团、入境旅游团和出境旅游团三类。

**(一)国内旅游团**

旅游行程范围在我国境内,其成员一般是中国公民,也可包括一些在中国境内定居的外国人及港澳台同胞、华人华侨。狭义的国内游是不包括港澳台旅游的。国内游又有长线游(省外游)和短线游(省内游)之分,可分别由组团社与地接社为游客提供全陪与地陪服务。

**(二)入境旅游团**

入境游行程范围在我国境内,入境旅游团是由我国境内旅行社接待的旅游者群体,其成员构成可以是港澳台同胞、华人华侨,以及外国人。

### （三）出境旅游团

出境旅游团的旅游行程在境外（包括港澳台地区），是由我国境内具有出境游组团资格的旅行社组织的旅游者团体，成员一般是中国公民。

## 二、导游服务团队的合作基础

在旅游团队导游服务集体中，全陪是旅游目的地组团旅行社的代表，地陪是旅游目的地接团旅行社的代表，海外领队则是海外客源地组团旅行社的代表。他们虽然分别代表不同旅行社的利益，在工作中有各自的职责，但在陪同和接待旅游团队时，存在着合作共事的基础。

### （一）有共同的工作对象、任务、目标

导游服务集体共同的工作对象是同一旅游团的旅游者，共同的工作任务是执行旅游团的旅游计划，共同的努力目标则是组织好旅游活动，为旅游者提供满意的服务。

### （二）有共同的利益

导游服务集体有着共同的利益，有发展旅游目的地旅游业的共同目标，有统一的政策、法规和协议作为处理问题的准绳，为他们之间的合作共事创造了前提。

### （三）良好的协作关系

全陪、地陪与领队之间的协作关系，实际上是旅游目的地旅行社与旅游客源地旅行社之间的合作关系。建立良好关系的前提是平等互利、互守信用，向旅游团提供优质服务，具体体现在各方导游人员之间的合作，共同完成接待旅游团队、执行旅游接待计划规定的任务。因此，导游服务集体三成员在工作中应相互协作、互相帮助、同舟共济。

### （四）旅游协议是处理问题的依据

各导游人员间出现矛盾和分歧时，必须以全面执行旅游企业之间、旅游企业与旅游者之间签订的协议为原则，旅游协议书中的各项规定是各方导游人员应共同努力完成的任务，是他们协作共事的基础。

# 第二节 全陪导游服务规范及程序

全程导游服务也称全陪服务,是指组团旅行社(简称组团社)委派的导游人员(称为全程导游人员、全程陪同,简称全陪)为旅游团在旅游目的地的整个旅游过程中提供的陪同导游服务。

《导游服务质量标准》要求"全陪作为组团社的代表,应自始至终参与旅游团(者)移动中各环节的衔接,监督接待计划的实施,协调领队、地陪、司机等旅游接待人员的协作关系。全陪应严格按照服务规范提供各项服务。"

## 一、准备工作

### (一)熟悉并研究接待计划

全陪在拿到旅行社下达的旅游团队接待计划书后,必须熟悉该团的相关情况,并做认真的分析研究。

(1)听取该团外联人员或旅行社领导对接待方面的要求及注意事项的介绍。

(2)熟记旅游团名称、人数,了解成员性别构成、年龄结构、宗教信仰、职业、居住地及生活习惯等。

(3)掌握全程旅游线路情况,包括各站抵、离、交通工具、时间、各站联络方式。

(4)了解各站的一些专项活动安排,如游船、游江、文娱节目、计划内风味及自费游览项目等,并记录在陪同工作笔记上。

(5)了解各旅游目的地的政治、经济、历史、文化、民俗风情和旅游点的大概情况,以应对旅游者的咨询;同时还应了解旅游者所在地的上述情况,以便能做相互比较,并且和旅游者做更多的沟通。

(6)根据接待计划书及该团外联人员所提供的相关情况,研究判断旅游者对自己在服务方面的需求并做相应的准备。

### (二)物质准备

(1)陪团中所需旅行手续,如边防通行证(如去经济特区深圳、珠海需办理);带齐必要的证件,如身份证、导游资格证、胸卡等。

(2)必要的票据和物品,如旅游团接待计划书、分房表、旅游宣传资料、行李封条、旅行社徽记、全陪日记、名片等。

(3)结算单据和费用,如拨款结算通知单或支票、现金、足够的旅费等。
(4)回程机票,国内团的回程机票若是由组团社出好并由全陪带上,全陪则须认真清点,并核对团员名字有无写错。

### (三)知识准备
(1)旅游目的地的相关知识。
(2)旅游客源地的相关知识。
(3)沿途各站的相关知识。

### (四)与接待社联系
根据需要,接团前一天与第一站接待社取得联系,互通情况。

## 二、首站迎接服务

在首站顺利完成旅行团的接待,是全陪与旅游者建立良好关系的基础。为此,全陪要与地陪密切配合,使旅游团抵达后能立即得到热情友好的接待。

全陪首站迎接服务,存在两种不同的情况,对于入境旅游团队,全陪要到入境口岸迎接游客;而对于国内旅游团队,全陪则要到约定的出发地点或机场、车站、码头迎候游客。

### (一)入境团队迎接
入境游团队的首站接团服务,是要使境外游客入境后能立即得到热情友好的接待,让旅游者有宾至如归的感觉。
(1)出团前,全陪应向接待社了解本站接待工作的详细安排情况。
(2)全陪应提前半小时到接站地点与地陪一起迎候旅游团。
(3)全陪应协助地陪尽快找到旅游团,并核对实到情况。
(4)协助海外领队向地陪交接行李。
(5)致欢迎辞。内容包括:表示欢迎、自我介绍(同时应将地陪介绍给全团),表示提供服务的真诚愿望,预祝旅行顺利愉快等内容。

### (二)国内团队首站出发、抵达
全陪应该按照规定,提前去到团队游客预定集中地点。全陪应该全力做好首站出发的相关服务。全陪需要提供的首站出发服务(以乘飞机出发为例)主要有:
(1)提前抵达集合地点,迎候游客到来。全陪应该提前到达事先约定的地点,佩戴导游证、持导游旗等候游客到来。给已经抵达的游客分发旅游帽、行李卡等,同时收取游客身份证,注意放好在随身携带的包内。注意时间,如有游客未按规定时间抵达,要与游客取得通讯联系,催促游客尽快抵达。

(2)致简短欢迎辞。当游客全部抵达后,全陪要做简短的欢迎辞,表达努力为游客服务的良好愿望,同时提醒游客旅途中应注意的有关事项,打"预防针",使游客对于旅途中的各项服务有切合实际的期望。

(3)办理登机牌、托运游客行李。请无行李托运的游客留在原地等候,全陪带领有行李托运需要的游客去柜台办理登机牌及行李托运,全陪应保管团队所有游客的行李托运单。将机票和登机牌分发给游客,可能的话,尽量安排有亲朋好友关系的游客座位在一起,同时将身份证及时发还给游客。

(4)带领全团游客通过安检、登机。带领游客过安检,进入候机区,按时从指定登机门登机。上飞机后,全陪尽量在大部分团员后面靠近走道的位置就座,以便观察、照顾游客。全陪应及时电话或短信告知目的地地陪:团队已经登机。

**(三)到达目的地机场时的全陪工作**

(1)提醒游客带齐所有物品。手持导游旗,带领全团游客下飞机。通讯告知地陪团队已经抵达,并询问地陪所站位置。

(2)在行李出口等候行李,出来后提醒游客拿取、清点行李,请未托运行李的游客一同耐心等候。

(3)清点游客人数无误后,带领全团游客出机场,在出口处向工作人员出示团队行李托运单。

(4)认找地陪,找到后要与地陪核对团队主要资料,以免接错团。

(5)带领游客跟随地陪到旅游车,上车后要注意再次清点游客是否到齐。

(6)开车后,向游客介绍地陪、司机。请地陪致欢迎辞。

## 三、入住饭店服务

旅游团(者)进入所下榻的酒店后,全陪应尽快办好有关住店手续。

(1)分钥匙。和地陪一起到饭店总台领房间钥匙,由领队分配住房;掌握旅游团成员所住房号(可要求总台复印住房分配表),并把自己房号告诉全体团员。

(2)引导游客入房。每位游客检查房内设施是否能正常使用,若不能使用,应找地陪与宾馆协调换房。

(3)应记下地陪的联络方法,如电话或传呼号码,并承担起照顾团队的责任。

(4)全陪放下行李后,应到领队及其他游客房间询问房况如何。

## 四、核对商定日程

入住手续办好后,全陪应主动和团长对旅游全程做一次核对。如有出入,或有新的特殊要求,应做协商解决;对行程的出入,如全陪不能定夺,应及时反馈给组团社,请旅行社领导指示。

## 五、各站服务

### (一)联络工作

(1)做好领队与地陪、旅游者与地陪之间的联络、协调工作。
(2)做好旅游线路上各站间,特别是上、下站之间的联络工作。
(3)抵达下一站后,全陪要主动把团队的有关信息通报给地陪。

### (二)监督与协助

在旅游过程中,全陪要正确处理好监督与协助这两者的关系。一方面,全陪和地陪的目标是一致的,他们都是通过自己的服务使游客获得一次美好的经历,让游客满意,并以此来树立自己旅行社的品牌。因此,从这方面来说,作为全陪,协助地陪做好服务工作是主要的。另一方面,全陪和地陪毕竟分别代表各自的旅行社,且全陪会更多地考虑游客的利益。因此,监督地陪及其所在接待社按旅游团协议书提供服务也是全陪必须做的工作。所以,协助是首要的,监督是协助中的监督,两者相辅相成。

(1)若活动安排上与上几站有明显重复,应建议地陪做必要的调整。
(2)若对当地的接待工作有意见和建议,要诚恳地向地陪提出,必要时向组团社汇报。

### (三)旅行过程中的服务

1. 生活服务

(1)出发、返回、上车、下车时,要协助地陪清点人数,照顾年老体弱的游客上下车。
(2)游览过程中,要留意游客的举动,防止游客走失和意外事件的发生,以确保游客人身和财产安全。
(3)按"合理而可能"的原则,帮助游客解决旅行过程中的一些疑难问题。
(4)融洽气氛,使旅游团有强烈的团队精神。

### 2. 讲解服务和文娱活动

作为全陪，提供讲解服务固然不是最重要的，但适当的讲解仍是必要的。此外，为防止长途旅行时团队气氛沉闷，全陪还要组织游客开展一些文娱活动，如唱歌、讲故事、讲笑话、玩游戏等。

### 3. 为游客当好购物顾问

全陪一定要从游客的角度考虑，结合自己所掌握的旅游商品方面的知识，为游客着想，当好购物顾问。

## 六、离站、途中、抵站服务

### (一)离站服务

离站前应衔接好送站及下站接站工作的各个环节，并做好旅游团搭乘交通工具的服务工作。在旅游团离开各站前，全陪应做好以下工作：

(1) 提前提醒地陪落实离站的交通票据及核实准确时间。

(2) 如离站时间因故变化，全陪要立即通知下一站接待社或请本站接待社通知，以防空接和漏接的发生。

(3) 协助领队和地陪妥善办理离站事宜，向游客讲清托运行李的有关规定并提醒游客检查、带好旅游证件。

(4) 协助领队和地陪清点托运行李，妥善保存行李票。

(5) 按规定与接待社办妥财务结账手续。

(6) 如遇推迟起飞或取消，全陪应协同机场人员和该站地陪安排好游客的食宿和交通事宜。

### (二)途中服务

(1) 了解两站之间的行程距离、所需时间、途中经过的城市等情况。

(2) 协助领队分发登机牌、车船票，并安排游客座位。

(3) 与乘务人员搞好关系，共同做好途中的安全保卫和生活服务工作。

(4) 做好途中的食、住、娱工作。

(5) 旅游团中若有晕机(车、船)的游客，全陪要给予特别关照；游客突患重病，全陪应立即采取措施，并争取司机、乘务人员的协助。

(6) 做好与旅游者的沟通工作(如通过交谈联络感情等)。

### (三)抵站服务

(1) 所乘交通工具即将抵达下一站时，全陪应提醒游客整理带齐个人的随身物品,下机(车、船)时注意安全。

(2)下飞机后,凭行李票领取行李,如发现游客行李丢失和损坏,要立即与机场有关部门联系处理并做好游客的安抚工作。

(3)出港(出站),全陪应举社旗走在游客的前面,如出现无地陪迎接的现象,全陪应立即与接待社取得联系。

(4)向地陪介绍领队和旅游团情况,并将该团计划外的有关要求转告地陪。

(5)组织游客登上旅游车,提醒其注意安全并负责清点人数。

### 七、末站服务

(1)当旅行结束时,全陪要提醒游客带好自己的物品和证件。

(2)向领队和游客征求团队对此次行程的意见和建议,并填写《团队服务质量反馈表》。

(3)致欢送辞。

### 八、善后工作

(1)认真处理团队遗留问题和游客的委托事宜。

(2)对团队的整个行程进行总结。

(3)认真、按时填写《全陪日志》。《全陪日志》的内容包括:旅游团的基本情况;旅游日程安排及飞机、火车、航运交通情况;各地接待质量(包括游客对食、住、行、游、购、娱各方面的满意程度);发生的问题及处理经过;旅游者的反映及改进意见。

(4)及时归还所借物品,办理报销事宜。

## 第三节 地陪导游服务规范及程序

地方导游服务规程是指地方导游人员在当地接待旅游团时应遵循的服务程序和服务标准。游客是否满意、旅游接待计划能否圆满实施在很大程度上取决于各站地陪的导游服务。

《导游服务质量标准》要求"地陪应按时做好旅游团(者)的迎送工作;严格按照接待计划,做好旅游团(者)的参观游览活动中的导游讲解工作和计划内的食宿、购物、文娱等活动的安排;妥善处理各方面的关系和出现的问题。"

## 一、准备工作

地陪的准备工作应在接到旅行社分配的任务、领取了盖有旅行社印章的接待计划后立即开始。

### (一)熟悉接待计划

接待计划是组团旅行社委托各地方接待社组织落实旅游团活动的契约性文件,是导游人员了解该团基本情况和安排活动日程的主要依据。地陪须在上团前三天领取接待计划。通过阅读分析,熟悉并掌握旅游团的以下情况:

(1)计划签发单位(组团社)、联络人姓名及电话号码、旅游团名称、团号、国别和领队姓名。

(2)旅游团组成的情况:人数、性别、姓名、职业、宗教信仰。

(3)全程旅游路线、入出境地点。

(4)所乘交通工具情况。

(5)抵离本地时所乘飞机(火车、轮船)的班次、时间和机场(车站、码头)名称。

(6)掌握交通票据情况,去下一站的交通票是否订妥及有无返程票。

(7)掌握住房、用车、游览、用餐等方面特殊要求和注意事项。

### (二)落实接待事宜

《导游服务质量标准》要求:"地陪在旅游团(者)抵达的前一天,应与各有关部门或人员一起落实、检查旅游团(者)的交通、食宿、行李运输等事宜"。

(1)落实旅游车辆。与旅游汽车公司或车队联系,确认车辆的车型、车牌号和司机姓名;确定与司机的接头地点并告知活动日程和具体时间。

(2)掌握联系电话。地陪应备齐并随身携带有关旅行社各部门、餐厅、饭店、车队等的电话。

(3)落实住房及用餐情况。

(4)如团队游客行李多,或者有特殊的行李运输需要,要了解落实运送行李的安排情况。

(5)了解不熟悉景点的情况。对于新的旅游景点及其他不熟悉的参观游览点,地陪应及早了解其概况,如开放时间、最佳游览路线、厕所位置等,以便游览活动顺利进行。

### (三)物质准备

《导游服务质量标准》要求:"上团前,地陪应做好必要的物质准备,带好接待计划,导游证、胸卡、导游旗、接站牌、结算凭证等物品"。

### (四)语言和知识准备

根据接待计划上确定的参观游览项目,就导游的重点内容做好介绍资料的准备。接待有专业要求的旅游团,要做好相关专业知识、词汇的准备。做好当前的热门话题、国内外重大新闻、游客可能感兴趣的话题等方面的准备。

### (五)形象准备

导游人员做好"形象准备",是指仪容、仪表方面的准备,主要是指"修饰美",包括服饰美、化妆美和发型美。导游人员的着装要符合本地区、本民族的着装习惯和导游人员的身份,衣着大方、整齐、简洁,以方便导游服务工作;佩戴首饰要适度;不浓妆艳抹,不用味道太浓的香水;上团时应将导游证佩戴在正确位置。

### (六)心理准备

1. 准备面临艰苦复杂的工作

地陪在为接待旅游团做以上准备工作的同时,还要有充分的面临艰苦复杂工作的心理准备。不能只考虑到按正规的工作程序要求为游客提供热情服务的方面,还要有遇到问题、发生事故时应如何去面对、去处理,对需要特殊服务的游客应采取什么措施等各种思想准备。有了这些方面的心理准备,地陪就会做到遇事不慌,遇到问题也能妥善迅速地处理。

2. 准备承受抱怨和投诉

由于导游人员接待对象的复杂性,有可能遇到一些游客挑剔、抱怨、指责导游人员工作的情况,甚至提出投诉。对于这种情况,导游人员也要有足够的心理准备,冷静、沉着地面对。

3. 准备面对形形色色的"精神污染"和"物质诱惑"

导游人员在接团过程中,经常要与各种各样的旅游者接触,还要同一些商家打交道,他们的言行举止可能有意无意地传播某些不健康的内容,甚至用美色或物质利益来进行引诱。因此,对这些言行,导游人员应有充分的思想准备,坚持兢兢业业带团,堂堂正正做人。

## 二、迎接服务

《导游服务质量标准》要求:"在接站过程中,地陪服务应使旅游团(者)在接站地点得到及时、热情、友好的接待,了解在当地参观游览活动的概况。"

### （一）旅游团抵达前的服务安排

接团当天，地陪应提前到达旅行社，全面检查准备工作的落实情况。

（1）确认旅游团所乘交通工具抵达的准确时间。接团当天，提前到旅行社检查准备工作的落实情况，电话或网络查询游客所乘交通工具抵达的准确时间，一般情况下应在飞机抵达的预定时间前2小时，火车、轮船预定到达时间前1小时查询。

（2）提前与旅游车司机联系。通知司机出发的时间，确定接头地点，并告知活动日程和具体时间。

（3）提前抵达迎接地点。按照旅行社规定，地陪应至少提前半小时抵达机场（车站、码头），并掌握接团用车停放的位置。

（4）再次核实旅游团抵达的准确时间。地陪提前半小时抵达接站地点后，要马上到问讯处再次核实旅游团所乘飞机（火车、轮船）抵达的准确时间。

（5）持接站标志迎候旅游团。

### （二）旅游团抵达后的服务

#### 1. 认找旅游团

旅游团出站时，地陪应站在显眼的位置上举起接站牌以便全陪或者海外领队前来联系，同时地陪也应主动地从旅游者的民族特征、衣着、组团社旗帜或标记等主动认找团队。注意全陪、海外领队的来电或短信息。对于接洽的旅游团，地陪应该核对清楚，确认无误后接团。

#### 2. 核实旅游团人数

及时与全陪或者海外领队核实实到人数，如与计划不符，应及时通知旅行社，作出相应的调整和安排。

#### 3. 提醒旅游者清点行李、集合登车

旅游团集中后，地陪应该提醒旅游者清点行李件数，如有必要可请行李员统一搬运游客行李到旅游车。所有游客到齐后，地陪引导旅游者前往乘车处。游客上车时，要恭候在车门旁，搀扶或协助游客上车；上车后，应协助旅游者就座，礼貌地清点人数，所有游客到齐坐稳后请司机开车。

### （三）首次沿途导游

首次沿途导游是显示导游人员知识、导游技能和工作能力的大好机会，精彩成功的首次沿途导游会使旅游者产生信任感和满足感，从而在他们的心中树立起导游人员良好的第一印象。在首次沿途导游中，地陪要做好如下几项工作：

## 第三章 导游服务规范及程序

1. 致欢迎辞

欢迎辞内容应视旅游团的性质及其成员的文化水平、职业、年龄及居住地区等情况而有所不同,一般应包括内容有:代表所在接待社、本人及司机欢迎游客光临本地;介绍自己的姓名及所属单位;介绍旅游车司机;表示提供服务的诚挚愿望;预祝旅游愉快顺利。

2. 调整时差

如果接待的是入境旅游团队,存在时差的话,请旅游者调整好时间。

3. 沿途风光导游

地陪做沿途风光导游时,讲解的内容要简明扼要,语言节奏明快、清晰;景物取舍得当,随机应变,见人说人,见物说物,与旅游者的观赏同步。总之,沿途导游贵在灵活,导游人员要反应敏锐、掌握时机。

同时,穿插介绍本地的概况、气候条件、人口、行政区划分、社会生活、文化传统、土特产品、历史沿革等,介绍本地的市貌、发展概况及沿途经过的重要建筑物、街道等。

4. 宣布集合时间、地点

旅游车驶至目的地后,地陪应在旅游者下车前向全体旅游者讲清并请其记住集合的时间、地点和旅游车的车牌号码,并且提醒旅游者带好车上的随身物品,准备下车。

### 三、入住饭店

《导游服务质量标准》要求:"地陪服务应使游客抵达饭店后尽快办理好入住手续,进住房间,取到行李。及时了解饭店的基本情况和住店注意事项,熟悉当天或第二天的活动安排。"

(一)协助办理住店手续

旅游团抵达饭店后,地陪要协助领队和全陪办理住店登记手续,请领队分发住房卡。地陪要掌握领队、全陪和团员的房间号,并将与自己联系的办法如房间号(若地陪住在饭店)、电话号码等告诉全陪和领队,以便有事时尽快联系。

(二)介绍饭店设施和设备的使用方法

进入饭店后,地陪应向游客介绍饭店内的外币兑换处、中西餐厅、娱乐场所、商品部、公共洗手间等设施的位置及各种设备的使用方法,并讲清住店注意事项。

### （三）带领旅游团用好第一餐

游客进入房间之前，地陪要向其介绍饭店内的就餐方式、地点、时间及餐饮的有关规定。游客到餐厅用第一餐时，地陪应主动引进。地陪要将领队介绍给餐厅经理或主管服务员，告知旅游团队的特殊要求。

### （四）宣布当日或次日的活动安排

地陪应向全团宣布当天和第二天活动的安排，集合的时间、地点。

### （五）照顾行李进房

地陪应待本团行李送达饭店，主动与饭店行李员联系，以便及时将行李送到游客的房间。

### （六）安排好叫早服务

地陪在结束当天活动离开饭店之前，应与领队商定第二天的叫早时间，并请领队通知全团，地陪则应通知饭店总服务台或楼层服务台。

### （七）处理游客入住后的各类问题

游客进住房间后，地陪应在旅游团居住区内停留一段时间，以便处理临时发生的各类问题，如客房的门开不开，房间内卫生差或没打扫，设施不全或损坏，行李被错投等。有时还可能出现游客要求调换房间的要求或对饭店的等级提出异议的情况，地陪要协助饭店有关部门处理此类问题，必要时请示接待社。

## 四、核对、商定日程

《导游服务质量标准》要求："旅游团开始参观游览之前，地陪应与领队、全陪核对、商定本地节目安排，并及时通知到每一位游客。"核对、商定日程，是旅游团抵达后的一项重要工作，可视作两地间导游人员合作的开始。

在核对日程时，对于不统一的地方或理解上有分歧的地方，地陪应根据出现的不同情况采取相应的处理措施。

（1）领队或游客提出小的修改意见或要求增加新的游览项目时，地陪应及时向接待社有关部门反映，对合理又可满足的项目应尽量安排；需要加收费用的项目，地陪要事先向领队或游客说明原因并耐心解释。

（2）领队或游客提出的要求与原日程不符且又涉及接待规模时，地陪一般应婉拒，并说明我方不便单方面不执行合同；如有特殊理由，并且是由领队提出时，地陪必须请示接待社有关部门。

（3）领队或全陪手中的接待计划与地陪的接待计划有部分出入时，地陪应及时报告接待社查明原因,分清责任。若是接待社方面的责任,地陪应实事求是地说明情况并赔礼道歉。

## 五、参观游览服务

《导游服务质量标准》要求:"参观游览过程中的地陪服务,应努力使旅游团(者)参观游览全过程安全、顺利。应使旅游者详细了解参观游览对象的特色、历史背景等及其他感兴趣的问题。"

参观游览活动是旅游产品消费的主要内容,是游客期望的旅游活动的核心部分,也是导游服务工作的中心环节。因此,地陪在带团参观游览前应认真准备、精心安排;在参观游览过程中应热情服务、生动讲解。

### (一)做好当天出发前的各项准备工作

(1)带上导游旗、胸卡和必要的票证。

(2)督促司机做好各项准备工作。

(3)核实餐饮落实情况。地陪要提前落实本团当天的用餐,对午餐、晚餐的用餐地点、时间、人数、标准、特殊要求,逐一核实并确认。

(4)地陪应至少提前10分钟到达集合地点。提前到达不但可以在时间上留有余地,应付紧急突发事件,也可礼貌地与游客问候、打招呼,并询问意见和建议。

(5)提醒注意事项。地陪要向旅游者预报当天的天气和游览点的地形、行走路线的长短等情况,必要时提醒旅游者带好衣服、雨具、换鞋等。

(6)准点集合登车出发,站在车门一侧恭候旅游者上车,清点人数。若发现旅游者未到,应向领队、全陪或其他旅游者问明原因,设法及时找到;若有旅游者不随团活动,要问清情况并妥善安排。

### (二)途中导游

1. 重申当日活动安排

开车后,地陪要向旅游者重申当日活动安排,包括午、晚餐的时间地点;向旅游者报告到达游览点途中所需时间;视情况介绍当日国内外重要新闻。

2. 沿途风光导游

在前往景点的途中,地陪应向旅游者介绍本地的风土人情、自然景观,回答旅游者提出的问题。

3. 介绍游览景点概况

抵达景点前,地陪应向旅游者介绍该景点的简要情况,尤其是景点的历史价值和特色。讲解要简明扼要,目的是为了满足旅游者事先想了解有关知识的心理,激起其游览景点的欲望,也可节省到目的地后的讲解时间。

4. 活跃车上气氛

如旅途长,可以讨论一些旅游者感兴趣的国内外问题,或组织适当的趣味活动来活跃气氛。例如,唱歌或地方戏,讲故事、播放影碟等。但是必须注意游客安全,不要进行一些不合时宜的活动。

(三) 景点导游、讲解工作

1. 交代游览注意事项

提醒旅游者记住旅行车的型号、颜色、标志、车牌号和停车地点、开车的时间,尤其是下车和上车不在同一地点时,地陪更应提醒游客注意。

在景点示意图前,地陪应讲明游览路线、游览时间、集合时间、地点等;地陪还应向旅游者讲明游览参观过程中的有关注意事项。

2. 游览中的导游讲解

讲解内容应繁简适度,包括该景点的历史背景、特色、地位、价值等方面的内容;讲解的语言应生动,富有表现力;游览中,应保证在计划内能充分地游览、观赏,做到讲解与引导游览相结合,适当集中与分散相结合,劳逸结合,并应特别照顾老弱病残的旅游者。

3. 严格执行计划

在景点景区内的游览过程中,地陪应严格执行旅游合同,保证在计划的时间与费用内,使游客充分游览、观赏。擅自缩短时间或克扣门票费用的做法都是错误的。

4. 留意旅游者的动向,防止旅游者走失

应注意旅游者的安全,要自始至终与旅游者在一起活动;注意旅游者的动向并观察周围的环境,和全陪、领队密切配合并随时清点人数,防止旅游者走失和意外事件的发生。

(四) 参观活动

旅游团的参观活动是指一般需要提前联系、安排落实并有主人介绍的参观活动。先介绍情况,再引导参观,主客间还要有交流讨论。在翻译讲解介绍过程中,地陪要做到:

(1) 翻译准确无误。

(2) 严格把关,防止有价值的经济情报泄漏。

(3)对主人言语中的不妥之处要予以提醒并请其纠正,如来不及可改译或不译,并要在事后向主人说明。

### (五)返程中的工作

**1.回顾当天活动**

返程中,地陪应回顾当天参观、游览的内容,必要时可补充讲解,回答旅游者的问讯。

**2.沿途风光导游**

如旅游车不从原路返回饭店,地陪应做沿途风光导游。如从原路返回,根据游客身体疲劳情况,地陪可请游客休息,而不宜过多打扰游客。

**3.宣布次日活动日程**

返回饭店下车前,地陪要预报晚上或次日的活动日程、出发时间、集合地点等;提醒旅游者带好随身物品;地陪要先下车,照顾旅游者下车,再向他们告别。

## 六、其他服务

除参观游览活动外,丰富多彩的其他活动是旅游生活中必不可少的部分,是参观游览活动的继续和补充,地陪要努力为旅游者安排好文明、健康的各类活动。

### (一)社交活动

**1.宴请和品尝风味**

宴请包括各种宴会、冷餐会、酒会和风味餐等。如果是品尝具有地方特色的风味,地陪要向旅游者介绍风味名菜及其吃法。

**2.会见**

如果是外宾团队(主要是专业旅游团)要会见中方同行或负责人,需要时导游人员可帮助翻译;而如果是境外游客要会见在华亲友,导游人员可协助安排,但在一般情况下无充当翻译的义务。

### (二)文娱活动

**1.行程计划内的文娱节目**

对于计划内的文娱节目(如地方戏曲、武术、杂技等),地陪应陪同团队游客前往,并做必要的介绍。

**2.计划外的文娱节目**

当游客提出自费观看文娱演出或参加某种娱乐活动,地陪一般应予以协助,如帮助购买门票、联系出租车等,通常不陪同前往;在大型娱乐场所,地陪应提醒游客注意安全,不要走散,以防不测。

### (三) 购物服务

购物是旅游者旅游活动六要素之一,地陪应该严格按照旅游者与旅行社签订的购物补充协议执行。

(1) 地陪应该带旅游团到购物补充协议中列明的购物商店购物,避免购物时间过长,杜绝强迫购物等问题出现。

(2) 购物时,地陪要介绍商品特色,承担翻译工作,介绍商品托运手续等。

(3) 遇小贩强拉强卖时,地陪有责任提醒游客不要上当受骗,不能放任不管。

(4) 对商店不按质论价,抛售伪劣商品,不提供标准服务,地陪应向商店反映,维护游客利益。

### (四) 餐饮服务

游客远道而来,旅途中也容易感到疲劳和饥饿,对于旅游目的地的第一餐,往往期待较高。导游人员应该重视餐饮服务,带领游客及时用好第一餐。旅游者就餐时,地陪的服务要求有:

(1) 地陪应当提前落实当天的用餐,保证用餐质量,逐一核实并确认。

(2) 用餐过程中,地陪要巡视旅游团用餐情况一、二次,并监督、检查餐厅的服务。

(3) 用餐后,地陪应如实与餐厅结账。

## 七、送站服务

《导游服务质量标准》要求:"旅游团(者)结束本地参观游览活动,地陪服务应使旅游者顺利、安全离站,遗留问题得到及时妥善的处理"。

送站服务是导游工作的尾声,地陪应善始善终,对接待过程中曾发生的不愉快的事情,应尽量做好弥补工作;要想方设法把自己的服务工作推向高潮,使整个旅游过程在游客心目中留下深刻的印象。

### (一) 送行前的工作

(1) 提前落实交通票据。旅行团离开前的前一天,地陪要核实旅游团离开的机(车、船)票,要核对团号、人数、航班(车次、船次)、起飞(开车、起航)时间及地点等。

(2) 如果游客行李很多,要商定出行李时间。先与领队、全陪商定旅游者出行李的时间,商定后通知旅游者,再通知饭店行李员交接行李的时间。

(3) 确定集合、出发的时间,商定叫早和早餐时间。

第三章 导游服务规范及程序

(4)协助饭店结清与旅游者有关的账目;旅游者若损坏了客房设备,地陪要协助饭店妥善处理赔偿事宜。

### (二)离店服务

**1. 集中交运行李**

离饭店前,地陪要按商定好的时间与领队、全陪和行李员一起清点件数,注意查看行李有无破损。

**2. 办理退房手续**

旅游团离开饭店前,无特殊原因,地陪应在中午12:00以前办理退房手续。

**3. 集合登车**

出发前地陪要询问旅游者与饭店的账目是否结清,请旅游者将房间钥匙交回服务台;集合旅游者上车,等旅游者入座后,要仔细清点实到人数,提醒旅游者检查有无遗漏物品。

### (三)送行服务

**1. 致欢送辞**

导游人员致欢送辞,可以加深与旅游者之间的感情。致欢送辞时语气应真挚、富有感情。地点可选在送行途中,也可在机场(车站、码头)。

欢送辞的内容应包括:回顾旅游活动,感谢大家的合作;表达友谊和惜别之情;诚恳征求旅游者对接待工作的意见和建议;若旅游活动中有不顺利或旅游服务有不尽如人意之处,导游人员可借此机会再次向旅游者赔礼道歉;表达美好的祝愿。

**2. 提前到达机场(车站、码头),照顾旅游者下车**

地陪带团到达机场(车站、码头)必须留出充裕的时间。具体要求是:乘出境航班要提前3小时;乘国内线飞机要提前2小时;乘火车提前1小时。

**3. 代游客办理离站手续**

地陪熟悉当地情况,一些旅行社在当地机场、车站、码头还设有办事处,协助办理离站手续。因此,协助全陪、领队办理好游客离站手续,做到有始有终。

**4. 送旅游团队进入安检**

如果时间充裕,地陪应该送旅游团队过安检,待全体游客顺利进入后,与游客礼貌道别。

**5. 与司机结账**

送走旅游团后,地陪要与司机核实用车公里数,在用车单据上签字,并要保留好单据。

## 八、善后工作

旅游团结束在本地的游程离开后,地陪还应做好总结、善后工作。

### (一)处理遗留问题

下团后,地陪要妥善、认真处理好旅游团的遗留问题,如旅游者遗忘物品、伤病旅游者滞留、旅游者委托购买、旅游者委托转交和旅游者投诉等,必要时请示领导后再办理。

### (二)结账

按旅行社的具体要求,在规定的时间内填写清楚有关接待和财物结算表,连同保留的单据、接待计划、活动日程表等按相关规定上交有关人员,并到财务部门结清账目。如果在带团过程中发生了意外开支,地陪要详细注明增加费用的原因及处理过程。

### (三)总结工作

认真做好陪团小结,实事求是地汇报接团情况。

地陪应及时将国内旅游游客意见表(表3-1)交到旅行社有关部门。此表对旅游活动中旅游服务的各方面都有一个比较客观的反映。旅行社在接到此表后,会认真对待游客的评议。

旅游中若发生事故,要整理成文字材料向接待社和组团社汇报。

表3-1 国内旅游游客意见表

尊敬的游客:

欢迎参加旅行社组成的团队出外旅游,希望此次旅程能为您留下难忘的印象。为不断提高我市旅游服务水平和质量,请您协助我们填写此表(在每栏其中一项里打"√"),留下宝贵的意见。谢谢您!欢迎再次旅游!

组团社:　　　　　　　　　　　　全陪导游姓名:
团号:　　　　　　　　　　　　　人数:
游览线路:　　　　　　　　　　　天数:
游客代表姓名:　　　　　　　　　联系电话:
单位:　　　　　　　　　　　　　填写时间:　年　月　日

| 项目 | 满意 | 较满意 | 一般 | 不满意 | 游客意见与建议 |
| --- | --- | --- | --- | --- | --- |
| 咨询服务 | | | | | |

(续表)

| 项目 | 满意 | 较满意 | 一般 | 不满意 | 游客意见与建议 |
|---|---|---|---|---|---|
| 线路设计 | | | | | |
| 日程安排 | | | | | |
| 活动内容 | | | | | |
| 价格质量相符 | | | | | |
| 安全保障 | | | | | |
| 全陪导游业务技能 | | | | | |
| 全陪导游服务态度 | | | | | |
| 地陪导游服务 | | | | | |
| 住宿 | | | | | |
| 餐饮 | | | | | |
| 交通 | | | | | |
| 娱乐 | | | | | |
| 履约程度 | | | | | |
| 整体服务质量评价 | | | | | |

## 第四节 散客导游服务

### 一、散客旅游概述

**（一）散客旅游的概念**

散客旅游又称自助游，是指旅游者自行安排旅游行程，以零星现付的方式购买各项旅游服务的旅游形式。散客旅游并不意味着全部旅游事务都由游客自己办理而不依靠旅行社。实际上，不少散客的旅游活动均借助了旅行社的帮助，如出游前的旅游咨询、交通票据和饭店客房的代订、委托旅行社派遣人员的途中接送、参加旅行社组织的菜单式旅游等。

## （二）散客旅游与团队旅游的区别

1. 旅游方式

其旅游行程由散客自行安排和计划，而团队旅游则多为旅行社或旅游服务中介机构来安排。当然这并不意味着散客进行的旅游活动完全无需旅行社提供服务，相反，散客常在出游前需要旅行社的旅游咨询服务，提前向旅行社预订住宿与交通服务，甚至预订导游服务。

2. 付款方式

散客旅游的付费方式是零星现付，按零售价格当场支付，而团队旅游多采用预付包价形式。

3. 价格不同

散客旅游的旅游项目的价格相对较贵，因为每个旅游项目散客都按零售价格支付，而团队旅游在某些旅游项目上可享受折扣优惠，因而相对较为便宜。

4. 自由度不同

散客旅游中的旅游者自由度大；团队旅游的旅游者受团队的约束。

5. 人数不同

散客旅游人数多少不一，现阶段我国规定散客旅游人数在9人以下（含9人）；团队包价旅游人数则在10人以上（含10人）。

## （三）散客旅游的特点

1. 规模小

由于散客旅游多为游客本人外出或与其家人或与朋友结伴而行，因此同团体旅游相比，其人数规模较小。对旅行社而言，接待散客旅游的批量比接待团体游客的批量要小得多。

2. 批次多

虽然散客旅游的批量较小，但由于散客旅游发展非常迅速，采用散客旅游形式的游客数已经远超过团队游客数，而且日趋增多；而且，由于世界各国都在积极发展散客旅游业务，为其提供各种方便条件，散客旅游更得到长足的发展。这样，旅行社在向散客提供旅游服务时，由于其批量小但总人数多的特征而形成了批次多的特点。

3. 预订周期短

与团体旅游相比，散客旅游的预订期比较短。这是因为散客旅游要求旅行社提供的往往不是全包价旅游服务，而只是一项或几项服务，有时是在出发前临时想到的,有时是在旅途中遇上的,但往往要求旅行社能够在较短时间内为其安排或办妥有关的旅行手续。

4. 游客差别大,服务要求多

散客中有大量的公务和商务游客,由于他们的旅行费用多由其所在的单位或公司全部或部分承担,所以他们在旅游过程中的许多交际应酬及商务、公务活动,一般都要求旅行社为其安排;这种活动不仅消费水平较高,而且对服务的要求也较多较高。

5. 日程变化可能性大

散客往往由于旅游经验欠缺,在出游前对其旅游计划缺乏周密的安排,因而在旅游过程中可能随时变更其旅游计划,导致更改甚至全部取消出发前向旅行社预订的服务项目,而要求旅行社为其预订新的服务项目。

(四)散客旅游服务的类型

旅行社为散客提供的旅游服务主要有如下几种:单项委托服务、旅游咨询服务和选择性旅游、定制旅游等服务。

1. 单项委托服务

单项委托服务是指旅行社为散客提供的各种按单项计价的可供选择的服务。

旅行社为散客提供的单项委托服务主要有:抵离接送;行李提取和托运;代订饭店;代租汽车;代订、代购、代确认交通票据;代办入境、出境、过境临时居住和旅游签证;代办国内旅游委托;提供导游服务;代向海关办理申报检验手续等。

单项委托服务分为受理散客来本地旅游的委托、办理散客赴外地旅游的委托和受理散客在本地的各种单项服务委托。旅行社向散客提供的单项委托服务是通过在各大饭店、机场、车站、码头设立的门市柜台和社内散客部进行的。

2. 旅游咨询服务

旅游咨询服务是旅行社散客部人员向游客提供各种与旅游有关的信息和建议的服务。这些信息包括的范围很广,主要有旅游交通、饭店住宿、餐饮设施、旅游景点、旅行社产品种类以及各种旅游产品的价格等。旅游建议则是旅行社散客部人员根据游客的初步想法向其提供若干种旅游方案,供其选择与考虑。

旅游咨询服务分为电话咨询服务、信函咨询服务和人员咨询服务。

3. 选择性旅游

选择性旅游是通过招徕,将赴同一旅行线路或地区或相同旅游景点的不同地方的游客组织起来,分别按单项价格计算的旅游形式。

选择性旅游的具体形式多样,主要有小包价旅游中的可选择部分;散客的市内游览、晚间文娱活动、风味品尝;到近郊或邻近城市旅游景点的短期游览参观活动,如"半日游""一日游""数日游"以及"购物游"等。

**4. 定制旅游**

随着人们收入水平的提高,尤其是一部分先富起来的社会阶层,他们不再满足于旅行社提供的常规旅游线路,而希望旅行社能根据他们的个性化需要提供定制旅游产品。<u>定制旅游可以是全包价,也可以是小包价,能比常规线路更好地满足有较高服务需求的顾客,其利润率也较高。</u>可以预见到,由于顾客需求的变化,旅行社将日益重视定制旅游产品设计能力,在旅行社提供的产品中,定制旅游将会占越来越大的比重。实际上,国外旅行社向顾客提供收费的旅游咨询与定制旅游产品设计,已经被接受。

**(五)散客旅游接待的要求**

散客旅游的发展是旅游市场成熟的标志之一,说明游客自主旅游的意识日趋增强,旅游消费观念日趋成熟。散客对旅游服务的效率和质量的注重往往比团体旅游的游客更甚。根据散客旅游的特点,旅行社要开展好散客旅游接待业务,需做好如下几个方面的工作。

**1. 努力增加旅游产品的文化含量**

散客旅游是一种自主式旅游,参加这种旅游的游客一般文化层次较高,因而对旅游产品的文化内涵甚为重视,不仅要求旅行社能开发出具有丰富文化内涵和富有浓郁地方特色和民族特色的旅游产品,以满足他们追求个性化和多样化的消费心理,而且还要求为他们提供知识面广、文化素养高的导游人员,以丰富他们的知识领域。

**2. 充分利用互联网络预订系统**

随着国内与世界各国在经济、文化、政治等领域的交流活动日趋繁多,以及内地个人赴港澳旅游的开放,给散客旅游的发展提供了广阔的空间,涌现出大批为散客提供旅行服务的企业,不少企业得到良好的发展,如携程、艺龙、去哪儿等。

散客旅游的特点要求旅行社的预订系统须迅速、高效、便利、准确地运行。因此,旅行社应建立高效的电脑网络预订系统,不仅可方便散客旅游活动的进行,而且对旅行社拓展散客旅游业务大有裨益。

**3. 建立广泛、高效、优质的旅游服务供应网络**

散客在旅游过程中,其旅游计划时常发生变动,对旅行社提供的旅游服务项目

## 第三章 导游服务规范及程序

在时间上要求快,对旅游服务设施和服务的质量上要求高。旅行社要适应散客的这种要求,必须逐步在旅游目的地建立起覆盖面较大、服务效率较高、服务质量优异的旅游服务供应协作网络,以满足散客的需要。

### 二、散客旅游服务流程

#### (一)接站服务

接站服务是散客到达旅游目的地之前向旅行社办理的委托服务,导游人员的主要任务是按散客的委托要求将其从机场(车站、码头)接送到客人预订的饭店。其服务程序有如下几方面。

1. 服务准备

导游人员接受迎接散客导游服务的任务后,应认真做好迎接的准备工作,包括:应明确迎接的日期、航班或车次及抵达时间;散客姓名和人数及下榻的饭店;有无航班(车次)及人数的变更;提供哪些服务项目;是否与其他游客合乘一辆旅游车至下榻的饭店等。导游人员要准备好写有散客姓名或散客旅游团名称的欢迎标志及地图,准备好随身携带的导游证、胸卡、旗子、接站牌;检查所需票证,如离港机票(车票)、餐单、游览券等。

2. 接站服务

接站时要使散客或散客旅游团受到热情友好的接待,使之有宾至如归之感。

(1)提前等候。导游人员若迎接的是乘飞机而来的散客或散客旅游团,应提前20分钟到达机场,在出站口等候;若是接乘火车而来的散客或散客旅游团,应提前30分钟到达车站,同样在出站口等候。

(2)迎接散客。在航班(列车)抵达时刻,导游人员在出站口(或列车软卧、软座车厢外)易于被发现的位置举牌等候,以便散客前来联系,导游人员也可根据散客的一些特征上前询问。确认迎接到应接的散客后导游人员应主动问候,并介绍所代表的旅行社和自己的姓名,对其表示欢迎。询问散客在机场或车站还需办理的事情,并给予必要的协助。询问散客的行李件数并进行清点,帮助散客提取行李和引导游客上车。如是散客旅游团,要将行李清点后交行李员运送。如未接到应接的散客或散客旅游团,导游人员应询问机场(车站)的工作人员,并与司机配合,在尽可能的范围内至少寻找20分钟。若确实找不到应接的散客或散客旅游团,导游人员应同计调部门电话联系,汇报迎接的情况,核实散客或散客旅游团抵达的日期或航班(车次)有无变化。当确认迎接无望时,经计调部门同意方可离开机场

(车站)。

3. 沿途导游服务

在从机场(车站)至下榻饭店的途中,导游人员对散客或散客旅游团应像团队包价旅游团一样进行沿途导游,介绍所在城市的概况、下榻饭店的地理位置和设施,以及沿途景物和有关注意事项等。对个体散客,沿途导游服务可采取对话的形式进行。

4. 入住饭店服务

应使散客或散客旅游团进入饭店后尽快办好住宿登记手续,导游人员应热情介绍饭店的服务项目及住店的有关注意事项,与散客或散客旅游团确认日程安排与离店的有关事宜。

(1)帮助办理住店手续。散客抵达饭店后,导游人员应帮助散客办理饭店入住手续,向散客介绍饭店的主要服务项目及入住注意事项。按接待计划向散客介绍饭店将为其提供的服务项目,并告知散客离店时要现付的费用和项目。记下散客的房间号码。散客旅游团行李抵达饭店后,导游人员要负责核对行李,并督促行李员将行李运送到客人的房间。

(2)确认日程安排。导游人员在帮助散客或散客旅游团办理入住手续后,要与客人确认日程安排。当客人确认后,将填好的安排表、游览券及赴下一站的飞机(火车)票交与客人,并让其签字确认。如散客乘坐旅游车游览,应详细说明各种票据的使用,集合时间、地点,以及离店的时间与送站安排。

(3)确认机票。若散客将乘飞机赴下一站,而又不需要旅行社为其代买机票时,导游人员应叮嘱散客提前预订和确认机票;如散客需要协助确认机票时,导游人员可告知其确认机票的电话号码;如散客愿将机票交与导游人员帮助确认,而接待计划上又未注明需协助确认机票时,导游人员可向散客收取确认费并开具证明。导游人员帮助散客确认机票后,应向散客部计调部门汇报核实确认的航班号和起飞时间。

(4)推销旅游服务项目。导游人员在迎接游客的过程中,应相应询问他们在本地停留期间还需旅行社为其代办何种事项,并表示愿竭诚为其提供服务。

5. 后续工作

迎接服务工作完毕后,导游人员应及时将同接待计划有出入的信息及散客的特殊要求反馈给旅行社散客部。对于未在机场或车站接到散客的导游人员来说,回到市区后应前往散客下榻的饭店总台确认客人是否已入住饭店。如游客已入住

## 第三章 导游服务规范及程序

饭店,必须主动与客人联系并表示歉意。要按接待计划安排好散客停留期间的有关委托服务,然后向散客部计调部门汇报全过程。

### (二)游览服务

散客导游服务是旅行社在接受了散客至某一旅游线路、旅游区或旅游点的委托后,派遣导游人员为其提供的导游服务。这种服务一般会为客人提供车辆运输,而客人未委托的内容则由散客自理。

对于接待的散客旅游团,如选择旅游团、散客包价或小包价旅游团,由于团员们来自不同的国家或地方,彼此不认识,个性和生活习惯各异,集合较困难。导游人员带这样的旅游团必须有高度的责任感,工作更要尽心尽力,遇到情况要多倾听客人的意见,多向他们提合理化建议,做好协调工作。同时,多向客人做提醒工作,以使客人的参观游览安全、顺利。散客导游服务的规程如下:

1. 出发前的服务

出发前,导游人员应做好有关的准备工作,如携带游览券、导游小旗、宣传材料、游览图册、导游证、IC卡、名片等,并与旅游车司机联系集合的时间、地点,督促司机做好有关准备工作。

导游人员应提前15分钟抵达集合地点,引导散客上车。如是选择性旅游团,客人分住不同的饭店,导游人员应偕同司机驱车按时到各饭店接送客人。客人到齐后,再驱车前往游览地点。根据接待计划的安排,导游人员必须按照规定的路线和景点率团进行游览。

2. 沿途导游服务

散客的沿途导游服务与团队游客大同小异。如导游人员接待的是临时组合起来的选择性旅游团,初次与客人见面时,导游人员应代表旅行社、司机向客人致以热烈的欢迎,表示愿意竭诚为客人服务。希望客人予以合作,多提宝贵意见和建议。并祝客人游览愉快、顺利。

导游人员除做好沿途导游之外,应特别向客人强调在游览中注意安全。

3. 现场导游讲解

抵达游览景点下车前,导游人员应多次强调客人游览景点后的上车时间、地点和车型、车牌号。客人下车游览景点时,导游人员应对景点的历史背景、特色等进行讲解,语言要生动,有声有色,引导客人观赏。

如是个体散客,导游人员可采用对话形式进行讲解。游览前,导游人员应向其提供游览路线的合理建议,由客人自行选择。

如是散客旅游团,导游人员应陪同旅游团边游览边讲解,随时回答客人的提问,并注意观察客人的动向和周围的情况,以防客人走失或发生意外事故。

接待计划规定的景点游览结束后,导游人员要使散客顺利、安全地离站。

4. 其他服务

由于散客的自由活动时间较多,导游人员应当好他们的顾问,可协助其安排购物或晚间娱乐活动,提醒客人注意安全,引导他们去健康的娱乐场所。

5. 后续工作

接待任务完成后,导游人员应及时将接待中的有关情况反馈给散客部,或填写零散游客登记表。

(三)送站服务

1. 服务准备

(1)详细阅读送站计划。导游人员接受送站任务后,应详细阅读送站计划,明确所送散客的姓名或散客的旅游团人数、离开本地的日期、所乘航班(车次)以及下榻的饭店;有无航班(车次)与人数的变更;是否与其他游客合乘一辆车去机场或车站。

(2)做好送站准备。导游人员必须在送站前24小时与散客或散客旅游团确认送站时间和地点。若客人不在房间,应留言并告之再次联络的时间,然后再联系、确认。要准备好客人的机(车)票。

同散客部计调部门确认与旅游车司机会合的时间、地点及车型、车号。

如散客乘国内航班离站,导游人员应掌握好时间,中小型机场应带领客人提前2小时到达机场,大型机场应提前3小时抵达机场;如散客乘国际航班离站,必须让客人提前3小时到达机场;如散客乘火车离站,应让客人提前1小时到达车站。

2. 饭店接送散客

按照与客人约定的时间,导游人员必须提前20分钟到达客人下榻的饭店,协助客人办理离店手续,交还房间钥匙,付清账款,清点行李,提醒客人带齐随身物品,然后照顾客人上车离站。

若导游人员送站的散客与住在其他饭店的游客合乘一辆车去机场或车站,要严格按约定的时间顺序抵达各饭店。

若合车运送游客途中遇到严重交通堵塞或其他特殊情况,需调整原约定的时间顺序和行车路线时,导游人员应及时向散客部计调部门报告,请计调部人员将时间上的变化通知下一站饭店的游客。

# 第三章 导游服务规范及程序

## 3. 送站工作

在运送散客到机场或火车站途中,导游人员应向散客征询在本地停留期间或旅游中的感受、意见和建议,并代表旅行社向客人表示感谢。客人到达机场或车站后,导游人员应提醒和帮助客人带好行李与物品,协助办理机场税。

导游人员在同散客告别前,应向机场人员确认航班是否准时起飞,若航班延时起飞,应主动为客人提供力所能及的帮助。若确认航班准时起飞,导游人员应将游客送至隔离区入口处同其告别,欢迎他(她)们下次再来。若有游客再次返回本地,要同游客约好返回等候地点。游客乘坐国内航班离站,导游人员要待飞机起飞后方可离开机场。

送散客去火车站时,导游人员要安排客人从贵宾候车室上车入座,协助客人安顿好行李,将车票交给客人,然后同其道别,欢迎其再来。

送别散客后,导游人员应及时将有关情况反馈给散客部。

### 一、判断题

1. 旅游团队入住饭店由地陪分配房间。（　　）
2. 对于旅游者要求观看计划外的文娱节目,地陪可以根据自己的意愿来选择是否陪同游客前往。（　　）
3. 在送乘火车离开的散客时,导游人员同客人道别分手离开的时间应该是旅客检票后。（　　）
4. 导游人员对乘飞机而来的散客或散客旅游团进行接站服务时,应提前30分钟到达机场。（　　）

### 二、单项选择题

1. 游客自行安排旅游行程,以零星现付的方式购买各项旅游服务的旅游形式被称为(　　)。
   A. 散客自助游　　　　　　　　B. 散客团旅游
   C. 团队自助游　　　　　　　　D. 团队包价游

2. 散客迎接服务是散客到达旅游目的地前向旅行社办理的单项委托服务,导游人员的主要任务是(　　)。
   A. 将散客从饭店送到交通港

B. 在饭店迎接散客
C. 将散客从交通港送到预订的饭店
D. 在景区迎接散客

3. 旅行社通过招徕的方式,将赴同一旅行线路、地区或相同旅游景点的不同地方的旅游者组织起来,分别按单项价格计算的旅游形式被称为(　　)。
A. 单项委托服务　　　　　　B. 选择性旅游
C. 旅游咨询服务　　　　　　D. 组团业务

### 三、多项选择题

1. 散客旅游的服务类型包括(　　)。
A. 单项委托服务　　　　　　B. 旅游咨询服务
C. 选择性旅游　　　　　　　D. 定制旅游

2. 地陪接到入境旅游团后,从机场到下榻饭店的行车途中,要做的工作是(　　)。
A. 致欢迎辞　　　　　　　　B. 调整时差
C. 首次沿途导游　　　　　　D. 商定活动日程
E. 准备节目

3. 下列属于地陪致欢迎辞的主要内容有(　　)。
A. 介绍自己的姓名及所属单位　B. 介绍司机
C. 提醒旅游者强化时间观念　　D. 预报天气
E. 预祝客人旅游愉快

4. 欢送辞的内容一般包括(　　)。
A. 回顾整个旅游活动,感谢大家的合作
B. 表达友谊和惜别之情
C. 诚恳征求游客对接待工作的意见和建议
D. 表达美好祝福
E. 核对费用

## 参考答案及解析

### 一、判断题

1. ×　【解析】旅游团抵达饭店后,地陪要协助领队和全陪办理住店登记手续,请领队分发住房卡。

2. ×  【解析】对旅游者要求观看计划外的文娱节目,地陪应告知演出时间、地点和票价,可协助他们购票,但一般不陪同前往。

3. ×  【解析】送散客去火车站时,导游人员要安排客人从贵宾候车室上车入座,协助客人安顿好行李,将车票交给客人,然后同其道别,欢迎其再来。

4. ×  【解析】导游人员若迎接的是乘飞机而来的散客或散客旅游团时,应提前20分钟到达机场,在出站口等候;若是接乘火车而来的散客或散客旅游团时,应提前30分钟到达车站,同样在出站口等候。

二、单项选择题

1. A  【解析】根据散客旅游的特点的分类,可以得知A选项正确。

2. C

3. B  【解析】选择性旅游是指旅行社通过招徕的方式,将赴同一旅行线路、地区或相同旅游景点的不同地方的旅游者组织起来,分别按单项价格计算的旅游形式。

三、多项选择题

1. ABCD  【解析】依据散客服务类型的特点可知以上四项都是正确选项,可以得知ABCD都正确。

2. ABC  【解析】从机场(车站、码头)到下榻饭店的行车途中,地陪要做好如下几项工作,这是导游人员给游客留下良好的第一印象的重要环节:(1)致欢迎辞;(2)调整时差;(3)首次沿途导游;(4)宣布集合时间、地点。

3. ABE  【解析】地陪向旅游团全体游客致欢迎辞的内容应视旅游团的性质、游客的文化水平、职业、年龄等具体情况而有所不同,要注意用词恰当,给客人以亲切、热情、可信之感。一般包括:代表接待社、本人及司机欢迎客人光临本地;介绍本人的姓名和所属单位;介绍司机;表示提供服务的诚挚愿望;预祝旅游愉快顺利。

4. ABCD  【解析】致欢送辞(主要内容):(1)回顾行程,感谢合作;(2)表达友谊和惜别之情;(3)征求意见,欢迎批评;(4)表达美好的祝愿。

# 第四章 游客个别要求的处理

了解游客个别要求的处理原则；掌握旅游者在住宿、餐饮、交通、游览、娱乐、购物等方面个别要求的处理办法；掌握游客要求自由活动、亲友随团活动、中途退团、延长旅游期限的处理办法。

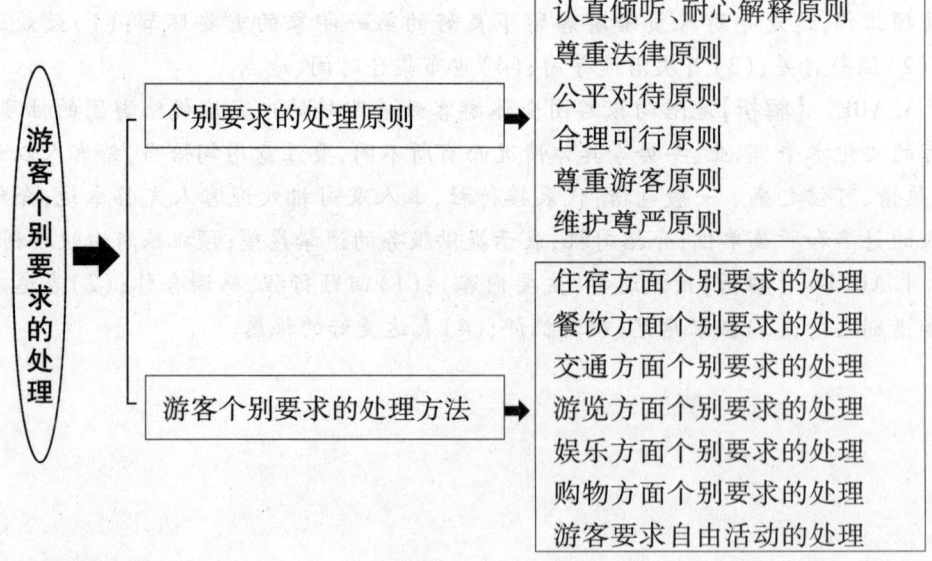

96

第四章 游客个别要求的处理

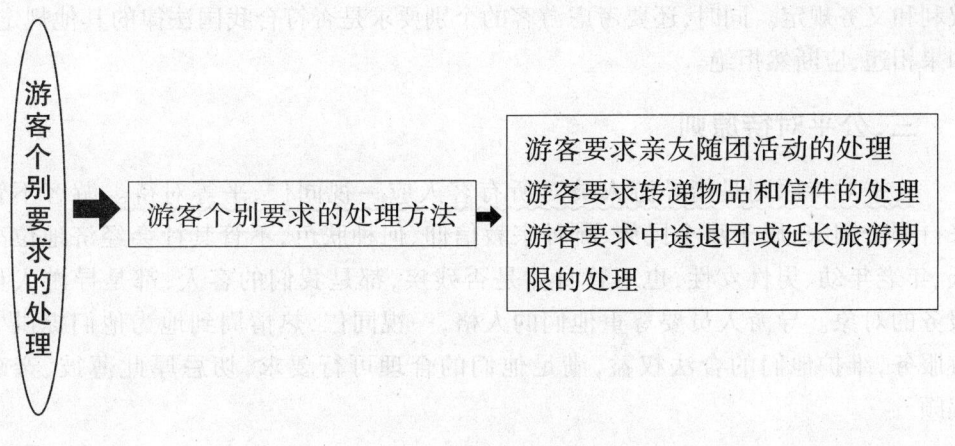

# 第一节　个别要求的处理原则

游客的个别要求是相对于旅游团共同要求而言的。在一个旅游团中,游客的共同要求主要体现为旅游活动计划中包含的内容,它是游客在到达旅游目的地之前通过客源地旅行社与目的地旅行社之间以合同形式确定下来的。旅行团到达目的地后,某些未在合同中反映的或变化了的共同要求通过领队与全陪之间商讨并进行调整。所以,游客的个别要求是指旅行团到达目的地后的旅行过程中,个别游客或少数游客因旅游生活上的特殊要求需要临时提出的要求。在处理游客的个别要求时,有以下几个原则。

## 一、认真倾听、耐心解释原则

在游客提出个人要求时,导游人员一定要做到认真倾听,不要没有听完就指责游客的要求不合理或胡乱解释;要微笑对待,切忌面带不悦、恶言相向;要实事求是、耐心解释,不要以"办不到"一口回绝;须强调的是,一定不要和游客正面冲突,以免影响整个旅游活动。

## 二、尊重法律原则

《导游人员管理条例》和《旅行社管理条例》中规定了游客、导游人员、旅行社三者之间的权利和义务,导游人员在处理游客个别要求时,要符合法律对这三者的权利和义务规定。同时,还要考虑游客的个别要求是否符合我国法律的其他规定,如果相违,应断然拒绝。

### 三、公平对待原则

公平对待原则是指导游人员对所有客人应一视同仁、平等对待。游客不管来自哪个国家、属于哪个民族、哪种宗教信仰、何种肤色,不管其社会经济地位高低、年老年幼、男性女性,也不管身体是否残疾,都是我们的客人,都是导游人员服务的对象。导游人员要尊重他们的人格,一视同仁,热情周到地为他们提供导游服务,维护他们的合法权益,满足他们的合理可行要求,切忌厚此薄彼、亲疏偏颇。

### 四、合理可行原则

合理的基本判断标准是不影响大多数游客的权益、不损害国家利益、不损害旅行社和导游人员的合法权益,可行是指具备满足游客合理要求的条件。

导游人员在服务过程中,应努力满足游客合理而可行的需要,使他们能够获得一种愉快的旅游经历,从而对旅游目的地的形象、旅行社的声誉带来正面影响。特别是一些特种旅游团,如残疾人旅游团、新婚夫妇旅游团。

### 五、尊重游客原则

游客提出的要求,大多是合情合理的,但总会有客人提出一些苛刻的要求,使导游人员为难。旅游团中也不可避免会出现无理取闹之人,对待这种情况,导游人员一定要记住自己的职责,遵循尊重游客的原则,保持冷静,始终有礼、有理、有节、不卑不亢。

### 六、维护尊严原则

导游人员在对待游客的个别要求时,要坚决维护祖国的尊严和导游人员的人格尊严。对游客有损国家利益和民族尊严的要求断然拒绝、严正驳斥;对游客提出的侮辱自身人格尊严或违反导游人员职业道德的不合理要求,有权拒绝。

第四章 游客个别要求的处理

# 第二节 游客个别要求的处理方法

住房、餐饮、娱乐、购物是旅游活动的主要组成部分,也是游程顺利进行的基本保证。导游人员应高度重视游客的此类个别要求,认真、热情、耐心地设法予以解决。

## 一、住宿方面个别要求的处理

旅游过程中,饭店是游客临时的家。对于在住宿方面的要求,导游人员一定要尽力协助解决。

### (一)要求调换饭店

团体游客到一地旅游时,享受什么星级的饭店的住房在旅游协议书中有明确规定,有的在什么城市下榻于哪家饭店都写得清清楚楚。所以,接待旅行社向旅游团提供的客房低于标准,即使用同星级的饭店替代协议中标明的饭店,游客都会提出异议。

如果接待社未按协议安排饭店或协议中的饭店确实存在卫生、安全等问题而致使游客提出换饭店,地陪应随时与接待社联系,接待社应负责予以调换。如确有困难,按照接待社提出的具体办法妥善解决,并向游客摆出有说服力的理由,提出补偿条件。

### (二)要求调换房间

根据客人提出的不同缘由,有不同的处理方法:

(1)若由于房间不干净,如有蟑螂、臭虫、老鼠等,游客提出换房应立即满足,必要时应调换饭店。

(2)由于客房设施尤其是房间卫生达不到清洁标准,应立即打扫、消毒,如游客仍不满意,坚持调房,应与饭店有关部门联系予以满足。

(3)若游客对房间的朝向、层数不满意,要求调换另一朝向或另一楼层的同一标准客房时,若不涉及到房间价格并且饭店有空房,可与饭店客房部联系,适当予以满足,或请领队在团队内部进行调整。无法满足时,应做耐心解释,并向游客致歉。

(4)若游客要住高于合同规定标准的房间,如有,可予以满足,但游客要交付原定饭店退房损失费和房费差价。

### （三）要求住单间

团队旅游一般安排住标准间或三人间。由于游客的生活习惯不同或因同室游客之间闹矛盾，而要求住单间。导游人员应先请领队调解或内部调整，若调解不成，饭店如有空房，可满足其要求。但导游人员必须事先说明，房费由游客自理（一般由提出方付房费）。

### （四）要求延长住店时间

由于某种原因（生病、访友、改变旅游日程等）而中途退团的游客提出延长在本地的住店时间。可先与饭店联系，若饭店有空房，可满足其要求，但延长期内的房费由游客自付。如原住饭店没有空房，导游人员可协助联系其他饭店，房费由游客自理。

### （五）要求购买房中物品

如果游客看中客房内的某种摆设或物品，要求购买，导游人员应积极协助，与饭店有关部门联系，满足游客的要求。

## 二、餐饮方面个别要求的处理

"民以食为天"，跨国界、跨地区的游客对餐饮的要求各不相同，因餐饮问题引起的游客投诉屡见不鲜。下面就常见的六种情况讲述导游人员面对此类要求的处理方法。

### （一）对特殊饮食要求的处理

由于宗教信仰、生活习惯、身体状况等原因，有些游客会提出饮食方面的特殊要求，例如，不吃荤，不吃油腻、辛辣食品，不吃猪肉或其他肉食，甚至不吃盐、糖、味精等。对游客提出的特殊要求，要区别对待：

1. 事先有约定

若所提要求在旅游协议书有明文规定的，接待方旅行社须早做安排，地陪在接团前应检查落实情况，不折不扣地兑现。

2. 抵达后提出

若旅游团抵达后或到定点餐厅后临时提出要求，则需视情况而定。一般情况下地陪应立即与餐厅联系，在可能的情况下尽量满足其要求；如情况复杂，确实有困难满足不了其特殊要求，地陪则应说明情况，协助游客自行解决。例如，建议游客到零点餐厅临时点菜或带他去附近餐馆（最好是旅游定点餐馆）用餐，餐费自理。

## （二）换餐的要求

部分外国游客不习惯中餐的口味，在几顿中餐后要求改换成西餐；有的外地游客想尝尝当地小吃，要求换成风味餐。诸如此类要求，处理时考虑如下几方面：

（1）首先要看是否有充足的时间换餐。如果旅游团在用餐前3个小时提出换餐的要求，地陪应尽量与餐厅联系，但需事先向游客讲清楚，如能换妥，差价由游客自付。

（2）询问餐厅能否提供相应服务。若计划中的供餐单位不具备供应西餐或风味餐的能力，应考虑换餐厅。

（3）如果是在接近用餐时间或到餐厅后提出换餐要求，应视情况而定：若该餐厅有该项服务，地陪应协助解决；如果情况复杂，餐厅又没有此项服务，一般不应接受此类要求，但应向游客做好解释工作。

（4）若游客仍坚持换餐，地陪可建议其到零点餐厅自己点菜或单独用餐，费用自理并告知原餐费不退。

## （三）要求单独用餐

由于旅游团的内部矛盾或其他原因，个别游客要求单独用餐。此时，导游人员要耐心解释，并告诉领队请其调解；如游客坚持，导游人员可协助与餐厅联系，但餐费自理，并告知综合服务费不退。

由于游客外出自由活动、访友、疲劳等原因不随团用餐，导游人员应同意其要求，但要说明餐费不退。

## （四）要求在客房内用餐

若游客生病，导游人员或饭店服务员应主动将饭菜端进房间以示关怀。若是健康的游客希望在客房用餐，应视情况办理；如果餐厅能提供此项服务，可满足游客的要求，但须告知服务费标准。

## （五）要求自费品尝风味

旅游团要求外出自费品尝风味，导游人员应予以协助，可由旅行社出面，也可由游客自行与有关餐厅联系订餐；风味餐订妥后旅游团又想不去，导游人员应劝他们在约定时间前往餐厅，并说明若不去用餐须赔偿餐厅的损失。

## （六）要求推迟就餐时间

由于游客的生活习惯不同，或由于在某旅游地游兴未尽等原因要求推迟用餐时间，导游人员可与餐厅联系，视餐厅的具体情况处理。一般情况下，导游人员要向旅游团说明餐厅有固定的用餐时间，劝其入乡随俗，过时用餐需另付服务费。若餐厅不提供过时服务，最好按时就餐。

## 三、交通方面个别要求的处理

交通是衔接旅游行程的纽带,一般情况下交通行程都是事先预订好,并且不方便更改,但在实际工作中仍会有游客提出个别要求。

### (一)要求更换交通工具类型

如火车改为飞机或普通列车改为动车、高铁等。这种要求除非在自然灾害、误车(机、船)等特殊情况下,一般都不能答应更换。旅途中票务预订、退换非常烦琐,短时间内很难满足。更换出行时间与上述处理方式相同。

### (二)要求提高交通工具等级

如提高舱位、座位等级等。导游人员遇到这种要求应首先与接待社计调部门联系,若有所要求等级的舱位、座位可帮忙更换,但差价及相关费用自理。

### (三)要求单独提供交通服务

这种情况可能是因为某些游客想自由活动、单独返回购物等原因暂时脱离团队分头行动。导游人员在保证安全、不影响行程的前提下,可与接待社计调部门联系交通工具或联系出租车等方式满足其要求。

## 四、游览方面个别要求的处理

游览是游客出行的主要目的,在行程中随着环境和兴致的变化,游客可能会提出一些个别要求,导游人员应针对不同的要求区别处理。

### (一)游客要求去不对外开放的地方游览

游客要求去不对外开放的地区、机构和单位参观游览,导游人员应婉言拒绝,不得自作主张答应游客的这种要求,必要时,须提醒对方尊重中国方面的有关规定。

### (二)游客要求更换或取消游览项目

凡是计划内的游览项目,导游人员一般应该不折不扣地按计划进行。若是全团统一提出更换游览项目,则需请示接待社计调部门,请其与组团社联系,同意后方可更换;若是个别游客提出更换游览项目,地陪应向游客耐心解释,不能随意更换。

### (三)游客要增加游览项目

在时间允许的情况下,导游人员应请示接待社并积极协助。与接待社有关部门联系,请其报价,将接待社的对外报价报给游客,若游客认可,地陪则陪同前往,并将游客交付的费用上交接待社,将收据交给游客。

## 第四章 游客个别要求的处理

### 五、娱乐方面个别要求的处理

对于文娱活动,游客各有爱好,不应强求统一。游客提出娱乐活动方面的种种要求时,导游人员应本着"合理而可能"的原则,视具体情况妥善处理。

#### (一)计划内的娱乐活动

计划内的娱乐活动一般在协议书中有明确规定,若无明文规定,导游人员最好事先与游客商量,然后再安排。

旅行社已安排观赏文娱演出后,游客要求观看另一演出;若时间许可又有可能调换时,可请旅行社调换;如无法安排,导游人员要耐心解释,并明确告知票已订好,不能退换,请游客谅解;游客若坚持要求观看别的演出,导游人员可予协助,但费用自理。

部分游客要求观看别的演出,处理方法同上。若游客分路观看文娱演出,在交通方面导游人员可做如下处理:如两个演出点在同一线路,导游人员要与司机商量,尽量为少数游客提供方便;若不同路,则应为他们安排车辆,但车费自理。

#### (二)计划外的娱乐活动

游客提出自费观看文娱演出或参加某种娱乐活动,在时间允许的情况下,导游人员一般应予以协助,如帮助购买门票、叫出租车等,通常不陪同前往。如果游客要求去大型娱乐场所或情况复杂的场所,导游人员须提醒游客注意安全,必要时应陪同前往。

#### (三)要求前往不健康的娱乐场所

游客要求去不健康的娱乐场所和过不正常的夜生活时,导游人员应断然拒绝并介绍中国的传统和道德观念,严肃指出不健康的娱乐活动和不正常的夜生活在中国是禁止的,是违法行为。

### 六、购物方面个别要求的处理

在购物方面,游客往往会提出各种各样的特殊要求,导游人员要不怕麻烦并设法予以满足。

#### (一)要求单独外出购物

游客要求在自由活动时间单独外出购物时,导游人员要予以协助,当好购物参谋,如建议其去哪家商场购物,为其安排出租车并写便条让其带上(条上写明商店名称、地址和饭店名称)等。但在旅游团快离开本地时,导游人员要劝阻游客单独

外出购物。

### (二) 要求退换商品

游客购物后发现是残次品、计价有误或对物品不满意,要求导游人员帮其退换时,导游人员应积极协助,必要时陪同前往。

### (三) 要求再去商店购买相中的商品

游客在某家商店相中某一(贵重)商品,当时犹豫不决,回饭店后又下决心购买,要求导游人员协助时,一般情况下只要时间许可,导游人员可写个便条(写清商店地址和欲购商品名称)让其租车前往该商店购买,也可陪同前往。

### (四) 要求购买古玩或仿古艺术品

海外游客希望购买古玩或仿古艺术品,导游人员应带其到文物商店购买,买妥物品后要提醒其保存发票,不要将物品上的火漆印(如有的话)去掉,以便海关查验。游客要在地摊上选购古玩,导游人员应劝阻,并告知我国海关规定:携带我国出口的文物(包括古旧图书、字画等),应向海关递交中国文物管理部门的鉴定证明,否则不准携出,地摊无法为其提供这种证明。若发现个别游客有走私文物的可疑行为,导游人员须及时报告有关部门。

### (五) 要求购买中药材、中成药

海外游客想购买中药材、中成药时,导游人员应告知我国海关的规定:进境旅客出境时携带用外汇购买的、数量合理的中药材、中成药,需向海关交验盖有国家外汇管理局统一印制的"外汇购买专用章"的发货票,超出自用合理数量范围的不准带出(前往国外的,总值限人民币300元;前往港、澳地区的,总值限人民币150元)。

### (六) 要求代为托运物品

游客购买大件物品后,要求导游人员帮忙托运时,导游人员可告知商店一般经营托运业务;若商店无托运业务,导游人员要协助游客办理托运手续。

游客欲购某一商品,但当时无货,请导游人员代为购买并托运,对游客的这类要求,导游人员一般应婉拒;实在推托不掉时,导游人员要请示领导,一旦接受了游客的委托,导游人员应在领导指示下认真办理委托事宜;收取足够的钱款(余额在事后由旅行社退还委托者)、发票、托运单及托运费收据寄给委托人,旅行社保存复印件以备查验。

## 七、游客要求自由活动的处理

参加集体旅游的游客出于种种原因要求自由活动或单独活动时,导游人员应根据不同情况,按"合理而可能"的原则妥善处理,并认真回答游客的咨询,提出建议,尽量满足他们的要求。

### (一)一般情况下允许游客自由活动

旅游团中有的游客已多次游览过某一景点,因而希望不随团活动,如果其要求不影响整个旅游活动,可以满足并提供必要的协助,如提醒其记住前往目的地的名称、地址及下榻饭店的名称和电话,帮助找出租车,提醒游客晚饭的用餐时间和用餐地点等。

到某一游览点后,若有个别游客希望不按规定的线路游览而希望自由游览或摄影时,若环境许可(游人不太多,秩序不乱)可满足其要求。导游人员要提醒其集合的时间和地点及旅游车的车牌号,必要时留一字条,写上集合时间、地点和车牌号以及饭店名称和电话号码,以备不时之需。

晚上如无活动安排,游客要求自由活动时,导游人员应建议不要走得太远,不要去秩序乱的场所,不要太晚回饭店等。

### (二)需劝阻游客自由活动的几种情况

下述情况不宜让游客单独活动:

(1)如旅游团计划去另一地游览,或旅游团即将离开本地时,若有人要求留在本地活动,由于牵涉面太大,为不影响旅游团活动计划的顺利进行,导游人员要劝其随团活动。

(2)如地方治安不理想,导游人员要劝阻游客外出活动,更不要单独活动,但必须实事求是地说明情况。要劝阻游客去复杂、混乱的地方自由活动。不宜让游客单独骑自行车去人生地不熟、车水马龙的街头游玩。

(3)游河(湖)时,游客提出希望划小船或在非游泳区游泳的要求时,导游人员不能答应,不能置旅游团于不顾而陪少数人去划船、游泳。

(4)游客要求去不对外开放的地区、机构参观游览,导游人员不得答应此类要求。

总之,出现以上情况时,导游人员要向游客耐心解释、说明原因,以免发生误会。

## 八、游客要求亲友随团活动的处理

### (一)旅游者要求探视在华亲友

**1. 在华亲友是中国人**

(1)经常有联系的亲友。如果旅游者与中国亲友常有联系,知道其姓名、地址、电话,导游人员可以让旅游者自己联系,也可协助联系并帮助安排会见。

(2)失散多年的亲友。旅游者寻找已失散多年的亲友,只知其名,不知其他,导游人员应积极帮助寻找。

①请旅游者将亲友的情况尽可能详细地写明,经由旅行社请公安户籍部门帮助寻找,找到了及时告诉旅游者,帮其联系并安排会见。

②如果旅游者在华期间找不到亲友,导游人员可让其留下详细通讯地址,待找到后书面通知他。

(3)要求会见同行。海外旅游者要求会见中国同行、洽谈业务、联系工作或其他活动,导游人员要向旅行社汇报,在领导指示下给予积极协助。

(4)要求会见名人。旅游者慕名求访某位名人,导游人员应了解旅游者要求会见的目的并向领导汇报,按规定办理。

(5)要求会见犯人。海外旅游者要求探视在中国坐牢的亲友,导游人员应了解他与犯人的关系及会见的目的,报告领导,按有关规定办理。

**2. 在华亲友是外国人**

海外旅游者要求会见在华工作的外国人或驻华使、领馆的外交官,导游人员不应干预。

如果知道亲友的姓名、工作单位和电话,让旅游者自己联系或协助其联系;若知亲友的姓名和工作单位,协助其寻找电话号码和地址,让旅游者自己联系,也可协助联系;若只知亲友姓名,导游人员应协助寻找,找到后立即告诉旅游者并协助其联系。

**3. 注意事项**

(1)协助海外旅游者联系在华亲友、安排会见是导游人员的工作,但一般不参加会见,没有担当翻译的义务。

(2)外国驻华使、领馆的外交官请海外旅游者去使、领馆参加一些活动,也盛情邀请导游人员前往。对此,导游人员一般应婉拒;若对方坚持,导游人员应请示领导,经批准后方可前往,活动结束后应向领导汇报。

### （二）旅游者要求让在华亲友随团活动

旅游团抵达某地后，有的旅游者找到自己的亲友后希望他们随团活动甚至到外地去旅行游览。当旅游者提出此类要求时，导游人员应视具体情况尽量予以满足，但必须做好如下工作。

**1. 征求领队意见**

先应征得领队和旅游团其他成员的同意。

**2. 办理手续**

迅速与旅行社有关部门联系，去旅行社或旅行社派人来饭店办理入团手续。

（1）请游客的亲友出示有效证件，证明其身份。若是外国外交官，应请示旅行社，严格按我国政府的有关规定办理。

（2）填写表格。

（3）交纳费用。

**3. 提供同等服务**

办理手续、交纳费用后，旅游者的亲友就正式成为旅游团的成员，导游人员对中外宾客要一视同仁，热情接待，周到服务。

## 九、游客要求转递物品和信件的处理

### （一）处理的基本程序

**1. 婉言相拒**

游客要求导游人员转递物品，尤其是贵重物品或说不出名称的物品，一般应婉言拒绝，建议游客邮递或亲自送抵。

**2. 请示旅行社领导，按指示办**

若游客确有困难不能亲自送去，导游人员应详细了解情况并向旅行社领导请示，经批准后可接受委托。

**3. 接受委托，应办理相关手续**

（1）写下委托书

委托人要给被委托人写下委托书。要求注明物品的名称、品牌和数量，写清收件人的姓名及详细的通信地址，签字并留下委托人的详细通信地址。

（2）当面核对委托物品

请委托人打开包装，核实物品及数量是否与委托书上的内容一致。

（3）转交物品后，请收件人出具收据

物品转交后,要请收件人出具收据,收据上要注明日期、收到物品的名称、品牌和数量。

(4)妥善保管好收据

办妥委托事项后,导游人员要将委托书和收据一并交旅行社保管。

(二)特别注意事项

1. 应税物品

如果游客要求转递的物品是应税物品,导游人员应促其完税,否则不予转递。

2. 食品

如果要求转递的物品中有食品,导游人员应婉言拒绝,请游客自行处理。

3. 可疑物品

如果要求转递的物品有不法的嫌疑,导游人员应及时报告给旅行社,必要时向公安机关举报。

4. 收件人是国家机关或有关领导

如果游客要求将物品转交给我国的国家机关或有关领导,导游人员应请示旅行社。旅行社同意后,一定要请游客当面打电话,收件方同意后,方可接受委托,并将物品交到旅行社,尽量让收件人(方)来旅行社领取,并签署收据。

5. 收件人是驻华使、领馆及其人员

入境游客要求导游人员将物品或信件转交给外国驻华使、领馆或外国外交官时,导游人员应建议游客自行处理,给予必要的协助;若确有困难,导游人员又推托不了,应详细了解情况并请示旅行社领导,经批准后可接受委托,但不能自己将物品送交收件人,应交给旅行社,由其转递或通知使、领馆派人前来领取。

## 十、游客要求中途退团或延长旅游期限的处理

当旅游团或部分旅游者提出这类要求时,由于不是导游人员所能解决的,应立即报告旅行社,由其视具体情况而定,导游人员应根据领导的指示,协助旅游者。

(一)旅游者要求中途退团

旅游者因患病或家中有事,或因工作急需等特殊原因,要求提前离开旅行团,中止旅游活动,经接待社与组团社协商后可给予满足,未享受的综合服务费,按旅游协议书规定方式退还。

旅游者无特殊原因,只是因为某个要求没有得到满足而提出中途退团。在此情况下,导游人员要协助领队尽量劝说其继续随团活动;若旅行社确有责任,应设

## 第四章 游客个别要求的处理

法弥补;若旅游者提出的是无理要求,要尽量耐心解释;若劝说无效,可满足其要求,但应告知其未享受的综合服务费不予退还。

若由于旅行社和导游服务质量太差,漏洞太多,领队一再交涉无效,可能会导致整个旅游团提出中途退团。这种情况处理起来非常麻烦,可按投诉的有关规定处理。

若由于严重的天灾人祸,旅游团或部分旅游者被迫或要求尽早结束旅游活动,可给予满足,但由于非旅行社方原因造成的经济损失,旅行社方不予赔偿。

导游人员要在领导的指示下,协助中途退团的旅游者重订航班、机票、办理分离签证及其他离团手续,所需费用由旅游者自理。

### (二)旅游者要求延长旅游期限

如果旅游者在旅游期间因伤、病需要治疗而被迫延长在一地的停留时间,导游人员要尽力为其办理必要的手续;还应经常前往医院探视,提供帮助;如伤病者家属前来陪伴,导游人员还应帮助解决伤病者及其家属在生活上的困难。

如果旅游者在旅游结束后意犹未尽,希望继续参观游览,导游人员应给予协助;外国旅游者若不需要延长签证,一般可满足其要求;若需要延长签证,原则上应给予婉拒;若旅游者坚持或有其他特殊原因需要留下,导游人员可请示旅行社,然后向其提供必要的帮助,如陪同旅游者持旅行社的证明、护照及集体签证,去当地公安局办理分离签证手续或延长签证手续;如需要,可协助其重订航班、机票,帮其订妥客房,所需费用由旅游者自理。

继续游览的旅游者如还需旅行社为其提供包括导游服务在内的各项服务,应另签合同,并按有关规定收费。

### 一、判断题

1. 游客要求推迟就餐时间时,导游人员可与餐厅联系,视餐厅的具体情况处理。( )

2. 游客对所安排的房间不满意,要求住高于合同标准的房间,导游应予以拒绝。( )

3. 现在各大旅行社纷纷推出夕阳红团队,作为导游人员要把整个旅程安排紧凑,不能浪费时间。( )

二、单项选择题

1. 一名游客购物回饭店后,因对商品质量不满意而要求导游人员帮他退换,导游人员应(　　)。

　　A. 让游客自己去退

　　B. 积极协助,必要时陪同前往

　　C. 告诉游客不属于自己的工作范围

　　D. 告知游客商品出了店就不能更换

2. 游客要求自由活动,导游人员视情况分别对待。(　　)不属于需劝阻游客自由活动的情况。

　　A. 当地治安不理想

　　B. 旅游团计划去另一地游览或即将离开本地时

　　C. 游客已多次游览过计划内的景点

　　D. 游客要去不对外开放的地区游览

3. 某旅游团在用餐前3小时提出换餐,此时,导游人员应(　　)。

　　A. 与餐厅联系,尽量予以满足

　　B. 不予以接受,耐心解释

　　C. 建议自行点菜,费用自理

　　D. 征求领队意见后酌定

4. 游客要求自费品尝风味餐,导游人员应当(　　)。

　　A. 予以协助,推荐有关餐厅并帮助联系订餐

　　B. 主动热情地为客人夹菜

　　C. 逐桌向客人敬酒

　　D. 用餐时与游客进行大声交谈

5. 旅游者购物后发现是残次品、赝品,要求导游人员帮其退换,导游人员应该(　　)。

　　A. 积极协助,必要时陪同前往　　B. 要求旅游者自行退换

　　C. 直接拒绝　　D. 劝阻旅游者息事宁人

6. 如果游客要求去不健康的娱乐场所和过不正常的夜生活,导游人员应(　　)。

　　A. 欣然同意　　B. 听之任之

　　C. 不鼓励也不反对　　D. 断然拒绝

### 三、多项选择题

1. 对于文娱活动方面个别要求的处理,下面表述正确的是( )。
   A. 旅游者若坚持观看别的文娱演出,放弃计划内的演出,导游人员应婉言谢绝
   B. 旅游者若观看别的文娱演出,导游人员可以协助,但费用自理
   C. 旅游者提出自费观看文艺演出,导游人员应予以协助,通常不陪同前往
   D. 旅游者要求去不健康的娱乐场所,导游人员应说明责任自负
   E. 旅游者要求转递食物,导游人员不应拒绝

2. 导游需要拒绝游客自由活动的几种情形有( )。
   A. 旅游者即将离开本地时
   B. 游客要去存在安全隐患的地方
   C. 游客强烈要求时
   D. 游客要去治安复杂的地方
   E. 游客探亲访友

3. 旅游者到达某地后,希望探望在当地的亲戚朋友,这可能是他们到某地旅游的主要目的之一。当旅游者向导游人员提出此类要求时,导游人员应( )。
   A. 设法予以满足            B. 婉言拒绝
   C. 协助联系                D. 向旅游者讲明具体乘车路线
   E. 置之不理

4. 面对旅游者种种特殊要求,导游人员应该掌握的处理原则是( )。
   A. 公平对待原则            B. 礼让三分原则
   C. 合理可行原则            D. 维护尊严原则
   E. 满足任何需求原则

## 参考答案及解析

### 一、判断题

1. √

2. ×  【解析】若游客要求住高于合同规定标准的房间,如有,可予以满足,但游客要交付原定饭店退房损失费和房费差价。

3. ×  【解析】接待老年旅游者时,导游人员要有耐心,放慢速度,活动不宜过密。老龄旅游者有着和其他年龄旅游者不同的生理、心理特征,在带团时,导游人

员要设身处地地为之着想。

二、单项选择题

1. B

2. C

3. A 【解析】餐前3小时提出换餐,此时导游人员应与餐厅联系,尽量予以满足。

4. A 【解析】旅游者要求自费品尝风味时,导游人员应予以协助,推荐有关餐厅并帮助联系订餐。风味餐不在地接社指定的团队餐厅时,要预先通过地接社退餐,且告知旅游者,原先餐饮安排的综合服务费不退。如果是在团队餐厅改用风味餐,旅游者则只需承担餐费差价。

5. A 【解析】旅游者购物后发现是残次品、赝品,要求导游人员帮其退换,导游人员应该积极协助,必要时陪同前往。

6. D

三、多项选择题

1. BC 【解析】旅游者若坚持观看别的文娱演出,导游人员可以协助,但费用自理;旅游者要求去不健康的娱乐场所,导游人员应劝说其放弃。故BC两项正确。

2. ABD 【解析】导游需要拒绝游客自由活动的几种情形:(1)旅游团按计划前往下一站目的地的当天,不宜同意旅游者离团,以免造成误车故障,影响全团正常的行程。(2)旅游者要求去治安复杂或存在安全隐患的地方自由活动时,导游人员应尽量劝阻并如实说明情况。(3)游河(湖)时,游客提出希望划小船或在非游泳区游泳的要求时,导游人员不能答应,不能置旅游团于不顾而陪少数人去划船、游泳。(4)游客要求去不对外开放的地区、机构参观游览,导游人员不得答应此类要求。

3. ACD 【解析】当旅游者向导游人员提出此类要求时,应设法予以满足。如旅游者知道亲友的姓名、地址,导游人员应协助联系,并向旅游者讲明具体乘车路线。

4. ABCD 【解析】面对旅游者种种特殊要求,导游人员应该掌握的处理原则有:认真倾听、耐心解释原则,尊重法律原则,公平对待原则,合理可行原则,礼让三分原则,维护尊严原则。

# 第五章 常见旅游事故的预防与处理

同步练习

了解旅游事故的类型和特点;掌握旅游计划和行程变更的处理方法;熟悉漏接、错接和误机(车、船)事故产生的原因;掌握漏接、错接和误机(车、船)事故的预防与处理方法;掌握游客证件、行李、钱物遗失和游客走失的预防与处理方法;掌握游客不当言行的处理方法;了解游客投诉的心理,熟悉游客投诉的处理方法。

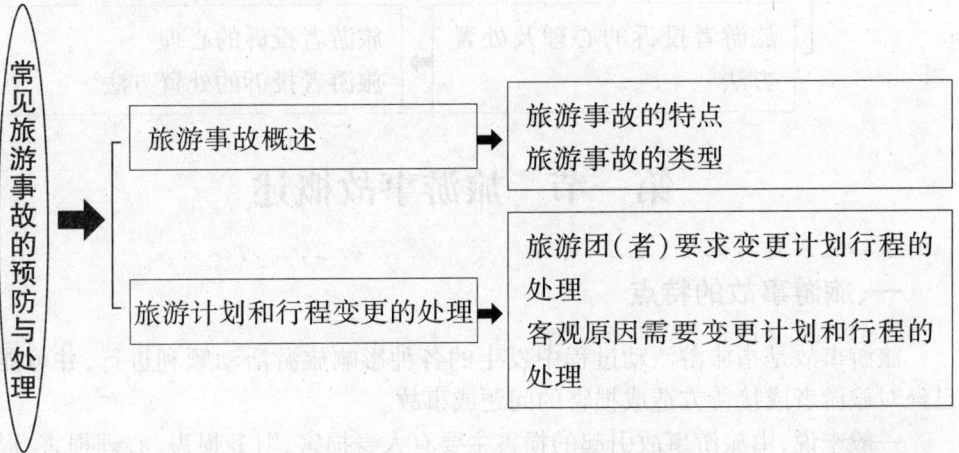

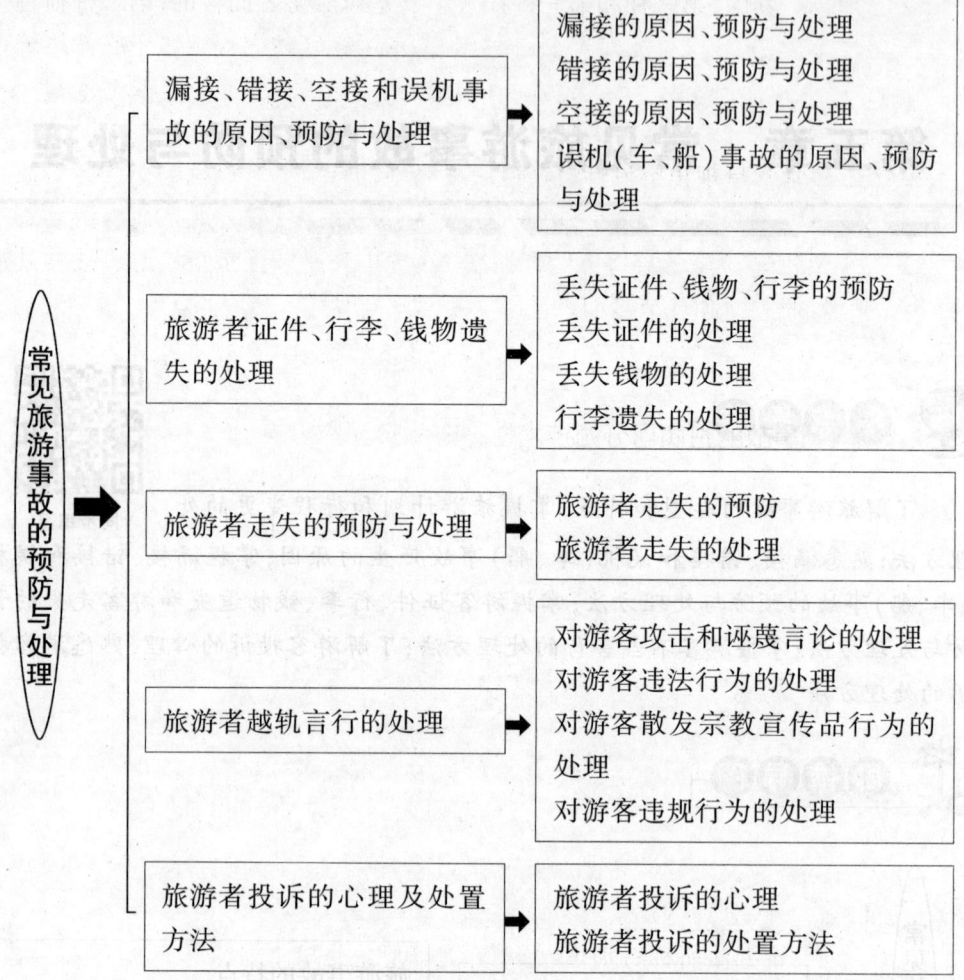

## 第一节 旅游事故概述

### 一、旅游事故的特点

旅游事故是指旅游活动过程中发生的各种影响旅游活动顺利进行,并可能或已经对旅游者或接待方造成损害的问题或事故。

一般来说,由旅游事故引起的损害主要有人身损害、财务损失、心理损害、形象

## 第五章 常见旅游事故的预防与处理

与声誉的损害。其中,第一种和第三种损害主要是对旅游者而言的;第二种损害可能发生在旅游者身上,也可能发生在旅游接待方;而第四种损害则属于旅游接待方的损害,它可能由第一、第二、第三种损害引起的。由此可见,旅游事故造成的损害常常涉及旅游者和旅游接待方两个方面。

旅游事故常常呈现出突发性、危害性、复杂性的特点。突发性是指旅游事故发生的偶然性和突发性。如气候变化、证件丢失、飞机延误;危害性是指旅游事故的发生对旅游者和(或)旅游接待方的利益造成的损害;复杂性是指旅游事故的处理及其影响涉及的方面和环节多而杂。

### 二、旅游事故的类型

#### (一)按照事故的性质可分为技术性事故和安全性事故

(1)<u>技术性事故是指由于旅游接待部门运行机制发展故障而影响旅游活动安排或旅游行程的事故</u>;如漏接、空接、错接、误机(车、船)、旅游日程变更等。

(2)<u>安全性事故是指关系到旅游者人身安全和财产安全的事故</u>。前者如旅游者患病、发急症、受伤、死亡等,后者如旅游者的证件、行李、财物的丢失等。

2016年12月1日起施行的《旅游安全管理办法》对此有具体规定(所称的"以上"包括本数;"以下"不包括本数):

第三十九条:本办法所称旅游突发事件,是指突然发生,造成或者可能造成旅游者人身伤亡、财产损失,需要采取应急处置措施予以应对的自然灾害、事故灾难、公共卫生事件和社会安全事件。

根据旅游突发事件的性质、危害程度、可控性以及造成或者可能造成的影响,<u>旅游突发事件一般分为特别重大、重大、较大和一般四级</u>。

第四十条:本办法所称特别重大旅游突发事件,是指下列情形:

(一)造成或者可能造成人员死亡(含失踪)30人以上(含30人)或者重伤100人以上(含100人);

(二)旅游者500人以上(含500人)滞留超过24小时,并对当地生产生活秩序造成严重影响;

(三)其他在境内外产生特别重大影响,并对旅游者人身、财产安全造成特别重大威胁的事件。

第四十一条:本办法所称重大旅游突发事件,是指下列情形:

(一)造成或者可能造成人员死亡(含失踪)10人以上(含10人)、30人以下或

者重伤50人以上(含50人)、100人以下;

(二)旅游者200人以上滞留超过24小时,对当地生产生活秩序造成较严重影响;

(三)其他在境内外产生重大影响,并对旅游者人身、财产安全造成重大威胁的事件。

第四十二条:本办法所称较大旅游突发事件,是指下列情形:

(一)造成或者可能造成人员死亡(含失踪)3人以上(含3人)10人以下或者重伤10人以上(含10人)、50人以下;

(二)旅游者50人以上(含50人)、200人以下滞留超过24小时,并对当地生产生活秩序造成较大影响;

(三)其他在境内外产生较大影响,并对旅游者人身、财产安全造成较大威胁的事件。

第四十三条:本办法所称一般旅游突发事件,是指下列情形:

(一)造成或者可能造成人员死亡(含失踪)3人以下或者重伤10人以下;

(二)旅游者50人以下滞留超过24小时,并对当地生产生活秩序造成一定影响;

(三)其他在境内外产生一定影响,并对旅游者人身、财产安全造成一定威胁的事件。

**(二)按照事故的责任可分为责任事故和非责任事故**

(1)责任事故是指由于接待方原因造成的事故,包括导游人员的直接责任和接待方其他环节的责任,如由于接待方的疏忽、计划不周等原因造成的漏接、误机事故,导游人员照顾不周造成游客走失等事故。责任事故往往带来严重的后果,不仅给游客带来损失,给导游人员带来巨大的压力,而且会直接损害接待国和地区的旅游业形象。

(2)非责任事故是指非接待部门的原因或游客自身的原因造成的事故,如天气原因造成飞机不能起飞,意外事故导致游客人身伤亡,游客不听从指挥造成走失等。虽然这类事故的责任不在旅游接待方,但是接待方有义务做好各项补救工作。处理得好会赢得声誉,处理不当也会给各方带来不好的影响。

**(三)按照事故的严重程度可分为严重事故和一般事故**

(1)严重事故是指给旅游者或旅游接待方带来较大的经济损失,给游客带来较大的身体和精神上的伤害,对社会产生恶劣影响,游客反应强烈甚至提出解除旅游合同并进行投诉、索赔的事故。在旅游服务中出现的严重违约或服务差错是严重的质量事故。这类事故的处理难度最大。

(2)一般事故是指经常发生又能及时补救的事故,如游客证件或物品的丢失、游客的一般走失等。一般事故虽然不会带来严重的经济损失或人身伤害,但会给旅游活动带来诸多的不便,影响游客的情绪,降低旅游服务质量。

**(四)按照事故发生的实际状况可分为将成事故和已成事故**

(1)将成事故是指导游人员已知某种原因可能导致某种事故,但尚未成为既定事实的状态。在旅游过程中,这种情况并不少见。如游客难以准时在飞机起飞前抵达机场,旅游团因延迟抵达可能被迫取消重要的游览项目等。这类事故必须及时地采取应急措施,以便在事故成为事实前将损失减小到最低程度,如通知机场协助解决,及时调整游览项目,办理临时签证等。

(2)已成事故是指已经成为事实的事故,导游人员只能按照有关规定进行事后处理。

## 第二节　旅游计划和行程变更的处理

### 一、旅游团(者)要求变更计划行程的处理

旅游过程中,旅游团(者)提出变更路线或行程的要求时,导游人员原则上应婉言拒绝,说明接待社不能单方面不执行旅游合同。如果领队坚持提出此类要求,地陪不能当场拒绝,而应上报旅行社,根据旅行社和组团社的协商意见作出决定,或接受变更要求,或婉言拒绝。

### 二、客观原因需要变更计划和行程的处理

旅游过程中,因客观原因如天气、自然灾害、交通问题等需要变更旅游团的旅游计划、路线和活动行程时,一般会出现三种情况:缩短或取消在一地的游览时间;延长在一地的游览时间;在一地的游览时间不变,但被迫取消某一活动,由另一活动代替。

**(一)延长在一地的游览时间**

旅游团提前抵达或推迟离开都会延长在一地的游览时间,地陪应采取的相应措施有:

(1)与旅行社有关部门联系,重新落实该团用餐、用房、用车的安排。

(2)调整活动日程,或酌情增加游览景点(如果增加景点产生费用,须与旅游者协商),或适当延长在主要景点的游览时间,但不要使游客感到在本地浪费时间。晚上可适当安排文娱活动,努力使活动内容充实。

(3)如系推迟离开本站,要及时通知下一站,也可提醒旅行社与下一站联系。

### (二)缩短在一地的游览时间

旅游团提前离开或推迟抵达,都会缩短在一地的游览时间,地陪应积极做好如下工作:

(1)向旅行社领导及有关部门报告,与饭店、车队联系,及时办理退餐、退房、退车等事宜,并就用餐、用房、用车做出重新安排,尽量将损失降到最低。

(2)抓紧时间,努力完成计划内的参观游览活动。若确有困难,应首先游览参观本地最有代表性、最具特色的旅游景点,以求旅游者对本地的游览景观有基本了解。

(3)如系提前离开,要及时通知下一站,也可提醒旅行社有关部门与下一站联系。

### (三)被迫改变部分旅游项目

被迫取消某一活动,由另一活动替代,往往会引起旅游者的不满,导游人员要以精彩的介绍、新奇的内容和最佳的安排激起旅游者的游兴,使新的安排得到游客认可。

## 第三节 漏接、错接、空接和误机事故的原因、预防与处理

### 一、漏接的原因、预防与处理

漏接是指旅游团(包括散客)抵达目的地后,出现没有导游人员前来迎接的情况。

#### (一)漏接的原因

(1)导游人员主观原因造成的漏接

①导游人员未按服务程序要求提前到达接站地点;

## 第五章 常见旅游事故的预防与处理

②导游人员工作疏忽，将接站地点搞错；

③新旧时刻表交替，导游人员没有查对新时刻表，仍按旧时刻表时间去接旅游团；

④由于某种原因，原定车次、班次变更使旅游团提前到达，但导游人员没有阅读变更通知仍按原计划去接团。

（2）客观原因造成的漏接

①原定班次或车次变更，旅游团提前到达，但本站接待社没有接到上一站接待社的通知；

②本站接待社有关部门没有将旅游团因班次、车次变更提前到达的消息通知该团的导游人员，使导游人员仍按原计划去接团。

### （二）漏接的预防

**1. 认真阅读接待计划**

导游人员拿到接待计划后，应仔细阅读，了解旅游团抵达的日期、时间、地点。

**2. 关注接待计划变更**

在旅游团抵达本站当天，导游人员应了解班次或车次有无变更，并及时与机场（车站、码头）联系，核实抵达的确切时间。

**3. 提前到达接站地点**

导游人员应与司机商定好出发时间，保证按规定提前半小时到达接站地点，对散客或者人数较少的团队要特别注意。

**4. 举牌站在明显位置**

导游人员应及时与全陪或领队取得联系，并着具有明显标识的工作装，手持导游旗高举接站牌站在明显位置迎接旅游团。

### （三）漏接的处理

**1. 诚恳道歉**

无论什么原因，一旦出现漏接现象，导游人员都应设身处地为旅游者考虑，理解游客的心情。面对游客首先诚恳表示歉意，耐心地做好解释工作，消除游客内心不满和误解，争取游客的理解，同时尽快组织游客登车。

**2. 提供高质量的服务**

导游人员在接下来的参观、游览过程中要以更加优质的服务、更高超的讲解技巧来弥补前面服务中出现的缺陷，把旅游缺陷和游客抱怨降低到最低限度。

**3. 给予一定的物质补偿**

在出现漏接等情况下,导游人员可以酌情给予游客一定的物质补偿,如赠送小的纪念品,添加当地特色菜肴、酒水等。

## 二、错接的原因、预防与处理

错接是指导游人员接了不应由他接的旅游团(者)。

### (一)错接的原因

错接一般是责任事故,是因导游人员责任心不强造成的。错接事故容易发生在旅游热点地区和旅游旺季。有的旅行社同时派出一个以上的团队前往同一地;或者在旺季时,多个团队和游客会乘同一航班抵达目的地。

### (二)错接的预防

(1)认真阅读接待计划,核对好航班(车次、轮船)的抵达时间、接站地点等。

(2)接到旅游团后,导游人员要认真核实领队姓名、组团社名称、团号、人数等。

(3)接待散客时,更应格外注意,要问清旅游者的国籍、全名及旅游行程计划书等相关资料。

### (三)错接的处理

(1)若错接发生在本旅行社应接的两个旅游团之间时,导游人员应立即向领导汇报。地陪可不交换旅游团,全陪应交换旅游团并向旅游者做必要的解释。

(2)若错接的是另外一家旅行社的旅游团时,因为不是同一家旅行社,导游人员应立即向旅行社领导汇报,设法尽快交换旅游团,并向旅游者实事求是地说明情况并诚恳地道歉。

## 三、空接的原因、预防与处理

空接是指由于某种原因,旅游团推迟抵达某站,导游人员仍按原计划预定的班次或车次接站而没有接到旅游团。空接不属责任事故。空接虽然不经常出现,但一旦发生,往往是一个棘手的问题,一步没处理好,就会环环出问题。

### (一)空接的原因

(1)接待社没有接到上一站的通知。由于天气原因或某种故障,旅游团(者)仍滞留在上一站或途中。而上一站旅行社并不知道这种临时的变化,没有通知下一站接待社。此时,全陪或领队也无法通知接待社,因此造成空接。

(2)上一站忘记通知。由于某种原因,上一站旅行社将该团原定的航班或车

## 第五章 常见旅游事故的预防与处理

次变更,变更后推迟抵达。但上一站有关人员由于工作疏忽,没有通知下一站接待社,而造成空接。

(3)没有通知地陪。接到了上一站的变更通知,但接待社有关人员没有及时通知该团地陪,造成空接。

(4)游客本身原因。由于游客本人生病、急事或其他原因,临时决定取消旅游,没乘飞机或火车前往下一站,但又没及时通知下一站接待社,造成空接。

### (二)空接的预防

(1)导游人员在接团前再次与旅行社落实团队接待计划,确认有关情况。

(2)导游人员尽量提前和组团社全陪或领队取得联系,了解相关情况。

(3)导游人员应在接站前与机场(车站、码头)问询处确认旅游团所乘交通工具到达时间。

### (三)空接的处理

**1. 排除漏接**

飞机(车、船)准时抵达,导游人员接不到旅游团(者),首先应排除漏接的可能,即与全陪、领队或组团社联系了解相关情况。

**2. 旅游团(者)推迟到来**

经核实,旅游团(者)因故推迟抵达,导游人员要听从旅行社的安排,或在原地等待、准备迎接,或离开重新安排接团事宜。

**3. 旅游团(者)取消行程**

经核实,旅游团(者)因故取消行程,导游人员应听从旅行社的安排,协助办理相关事宜。

### 四、误机(车、船)事故的原因、预防与处理

误机(车、船)事故是指由于某些原因或旅行社有关人员工作的失误,旅游团(者)没有按原定航班(车次、船次)离开本站而导致暂时滞留。

误机(车、船)是重大事故,不仅给旅行社带来巨大的经济损失,还会使旅游者蒙受经济或其他方面的损失,严重影响旅行社的声誉。导游人员要高度认识误机(车、船)的严重后果,杜绝此类事故的发生。

### (一)误机(车、船)事故的原因

**1. 非责任事故**

由于旅游者方面原因或由于途中遇到交通事故、严重堵车、汽车发生故障等突

发情况造成迟误。

2. 责任事故

由于导游人员或旅行社其他人员工作上的差错造成迟误,如导游人员安排日程不当或过紧,没有按规定提前到达机场(车站、码头);导游人员没有认真核实交通票据;班次已变更但旅行社有关人员没有及时通知导游人员等。

(二)误机(车、船)事故的预防

地陪、全陪要提前做好旅游团离站交通票据的落实工作,并核对日期、班次、时间、目的地等。如交通票据没落实,带团期间要随时与旅行社有关部门联系,了解班次有无变化。

临行前,不安排旅游团到范围广、地域复杂的景点参观游览;不安排旅游团到热闹的地方购物或自由活动。安排充裕的时间去机场(车站、码头),保证旅游团按以下规定时间到达离站地点:

乘国内航班:提前2小时到达机场;

乘火车或轮船:提前1小时到达车站或码头;

乘国际航班出境或去沿海城市的航班:提前3小时到达机场。

(三)误机(车、船)事故的处理

(1)导游人员应立即向旅行社领导及有关部门报告并请求协助。

(2)地陪和旅行社尽快与机场(车站、码头)联系,争取让游客乘最近班次的交通工具离开本站,或采取包机(车厢、船)或改乘其他交通工具前往下一站。

(3)稳定旅游团(者)的情绪,安排好在当地滞留期间的食宿、游览等事宜。

(4)及时通知下一站,对日程作相应的调整。

(5)向旅游团(者)赔礼道歉。

(6)写出事故报告,查清事故的原因和责任,责任者应承担经济损失并受相应的处分。

## 第四节 旅游者证件、行李、钱物遗失的处理

### 一、丢失证件、钱物、行李的预防

旅游期间,旅游者丢失证件、钱物、行李的现象时有发生,不仅给旅游者造成诸多不便和一定的经济损失,也给导游人员的工作带来不少麻烦和困难。导游人员

## 第五章 常见旅游事故的预防与处理

应经常关注旅游者这些方面的安全,采取各种措施预防此类问题的发生。

(1)多做提醒工作。参观游览时,导游人员要提醒旅游者带好随身物品和提包;在热闹、拥挤的场所购物时,导游人员要提醒旅游者保管好自己的钱包、提包和贵重物品;离开饭店时,导游人员要提醒旅游者带好随身行李物品,检查是否带齐了旅行证件。

(2)导游人员在工作中需要旅游者的证件时,要经由领队收取,用毕立即如数归还,不要代为保管;还要提醒旅游者保管好自己的证件。

(3)切实做好每次行李的清点、交接工作。

(4)每次旅游者下车后,导游人员都要提醒司机清车、关窗并锁好车门。

### 二、丢失证件的处理

当旅游者丢失证件时,导游人员应先请旅游者冷静地回忆,详细了解丢失情况,尽量协助寻找。如确已丢失,应马上报告组团社或接待社,根据组团社或接待社的安排,协助旅游者向有关部门报失,补办必要的手续。所需费用由旅游者自理。

#### (一)丢失外国护照和签证

(1)由旅行社出具证明。

(2)请失主准备照片。

(3)失主本人持证明去当地公安局(外国人出入境管理处)报失,由公安局出具证明。

(4)持公安局的证明去所在国驻华使、领馆申请补办新护照。

(5)领到新护照后,再去公安局办理签证手续。

#### (二)补办团队签证

须有签证副本和团队成员护照,并重新打印全体成员名单,填写有关申请表(可由一名旅游者填写,其他成员附名单),然后到公安局(外国人出入境管理处)进行补办。

#### (三)丢失中国护照和签证

1. 华侨丢失护照和签证

(1)失主准备照片。

(2)当地接待旅行社开具证明。

(3)失主持遗失证明到公安局出入境管理处报失并申请办理新护照。

(4)持新护照去其侨居国驻华使、领馆办理入境签证手续。

2. 中国公民出境旅游时丢失护照、签证

（1）请当地陪同协助在接待社开具遗失证明,再持遗失证明到当地警察机构报案,取得警察机构开具的报案证明;

（2）持当地警察机构的报案证明和遗失者照片及有关护照资料到我国驻该国使、领馆办理新护照;

（3）新护照领到后,携带必备的材料和证明到所在国移民局办理新签证。

**（四）丢失港澳同胞回乡证（港澳居民来往内地通行证）**

失主持当地接待旅行社的证明向遗失地的市、县公安部门报失,经查实后由公安机关的出入境管理部门签发一次性有效的《中华人民共和国入出境通行证》。

**（五）丢失台湾同胞旅行证明**

失主向遗失地的市、县公安机关报失,核实后允许重新申请领取相应旅行证件或发给一次性有效的入出境通行证。

**（六）丢失中华人民共和国居民身份证**

由当地旅行社核实后开具证明,失主持证明到当地公安局报失,经核实后开具身份证明,机场安检人员核准放行。

### 三、丢失钱物的处理

旅游者丢失财物,导游人员要详细了解失物的形状、特征、价值,分析物品丢失的可能时间和地点并积极帮助寻找。若丢失的是进关时登记必须复带出境的或已在保险公司投保的贵重物品,接待旅行社要出具证明,失主持证明到当地公安局开具遗失证明,以备出海关时查验或向保险公司索赔。

证件、财物特别是贵重物品被盗是治安事故,导游人员须立即向公安部门和保险公司报案,协助有关人员查清线索,力争破案,找回被窃证件、物品,挽回不良影响。若找不回被盗物品,导游人员要协助失主持旅行社的证明到当地公安局开具失窃证明书,以便出关时查验或向保险公司索赔,同时要提供热情周到的服务,安慰失主,缓解其不快情绪。

### 四、行李遗失的处理

**（一）来华途中丢失行李**

海外旅游者的行李在来华途中丢失,不是导游人员的责任,但应帮助旅游者追回行李。

第五章 常见旅游事故的预防与处理

（1）带失主到机场失物登记处办理行李丢失和认领手续。失主须出示机票及行李牌，详细说明始发站、转运站，说清楚行李件数及丢失行李的大小、形状、颜色、标记、特征等，并一一填入失物登记表；将失主将下榻饭店的名称、房间号和电话号码（如果已经知道的话）告诉登记处并记下登记处的电话和联系人，记下有关航空公司办事处的地址、电话，以便联系。

（2）旅游者在当地游览期间，导游人员要不时打电话询问寻找行李的情况，一时找不回行李，要协助失主购置必要的生活用品。

（3）离开本地前行李还没有找到，导游人员应帮助失主将接待旅行社的名称、全程旅游线路以及各地可能下榻的饭店名称转告有关航空公司，以便行李找到后及时运往相应地点交还失主。

（4）如行李确系丢失，失主可向有关航空公司索赔。

**（二）在中国境内丢失行李**

旅游者在中国境内旅游期间丢失行李，一般是交通运输部门或行李员的责任，但导游人员应高度重视，负责查找。

（1）冷静分析情况，找出差错的环节。

①如果旅游者在出站前领取行李时，找不到托运的行李，则有可能上一站行李交接或行李托运过程中出现了差错，此时导游人员可采取以下措施：

a. 带失主到失物登记处办理行李丢失和认领手续。由失主出示机票和行李牌，填写丢失行李登记表。

b. 立即向旅行社领导汇报，请其安排有关部门和人员与机场、上一站旅行社、民航等单位联系，积极寻找。

②如果抵达饭店后，发现旅游者没有拿到行李，则问题可能出在饭店内或本地交接或运送行李过程中，此时，地陪应采取如下措施：

a. 和全陪、领队一起先在本团成员所住房间寻找，查看是否是饭店行李员送错了房间，还是本团客人误拿了行李。

b. 如找不到，就应与饭店行李科迅速取得联系，请其设法查寻。

c. 如饭店行李科工作人员仍找不到，应向旅行社汇报。

（2）主动做好失主的工作。

对丢失行李事故向失主表示歉意，并帮助其解决因行李丢失而带来的生活方面的困难。

（3）经常与有关方面联系，询问查找进展情况。

（4）将找回的行李及时归还。如果确定行李已经遗失，则应由旅行社领导出

面向失主说明情况并表示歉意。

(5)帮助失主根据有关规定或惯例向有关部门索赔。

(6)事后写出书面报告。报告中要写清行李丢失的经过、原因、查找过程及失主和其他团员的反映等情况。

## 第五节　旅游者走失的预防与处理

### 一、旅游者走失的预防

在参观、游览或自由活动时,旅游团中游客走失的情况时有发生,原因多种,不一定是导游人员的责任。无论哪种原因造成游客走失都会影响游客的情绪,严重时会影响旅游计划的完成,甚至会危及游客的生命和财产安全。导游人员必须加强责任心,周到细致地工作以防此类事故发生。

#### (一)做好提醒工作

(1)进行途中讲解时,提醒旅游者记住接待社的名称,旅游车的车号和标志、下榻饭店名称、电话、导游人员的联系方式。

(2)游客单独外出时,地陪要提醒游客记住接待社的名称、与导游人员的联系方法、下榻饭店的名称及电话号码或带上饭店的地址等。

(3)游客自由活动时,地陪要建议游客最好结伴同行,不要走得太远;提醒游客不要回饭店太晚,不去秩序混乱的地方。

#### (二)做好预报

(1)导游人员每天都要向游客报告一天的行程,讲清上、下午的游览地点,中、晚餐用餐的地点和餐厅的名称。

(2)下车后进入游览点之前,地陪要告知全体游客旅游车的停车地点、车号及车的特征,并强调开车的时间。

(3)进入游览点后,在该景点的示意图前,地陪要向游客介绍游览路线,所需时间,集合的时间、地点等。

#### (三)经常清点人数

地陪与领队、全陪配合,要时刻与本团游客在一起,注意游客的动向,经常清点人数。

## 第五章 常见旅游事故的预防与处理

### （四）要以讲解吸引游客
导游人员要以丰富的讲解内容和高超的导游技巧吸引游客，避免游客落单或者自行走失。

## 二、旅游者走失的处理

### （一）游览活动中游客走失的处理
游客在游览活动中走失，导游人员应做好以下工作。

**1. 了解情况，迅速寻找**

在用手机联络不上的情况下，地陪应立即向团内其他游客了解情况并请领队、全陪迅速分头去寻找，自己带领其他游客继续游览。

**2. 争取有关部门的协助**

在经过认真寻找仍然找不到走失的游客时，地陪应立即向游览地的派出所和管理部门求助，同时与该团下榻的饭店前台和楼层服务台联系，询问该游客是否已回饭店；如采取以上措施仍找不到走失的游客，地陪应向接待社及时报告并请求帮助，必要时经领导同意向公安部门报案。

**3. 做好善后工作**

找到走失的游客后，导游人员应问清情况，分析走失的原因。如是自己的原因，应向游客道歉；如责任在走失者，应对其进行安慰，讲清利害关系，提醒以后注意。

**4. 写出事故报告**

如发生严重的游客走失事故，导游人员应写出书面报告，内容包括游客走失的经过、走失原因、寻找的经过、善后处理及游客的反应等详细情况。

### （二）游客在自由活动中走失的处理
游客在自己外出时走失，地陪在得知后应做好以下工作。

**1. 立即报告旅行社**

地陪可寻求接待社有关人员的协助，通过有关部门向该辖区的公安局、派出所和交通部门报案，尽量详细地提供走失者的特征和相关情况，请求沿途寻找。

**2. 做好善后工作**

找回走失者后，导游人员应问清情况，提醒全团引以为戒，避免此类事故再次发生。

# 第六节　旅游者越轨言行的处理

越轨行为一般是指游客侵犯一个主权国家的法律和世界公认国际准则的行为。外国游客在中国境内必须遵守中国的法律。若犯法,必将受到中国法律的制裁。中国旅游者在国内或出国旅游也应遵守旅游目的地国的法律法规。

游客的越轨言行系个人问题,但处理不当却会产生不良后果。因此,处理这类问题要慎重,事前要认真调查核实,分清越轨行为和非越轨行为的界限,分清楚有意和无意的界限,分清无故和有因的界限,分清言论和行为的界限。只有正确地区别上述界限,才能正确处理此类问题,才能团结朋友、增进友谊,维护国家的主权和尊严。

导游人员应积极向外国游客介绍中国的有关法律及注意事项。多做提醒工作,以免个别游客无意中做出越轨、犯法行为;发现可疑现象,导游人员要有针对性地给予必要的提醒和警告,迫使预谋越轨者知难而退;对顽固不化者,对其越轨言行一经发现应立即汇报,协助有关部门进行调查,分清性质。

## 一、对游客攻击和诬蔑言论的处理

由于社会制度的不同、政治观点的差异,外国游客可能对中国的方针政策及国情有误解或不理解,在一些问题上存在认识分歧。因此,导游人员要积极地宣传中国,认真回答游客的问题,友好地介绍我国的国情,阐明我方某些问题的立场、观点,求同存异。

但是,若有外国游客站在敌对立场上对我国进行攻击和诬蔑时,导游人员要严正驳斥,驳斥时要理直气壮、观点鲜明、立场坚定,但不要与之纠缠,必要时报告有关部门,查明后严肃处理。

## 二、对游客违法行为的处理

因社会制度和传统习惯的差异导致各个国家的法律不完全一样。对因缺乏了解中国的法律和传统习惯而做出违法行为的外国游客,导游人员要讲清道理,指出错误责任,并报告有关部门,根据其情节适当处理;对明知故犯者,导游人员要提出警告,并配合有关部门严肃处理,对情节严重者应绳之以法。

外国游客中若有人窃取我国机密和经济情报,走私,贩毒,偷盗文物,倒卖金

## 第五章 常见旅游事故的预防与处理

银、套购外汇、贩卖黄色书刊及录音带、录像带、激光视盘、嫖娼、卖淫等犯罪活动,一旦发现,导游人员应立即汇报,并配合司法部门查明情况,严肃处理。

### 三、对游客散发宗教宣传品行为的处理

外国游客若在中国散发宗教宣传品,导游人员一定要加以劝阻。并向其宣传中国的宗教政策,指出不经我国宗教团体邀请和允许,外国人不得在我国布道、主持宗教活动和在非宗教活动场合散发宗教宣传品。处理这类事件要注意政策界限和方式方法,对不听劝告并有明显破坏活动者应立即报告,由司法、公安有关部门处理。

### 四、对游客违规行为的处理

#### (一)对异性越轨行为的处理

当发生游客对异性行为不轨时,导游人员应予阻止;对不听劝阻者应严正指出问题的严重性,必要时与全陪协助采取断然措施,及时制止。

#### (二)对酗酒闹事者的处理

游客酗酒,导游人员应先规劝并严肃指明可能造成的严重后果,尽力阻止。不听劝告、扰乱社会秩序、侵犯他人并造成物质损失的肇事者必须承担一切后果,直至法律责任。

#### (三)一般性违规的预防与处理

在旅游接待中,导游人员应向游客宣传、介绍、说明旅游活动中涉及的具体规定,防止游客因不知而误犯。例如:参观游览中某些地方禁止摄影、禁止进入等,都要事先讲清,并随时提醒。若在导游人员已讲清并提醒的情况下明知故犯,当事人要按规定受到应有的处罚(由管理部门司法机关处理)。

## 第七节 旅游者投诉的心理及处置方法

### 一、旅游者投诉的心理

在旅游服务中,旅游者的投诉是指旅游者对人为损害其合法权益的旅游经营者和有关服务人员(包括导游人员)向有关方面进行的申诉。不同的旅游者,其投诉的心理也不尽相同,通常主要有三种,即求尊重的心理、求发泄的心理和求补偿

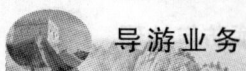

的心理。

### (一)求尊重的心理

尊重是人们的一种很重要的需要。在整个旅游过程中,由于旅游者始终处于"客人"的地位,求尊重的心理是十分明显的。旅游者希望在旅游过程中其人格和尊严受到尊重。如果发生投诉现象,他们总是认为自己投诉的事实与理由是充分的,因此,总希望得到他人的尊重、支持,渴望被投诉者向他们表示歉意并立即采取相应的措施。如果导游人员和有关服务人员不注意,其某些言行有时在游客们看来不仅是不尊重,甚至是一种侮辱,这会引起他们的不满,从而产生投诉。

### (二)求发泄的心理

求发泄的旅游者投诉是因为对旅游接待人员或其他旅游服务人员的服务感到不满,觉得受了委屈或虐待,希望向别人诉说其心中的不快。这种人在投诉时或喋喋不休,反复诉说其不幸遭遇,或态度激动,使用激烈的语言对被投诉者进行指责。具有发泄心理的旅游者提出投诉的主要目的是向旅行社管理者发泄其心中的不满和怨气。当他们的怨气发泄完毕,并得到某种安慰后,往往会感到心理上的满足,而不再提起赔偿的要求。

### (三)求补偿的心理

求补偿是旅游者认为其合法权益受到损害而通过投诉以得到弥补和补偿的心理。旅游者花钱是为了寻求愉快美好的经历,在旅游服务过程中,如果由于旅游服务人员的职务性行为或旅游企业未能履行合同,使旅游者遭受物质上的损失或精神上的伤害,旅游者就会用投诉的方式向有关部门索赔,要求有关部门给予物质的补偿。

## 二、旅游者投诉的处置方法

### (一)强化职业道德

作为一名旅游服务人员,职业道德是其从业的敬业之基。"敬其事而后其食""先劳而后禄"为旅游服务人员爱岗敬业的基本准则。服务要热情主动,主动是服务意识的集中表现,热情是取悦客人的关键。旅游服务人员应该正确处理自身与客人之间的角色关系,要主动对客人的询问予以回答。在旅游者面前,应该重视自身职业道德的塑造,注意语言的修养,尊重客人的风俗习惯,真诚地与旅游者交流。在为游客提供服务的过程中,应该以热情的态度对待每一位游客,提供优质的服务。

## 第五章 常见旅游事故的预防与处理

### （二）提高服务技能

服务行业想赢得客人的信赖，就要通过培训，提高员工的专业技能素质，使员工紧紧围绕企业发展的需要，熟练运用专业知识和操作技能，形成对技术的持续更新能力。因此，导游人员必须注重不断地学习职业技能，提高自身的业务技能水平。如练习说好普通话、丰富外语知识，提高自身的语言表达能力。这是导游人员提供优质服务的前提条件。

### （三）认真对待游客投诉

1. 耐心倾听、弄清真相

处理投诉时，要倾听游客述说，保持冷静，避免使用过激语言，保持眼神交流，要敏锐地洞察对方感到委屈、沮丧和失望之处，不能无视对方的情绪。表达歉意须发自内心，体现出一种诚意，同时要对客人的遭遇表示同情与安慰。还要认真记录投诉内容，及时处理每位旅游者的投诉，尽量提高他们的满意度。要求对旅游投诉案件的处理做到：事实清楚、证据确凿、定性准确、处理恰当、手续完备、程序合法。

2. 以诚恳的态度向客人道歉

无论什么样的投诉，接待方都应表现出友善及愿意协助的态度，欢迎他们的投诉，尊重他们的意见，向他们表达歉意。这样，客人会觉得对方重视他们的投诉，从而为圆满处理投诉铺平道路。

3. 区别不同情况，作出恰当的处理

对一些明显是服务工作的过错而引起的投诉，应马上道歉，在征得客人同意后作出补偿性的处理。对一些较复杂的问题，在弄清真相之前，不应急于表达处理意见，应当先在感情上给予游客慰藉，详细记录旅游者的情况，在客人同意的基础上处理。对待一时不能处理的问题，要注意让客人知道事情的进展情况，以示行业部门的重视，避免客人产生误会，认为将他们的投诉搁置一边而使事态扩大。

4. 完善旅游法律体系，实现对旅游市场的监管

加快旅游立法刻不容缓。目前，我国旅游法律体系不完善，导致许多旅游投诉处理缺乏明确性的法律依据。旅游行政管理部门在旅游业中占有重要地位，所以它应该充分发挥旅游监察、治理的作用，真正做到有法必依、执法必严、违法必究，从而净化旅游经营环境。通过打击惩处违规经营行为，提高旅行社的服务质量，减少投诉。

### 一、判断题

1. 意外事故导致游客人身伤亡,游客不听从指挥造成走失等属于责任事故。
（    ）

2. 旅游活动中有游客走失时,地陪、领队、全陪应全部去寻找,停止其他游客的游览活动。
（    ）

3. 预防误机的发生,导游人员应做到提前一个小时到达机场。　（    ）

### 二、单项选择题

1. 一旅游者在旅游期间丢失了身份证,将影响登机返回,可由当地旅行社核实后开具证明,(    )持证明到当地公安局报失,经核实后开具身份证明。

   A. 领队　　　　　B. 全陪　　　　　C. 地陪　　　　　D. 失主

2. 为了预防旅游者丢失证件、行李、钱物,导游人员应多做(    )工作。

   A. 劝阻　　　　　B. 提醒　　　　　C. 预报　　　　　D. 保护

3. 导游人员在工作中需要旅游者的证件时,要经由(    )收取,用毕立即归还,不要代为保管。

   A. 地陪　　　　　B. 全陪　　　　　C. 领队　　　　　D. 地陪和领队

4. 游览中有游客走失后,为了不影响游览的顺利进行,一般是(    )去找走失游客。

   A. 地陪　　　　　　　　　　　　　B. 团长

   C. 全陪和领队　　　　　　　　　　D. 亲属和领队

5. 对漏接事故的正确处理方法是(    )。

   A. 只要不是导游人员的责任,导游人员可以当作没发生过

   B. 立即吊销该导游人员的导游证,并作出罚款处理

   C. 诚恳地赔礼道歉,加倍努力地为旅游者提供更加热情周到的服务

   D. 一切都应该让旅行社出面解决,导游人员不宜自作主张

6. 漏接是指旅游团抵达一站后,(    )的现象。

   A. 导游人员接走了别的团　　　　　B. 无导游人员迎接

   C. 无领队迎接　　　　　　　　　　D. 无司机迎接

7. 地接社导游小刘抵达机场迎接某旅行团,但等了很长时间,也没有接到该旅

## 第五章 常见旅游事故的预防与处理

行团,经核实该团因为更改航班尚未抵达机场,请问该事故被称为( )。

A. 漏接事故　　B. 空接事故　　C. 错接事故　　D. 交通事故

### 三、多项选择题

1. 对误机(车、船)事故的处理,应做到( )。

A. 导游人员应立即向旅行社领导及有关部门报告并请求协助

B. 地陪配合旅行社尽快与机场(车站、码头)联系,争取让旅游团(者)乘最近班次的交通工具离开本站,或改乘其他交通工具前往下一站

C. 稳定旅游团(者)的情绪,安排好在当地滞留期间的食宿、游览等事宜

D. 及时通知下一站,对日程做相应的调整并向旅游团(者)赔礼道歉

E. 质问车站或机场负责人,要求其赔偿损失

2. 下列属于造成漏接事故原因的有( )。

A. 导游人员在前往迎接旅游团的途中遇到突发性交通拥堵

B. 新旧时刻表交替,导游仍按照旧时刻表时间去接团

C. 导游人员将接站点或接站时间搞错

D. 由于天气原因旅游团推迟抵达某站

E. 自然灾害

3. 要预防游客走失,导游人员要做好的预防工作是( )。

A. 做好提醒工作　　　　　　　　B. 做好预报工作

C. 随时清点人数　　　　　　　　D. 地陪、全陪和领队密切配合

E. 加快旅行进度

## 参考答案及解析

### 一、判断题

1. ×　【解析】题干中的内容属于非责任事故。非责任事故是指非接待部门的原因或游客自身的原因造成的事故。虽然这类事故的责任不在旅游接待方,但是接待方有义务做好各项补救工作。

2. ×　【解析】游客在游览活动中走失,在用手机联络不上的情况下,地陪应该立即向团内其他游客了解情况并请领队、全陪迅速分头去寻找,自己带领其他游客继续游览。

3. ×　【解析】临行前,导游人员应安排充裕的时间去机场、车站、码头,乘国内航班要提前两个小时到达机场;乘火车提前一个小时到达车站;乘国际航班出境

或去沿海城市的航班要提前三个小时到达机场。

## 二、单项选择题

1. D 【解析】应由旅行社出具证明;请失主准备照片;失主本人持证明去当地公安局(外国人出入境管理处)报失,由公安局出具证明;持公安局的证明去所在国驻华使、领馆申请补办新护照;领到新护照后,再去公安局办理签证手续。

2. B 【解析】导游人员要不定时提醒旅游者保护好自己的随身物品。

3. C 【解析】导游人员在工作中需要旅游者的证件时,要经由领队收取,用毕立即如数归还,不要代为保管。

4. C

5. C 【解析】漏接是指旅游团抵达某站后,无导游人员迎接的现象。不管是什么原因导致的漏接,都要首先诚恳地赔礼道歉,力求取得旅游者的谅解。其次,导游人员要加倍努力地为旅游者提供更加热情周到的导游服务,力争以实际行动来取得旅游者的谅解。总之,努力将旅游者的不良情绪化解在当地以消除投诉的隐患。

6. B

7. B 【解析】所谓空接是指由于某种原因旅游团推迟抵达某站,导游人员仍按原计划预定的班次或车次接站而没有接到旅游团。

## 三、多项选择题

1. ABCD 【解析】误机(车、船)事故的处理,应做到以下几点:(1)立即报告旅行社。(2)马上与机场有关部门联系,争取推迟起飞时间。(3)稳定旅行者情绪,安排好滞留期间的生活。(4)及时通知下一站,对日程做出相应调整。(5)向旅游者赔礼道歉。(6)写出事故报告,说明事故原因和责任。

2. ABC 【解析】漏接是指旅游团(者)抵达一站后,无导游人员迎接的现象。漏接发生的原因主要包括两方面。一是导游人员主观原因造成的漏接:(1)导游人员未按服务程序要求提前到达接站地点;(2)导游人员工作疏忽,将接站地点搞错;(3)新旧时刻表交替,导游人员没有查对新时刻表,仍按旧时刻表时间去接旅游团;(4)由于某种原因,原定车次、班次变更使旅游团提前到达,但导游人员没有阅读变更通知仍按原计划去接团。二是客观原因造成的漏接:(1)原定班次或车次变更,旅游团提前到达,但本站接待社没有接到上一站接待社的通知;(2)本站接待社有关部门没有将旅游团因班次、车次变更提前到达的消息通知该团的导游人员,使导游人员仍按原计划去接团。D项属于造成空接的原因。因此正确答案选ABC项。

3. ABCD

# 第六章　旅游中自然灾害及安全事故的处理

掌握地震、泥石流、洪水、台风、海啸等重大自然灾害的避险方法；掌握旅游交通事故、治安事故、火灾事故、食物中毒、溺水等事故的预防与处理方法；熟悉晕车(机、船)、中暑等旅游常见疾病和急症的预防与现场处置措施；掌握游客在旅游过程中患病的处理方法，熟悉游客死亡的处理方法；

同步练习

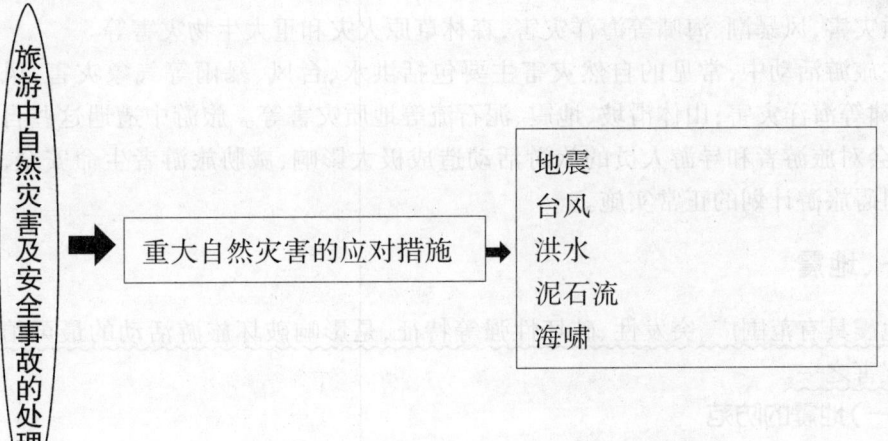

135

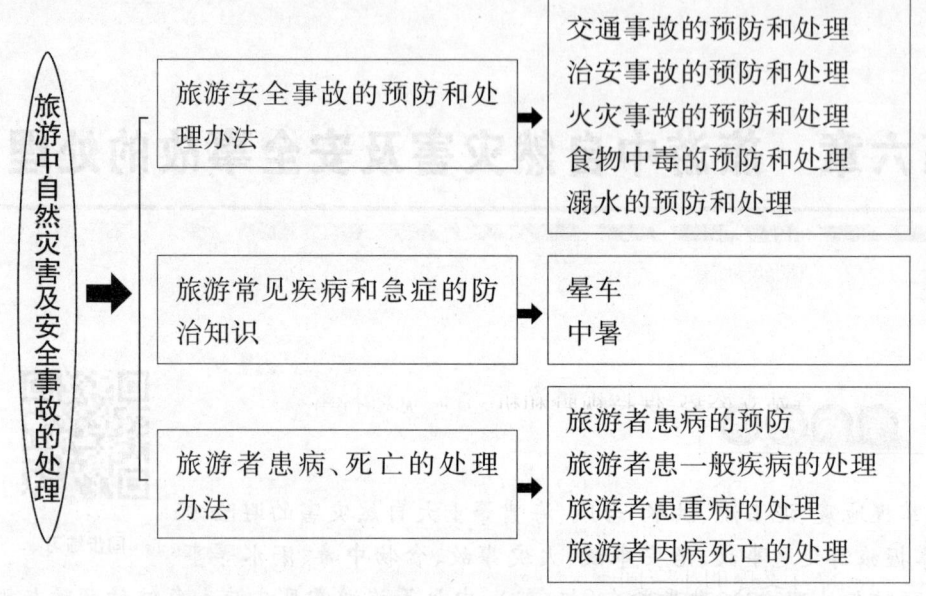

## 第一节 重大自然灾害的应对措施

自然灾害是指给人类生存带来危害或损害人类生活环境的自然现象,包括干旱、洪涝、台风、冰雹、暴雪、沙尘暴等气象灾害,火山、地震、山体崩塌、滑坡、泥石流等地质灾害,风暴潮、海啸等海洋灾害,森林草原火灾和重大生物灾害等。

在旅游活动中,常见的自然灾害主要包括洪水、台风、暴雨等气象灾害;风暴潮、海啸等海洋灾害;山体滑坡、地震、泥石流等地质灾害等。旅游中遭遇这些自然灾害,会对旅游者和导游人员的旅游活动造成极大影响,威胁旅游者生命安全,影响和阻碍旅游计划的正常实施。

### 一、地震

地震具有范围广、突发性、破坏性强等特征,是影响破坏旅游活动的最可怕的自然灾害之一。

#### （一）地震的防范

（1）注意收听有关信息播报。导游人员带团到地震多发区时,要留意当地的地震预报信息,以提前告知旅游者做好相关的心理和行动准备。

## 第六章 旅游中自然灾害及安全事故的处理

（2）导游人员应向游客介绍饭店、剧场等旅游团常到场所的防震标志、安全疏散通道以及简单的避震措施。

（3）导游人员要了解一些地震即将发生前的常见异常现象。

（4）带团到地震多发区时可将地震的逃生知识融会到日常讲解中，使旅游者掌握遭遇地震时的自我保护及逃生方法。

### （二）地震的应对

1. 紧急避震的方法

（1）伺机而动

地震发生时的十来秒内，导游人员要告知旅游者，千万不要惊慌，要立即灭火断电，努力保持站立姿势，保持视野和机动性，见机行事。

（2）因地制宜

如果地震发生时，旅游团在高层酒店内，导游要告诉游客最好就近在房间内寻找相对安全的地方避震。可能时，在两次震动之间撤至室外。

（3）寻找有支撑的小空间

地震时，应迅速躲靠在柜、桌等支撑力大而自身稳固性好的物件旁边；也可靠近墙根、墙角或远离窗户的地方，头部尽量靠近墙面；可进入卫生间、储物间等狭小并有承重墙的地方；不可躺卧，躲避时应蜷曲身体、蹲下、抱头、闭眼。

（4）近水不近火，靠外不靠内

尽量靠近水源处，保证生命的直接需要；不要选取建筑物的内侧位置，而应尽量靠近外墙并避开房角、窗户下和侧墙等薄弱部位。

2. 特殊场所的避震方法

（1）户外。导游人员应带领团队远离高大的建筑物，避开山崖、山脚、陡峭的山坡等环境，尽快到开阔、安全的地方避险。遇到地震引发的山崩、滑坡，导游要指挥旅游者垂直于滚石前进的方向跑，切不可顺着滚石的方向往山下跑。

（2）旅游车行进途中。大巴立刻减速，车立即开到远离道路处停车，避免在桥上、电线杆下等危险场所停留；导游人员应当告诉旅游者抓牢扶手、降低重心、保护头部，紧缩身体并做好防御姿势，以免摔伤或碰伤，待地震过去之后再下车；如果地震时旅游车刚好在立交桥上，导游人员应让司机立刻打开车门，指挥旅游者迅速撤离车厢并带领旅游者迅速步行下桥躲避。

（3）公共场所。导游人员应事先了解娱乐场所、商场、剧院等人员集中地方的周围环境，弄清楚疏散通道的位置。地震时带领游客迅速撤离，避免被挤到墙壁或栅栏处,同时还要注意避开吊灯、电扇等悬挂物。来不及撤离时,导游人员要迅速安抚旅游者情绪并指挥他们就近躲藏在桌子、椅子、舞台等的旁边,切忌旅游者在慌乱中一齐涌向出口造成踩踏伤亡事件。

## 二、台风

台风常伴有狂风、暴雨、巨浪等现象,而且活动范围很大,有着强大的破坏力,影响旅游活动的正常进行。

### (一)台风的防范

(1)<u>在台风盛行的时节前往台风影响地区出游</u>,导游人员可通过各种媒体及时了解当地的天气预报信息。一旦知道台风要来的消息,要及时调整行程以及协助旅游者做好相关的防御准备。

(2)<u>注意台风预警信号</u>。台风预警信号根据逼近时间和强度分为四级,由弱到强依次为蓝色、黄色、橙色和红色。

### (二)台风的应对

#### 1.室内合理避险

台风发生时,导游人员要告知旅游者远离窗户,切断电源,躲在没有窗户的房间里;龙卷风来袭,要躲在小开间或转移到地下室、防空洞等地方,面向墙壁抱头蹲下;如身处危险房屋和活动房屋,要跑出住宅。

#### 2.室外有效避险

导游人员应带领旅游者寻找一些相对结实的建筑物作为掩体;尽量不在广告牌以及居民楼下行走,以免重物坠落伤人;遭遇强风时,应采取蹲姿或俯卧;遭遇龙卷风袭击时,应寻找沟渠、河床等低洼地带或平伏于地面较低的地方趴下,脸朝下,闭上眼,用双手保护好头部。

#### 3.风灾来临

导游人员不要带领旅游团靠近大树、广告牌、电线杆、高压线和高大建筑;行走在街道上,要注意楼房阳台上坠落的花盆等物品;在山区旅游时,要注意暴雨带来的泥石流、滑坡、塌方等影响旅游的自然灾害。

## 三、洪水

洪水是暴雨、急剧融冰化雪、风暴潮等自然因素引起的江河湖泊水量迅速增加,或者水位迅猛上涨的一种自然现象,是自然灾害。

## 第六章 旅游中自然灾害及安全事故的处理

### （一）洪水的预防

（1）旅游前要了解目的地及经过路段是否经常有山洪或泥石流暴发,要避开这些地区。山洪和泥石流的发生通常有一定季节特征,在多发季节内不到这些地区旅游。

（2）在不熟悉的山区旅行,要有向导,避开一些地质不稳定地区。

（3）要注意天气预报,凡有暴雨或山洪暴发之可能,就不能贸然出行。

### （二）山区旅游遭遇暴雨洪灾的应对

（1）山区旅游时遇到暴雨,应立即停止旅游,尽快带旅游者下山。

（2）如因山洪暴发,河水猛涨已无法前进或返回,导游人员要带领旅游者选择高处或山洞等离开山洪暴发处较远的地方休息,等待救援。

（3）平原地区遭遇洪水,导游人员要指挥旅游者向山冈、楼房等高层建筑处转移,必要时爬上高树也可暂时避难。

（4）如旅游车行进途中遭遇暴雨,导游人员应提醒司机将车辆开到就近安全的地方后停止行驶,并打电话向地接社汇报情况并请求援助。

（5）导游人员通过通讯工具请求救援,无通讯工具时,可点燃火堆并将湿树枝等放进去以便冒出大量浓烟,方便救援人员及时找到团队。

## 四、泥石流

泥石流经常发生在峡谷地区,是山区最严重的自然灾害。泥石流的流速很快,有很大冲击力,会对旅游者的生命和财产造成重大的损害。

### （一）泥石流伤害事故的防范

（1）在雨季或下雨时,导游人员不要带领游客在山谷水流汇集处活动。

（2）在山地活动或游览时,如果遇到大雨,导游人员必须让大家选择山脊或者有许多树木的山坡上通过,千万不能走两山之间的低谷。

### （二）泥石流的应对

（1）泥石流发生时,导游人员应迅速引导游客抛掉重物,向山坡高地撤离。

（2）逃离方向要与泥石流的流向垂直,即向两侧高处撤离。

（3）到了安全地带,游客应集中在一起,等待救援。

## 五、海啸

海啸是由水下地震、火山爆发或水下塌陷和滑坡等大地活动造成的海面恶浪,

并伴随巨响的自然现象。是一种具有强大破坏力的海浪,是地球上最强大的自然力。

**(一)海啸的防范**

海啸在发生之前会出现一些征兆,常见的前兆现象大致有四种:

(1)海水异常暴退或暴涨;

(2)是离海岸不远的浅海区,海面突然变成白色,其前方出现一道长长的明亮的水墙;

(3)位于浅海区的船只突然剧烈地上下颠簸;

(4)突然从海上传来异常的巨大响声,在夜间尤为令人警觉。

这四种宏观前兆现象是由海啸发生和传播的机制造成的。一旦上述征兆发生,导游人员需立即带领游客离开海岸,快速到高地等安全处避难。此外,地震也是海啸的最重要的征兆,同时如果遇到很强大的震动,要远离海边以及海口。

**(二)海啸的应对**

(1)如果落水者受伤,应采取止血、包扎、固定等急救措施,重伤员则要及时送医院救治。要记住及时清除落水者鼻腔、口腔和腹内的吸入物。如心跳、呼吸停止,则应立即交替进行口对口人工呼吸和心脏按压。

(2)在海中,遇到海啸时,要尽量抓住大的漂浮物,注意避免与其他硬物碰撞。在水中不要举手,也不要乱挣扎,应尽量减少动作,能浮在水面随波漂流即可。尽量不要游泳,以防体内热量过快散失。不要喝海水,海水不能解渴,反而会让人出现幻觉,导致精神失常甚至死亡。要尽可能向其他落水者靠拢,以扩大目标,便于救援人员发现。

## 第二节 旅游安全事故的预防和处理办法

凡涉及旅游者人身、财产安全的事故均为旅游安全事故。旅行社接待过程中可能发生的旅游安全事故,主要包括交通事故、治安事故、火灾、食物中毒等。

### 一、交通事故的预防和处理

**(一)交通事故的预防**

交通事故是难以预料的突发事件,不仅给游客带来莫大的伤害,而且也给旅行社带来重大损失。所以,尽量避免和减少交通事故的发生,保证游客的安全,是导

## 第六章 旅游中自然灾害及安全事故的处理

游人员的职责。在旅行活动中,交通事故主要是汽车交通运输事故。为此,导游人员应该做好有关预防工作。

(1)导游人员要提醒驾驶员提早检查汽车的车况,如发现事故的隐患,及时提出更换车辆的建议。

(2)安排行程时,在时间上要留有余地,以免司机疲劳驾驶、超速行驶、违章驾车。

(3)如遇天气不好(下雪、下雨、有雾)、交通堵塞、路况不好,尤其是在狭窄道路、山区行车时,导游人员要主动提醒司机注意安全,谨慎驾驶。

(4)如遇天气恶劣或道路不安全,地陪应向游客说明情况,征得游客的同意后,对日程安排作出适当调整。

(5)导游人员应阻止非本车司机开车,还要提醒司机在工作期间不能喝酒。若遇司机饮酒,导游人员要加以劝阻;司机不听劝告,要立即报告旅行社,请求改派车辆或更换司机。

(6)导游人员若和司机有争执,一定要留待下团后解决。不应在途中与司机闲谈,不要在接待过程中争持,以免造成司机赌气驾车。

### (二)交通事故的处理

**1. 立即组织抢救**

发生交通事故出现伤亡时,导游人员应立即组织现场人员迅速抢救受伤的游客,特别是抢救重伤员。如不能就地抢救,应立即将伤员送往距出事地点最近的医院抢救。

**2. 保护现场,立即报案**

事故发生后,不要在忙乱中破坏现场,应指定专人保护现场,并尽快通知交通、公安部门(交通事故报警电话是122),请求派人来现场调查处理。

**3. 迅速向旅行社汇报**

将受伤者送往医院后,导游人员应迅速向接待社领导报告交通事故的发生及旅游者伤亡的情况,听取领导对下一步工作的指示。

**4. 做好全团旅游者的安抚工作**

交通事故发生后,导游人员应做好团内其他旅游者的安抚工作,继续组织安排好参观游览活动。事故原因查清后,请旅行社领导出面向全团旅游者说明情况。

**5. 善后工作**

请医院开具诊断和医疗证书,并请公安局开具交通事故证明书,以便向保险公司索赔。

#### 6. 写出书面报告

交通事故处理结束后,导游人员要写出事故报告。内容包括:事故的原因和经过;抢救经过、治疗情况;人员伤亡情况和诊断结果;事故责任及对责任者的处理;旅游者的情绪及对处理的反映等。报告力求详细、准确、清楚(最好和领队联署报告)。

## 二、治安事故的预防和处理

在旅游活动过程中,遇到坏人行凶、诈骗、偷窃、抢劫,导致旅游者身心及财物受到不同程度的损害,统称治安事故。导游人员在陪同旅游团(者)参观游览过程中遇到治安事故,必须挺身而出保护旅游者,决不能置身事外,更不得临阵脱逃。

### (一)治安事故的预防

导游人员在接待工作中要时刻提高警惕,采取有效的措施防止治安事故的发生。

(1)提醒旅游者不要将房号随便告诉陌生人;不要让陌生人或自称饭店的维修人员随便进入房间;出入房间锁好门,尤其是夜间不可贸然开门,以防止发生意外;不要与私人兑换外币等。

(2)入住饭店后,导游人员应建议旅游者将贵重财物存入饭店保险柜,不要随身携带或放在房间内。

(3)离开游览车时,导游人员要提醒旅游者不要将证件或贵重物品遗留在车内。旅游者下车后,导游人员要提醒司机锁好车门、关好车窗。

(4)在旅游活动中,导游人员要始终和旅游者在一起,注意观察周围的环境,经常清点人数。

(5)汽车行驶途中,不得停车让无关人员上车;若有不明身份者拦车,导游人员提醒司机不要停车。

### (二)治安事故的处理

发生治安事故,导游人员应做好如下工作:

#### 1. 保护旅游者的人身、财产安全

若歹徒向旅游者行凶、抢劫财物,在场的导游人员应毫不犹豫地挺身而出,勇敢地保护旅游者。立即将旅游者转移到安全地点,力争与在场群众、当地公安人员缉拿罪犯,追回钱物;如有旅游者受伤,应立即组织抢救。

## 第六章 旅游中自然灾害及安全事故的处理

### 2. 立即报警

治安事故发生后，导游人员应立即向当地公安部门报案并积极协助破案。报案时要实事求是地报告事故发生的时间、地点、案情和经过，提供作案者的特征，受害者的姓名、性别、国籍、伤势及损失物品的名称、数量、型号、特征等。

### 3. 及时向领导报告

导游人员要及时向旅行社领导报告治安事故发生的情况并请求指示，情况严重时请领导前来指挥、处理。

### 4. 安抚旅游者的情绪

治安事故发生后，导游人员应采取必要措施安抚旅游者的情绪，努力使旅游活动顺利地进行下去。

### 5. 写出书面报告

导游人员应写出详细、准确的书面报告，报告除上述内容外，还应写明案件的性质、采取的应急措施、侦破情况、受害者和旅游团其他成员的情绪及有何反映、要求等。

### 6. 协助领导做好善后工作

导游人员应在领导指挥下，准备好必要的证明、资料，处理好各项善后事宜。

## 三、火灾事故的预防和处理

火灾事故是指由时间和空间上失去控制的燃烧导致的财物的损失或人员的损伤。如高层建筑、人群密集的公共场所和交通工具等都是火灾的易发地。

### （一）火灾事故的预防

#### 1. 做好提醒工作

提醒游客不要携带易燃、易爆危险品；不要乱扔烟头和火种，在酒店客房里不要躺在床上吸烟；向游客讲清楚，在托运行李时应按各运输部门的有关规定，不将危险物品作为托运行李托运，也不可将危险物品夹带在随身行李中。

#### 2. 熟悉安全通道或出口等转移路线

在带领游客入住饭店后，在介绍饭店内的服务设施时，必须介绍饭店楼层的太平门、安全出口、安全楼梯的位置，并提醒游客进入房间后，看懂房门后面的"安全转移线路示意图"，掌握一旦发生火灾时应走的线路。

如在公共场所或交通工具上，应将逃生出口明确告知游客，一旦发生火灾时，做到心中有数。

### 3. 牢记火警电话号码(119)

导游人员一定要牢记火警电话；掌握领队和全体游客的房间号码，以便失火时及时通知他们。一旦火情发生，要及时通知游客。

## (二)火灾事故的处理

### 1. 不同场所火灾事故的应对

**(1) 高层建筑**

①旅游团入住的酒店一旦发生火灾，导游人员应立即报警；然后迅速通知领队及全体游客，通过安全出口逃离；切记不能让游客搭乘电梯或慌乱跳楼；当饭店工作人员组织抢救时，要配合工作人员，听从统一指挥。

②如果情况危急，不能马上离开火灾现场或被困的，导游人员应采取正确的方法，引导游客。要提示游客用湿毛巾捂住口、鼻，尽量使身体重心下移，使面部贴近墙壁、墙根或地面。

③如需穿过浓烟逃离时，可用水将全身浇湿或披上浸湿的衣服或被子，然后捂住口鼻，贴近地面蹲行或爬行；若身上着火时，可就地打滚，将火苗压灭，或用厚重的衣物压灭火苗。

④大火封门无法逃脱时，可用浸湿的衣物、被褥将门封堵塞严，或泼水降温，等待救援。

⑤当见到消防人员来灭火时，可以摇动色彩鲜艳的物品为信号，争取救援。

**(2) 人群密集场所**

①在旅游景点或商场发生火灾时，导游人员应沉着、冷静。

②迅速寻找安全通道和安全门的位置，引领游客按人流的流向撤离，切不可逆着人流的方向行走，以免造成不必要的踩踏，造成二次伤害。

**(3) 旅游汽车上**

①在旅游汽车上，一旦发生火灾，马上提醒司机立即将车门打开，迅速引导游客安全下车。

②如果车门因故障无法打开时，导游人员应提示坐在车窗旁的游客，寻找硬物打击玻璃窗，然后引导游客从窗户逃离车厢。

③当游客离开车厢后，应迅速组织游客远离汽车，以免汽车因燃烧过度引起汽油爆炸，造成二次伤害。

### 2. 妥善处理善后工作

当事故平稳后，全陪和地陪应立即分别向组团社和地接社的领导和有关人员

## 第六章 旅游中自然灾害及安全事故的处理

报告,将事故发生的经过和结果做出明晰的汇报,并按旅行社相关领导的指示行事。事故发生后,导游人员要时刻保持清醒的头脑,要适时、恰当地给予游客心理安慰,做好安抚工作,以便未完成的旅程能顺利完成。

### 四、食物中毒的预防和处理

旅游者因食用变质或不干净的食物常会发生食物中毒。其特点是:潜伏期短,发病快,且常常集体发病,若抢救不及时会有生命危险。

#### (一)食物中毒的预防

为防止食物中毒事故的发生,导游人员应:

(1)严格执行在旅游定点餐厅就餐的规定。

(2)提醒游客自带食品要确保卫生,尽量不含汤水,不带易腐烂变质的食物。

(3)提醒旅游者不要在小摊上购买食物。

(4)用餐时,若发现食物、饮料不卫生,或有异味变质的情况,导游人员应立即要求更换,并要求餐厅负责人出面道歉,必要时向旅行社领导汇报。

#### (二)食物中毒的处理

(1)设法催吐,让食物中毒者多喝水以加速排泄,缓解毒性。

(2)立即将患者送医院抢救,请医生开具诊断证明。

(3)迅速报告旅行社并追究供餐单位的责任。

### 五、溺水的预防和处理

溺水症状表现为:由于窒息,脸部青紫和肿胀,双眼充血,鼻腔、口腔、气管充满泡沫,肢体冰冷,不省人事,胃内积水,上腹肿大,甚至呼吸、心跳停止。

#### (一)溺水的预防

(1)在河、湖边游览时,地陪要提醒旅游者,尤其要提醒孩子、老人不要太靠河、湖边行走,以免落水。

(2)在乘船和竹筏时,要提醒旅游者不要超载、不能打闹。

(3)不让旅游者在非游泳区游泳;在旅游区游泳前,要提醒旅游者做好全身准备活动,提醒水性不好者不去深水处游泳;提醒父母监护好自己的孩子。

(4)进行水上活动时,应穿好救生衣,带好救生圈等救护设备。

(5)将码头的电话告知旅游者,以备天气突变时与之联系。

## (二)溺水的处理

有人落水或在游泳、水上活动时发生危险,导游人员应:

(1)立即组织抢救,必要时请救生员、救生艇协助救援;将溺水者救出水后,迅速清除口鼻内污物,拉出舌头,保持呼吸道通畅。

(2)救上岸后,将其置于俯卧位(可将患者腹部放在抢救者膝上),头部朝下,按压其背部使积水流出。如呼吸、心跳停止,立即进行口对口人工呼吸及胸外按压。

(3)待溺水者恢复呼吸、心跳和知觉后,注意换去湿衣服,给予保温,饮用热汤水,并尽快送医院进一步治疗。

# 第三节　旅游常见疾病和急症的防治知识

## 一、晕车

晕动病是汽车、轮船或飞机运动时所产生的颠簸、摇摆或旋转等任何形式的加速运动,刺激人体的前庭神经而发生的疾病。在旅游活动中,遇到旅游者晕车,导游人员应做到:

(1)在游览前,导游应了解游客中有晕车的情况,事先通知他们服晕车药,并劝告他们少进食。

(2)上车后应照顾他们尽量坐在车的前部,靠车窗的位置,以防止晕车。

(3)如已发生晕车应让患者勒紧裤带,防止内脏震动加重病情。

(4)同时与司机联系,求得他的协助。

## 二、中暑

中暑是在烈日下或高温环境里,人体内热量不能及时散发,引起机体体温调节发生障碍的一种急性疾病。按中暑程度可分为轻度中暑和重症中暑。轻症中暑的症状有头晕、眼花、耳鸣、面色潮红、胸闷、皮肤灼热、体温升至38度以上,甚至出现面色苍白、恶心、呕吐、汗多、脉搏细弱、呼吸浅快等早期循环衰竭征象。重症中暑除出现以上症状,往往还会出现昏倒、痉挛或皮肤干热,体温超过40度。

### (一)中暑的防范

1. 防止暴晒

在高温天气导游人员应提醒旅游者减少外出旅游,暂停户外或室外大型聚会,尽量留在室内并避免阳光直射;必须外出时提醒旅游者带遮阳伞,穿浅色衣服,戴太阳镜等,避免烈日直接暴晒头部;做好防晒工作,每隔2小时涂抹一次防晒霜,而且要充分涂抹在脸颈部、背部和手臂等位置。

2. 防暑降温

旅游前提醒旅游者要保证充足的睡眠,天热时行程、时间安排要宽松一些。旅游时提醒旅游者不要携带过多、过重的东西,避免过度劳累和出汗过多。提醒旅游者带折叠扇以及清凉油等防暑药品,注意及时补充水分。

3. 防止室内中暑

导游人员要注意旅游中的住处和临时休息场所的环境、条件,要有通风和降温的设施,以防室内中暑。

4. 合理安排行程

夏季中午气温高时不宜带旅游者在太阳底下长时间游览,对老人、儿童尤其要多加注意,在带团过程中要保证他们在旅途过程中能有适当的休息时间。

(二)中暑的应对

高温天气旅游,导游人员如发现游客有大汗淋漓、恶心、呕吐、头痛、头昏眼花、全身无力等症状,可判断是中暑。应立即采取如下措施:

1. 轻度中暑

(1)迅速将旅游者转移到阴凉、通风的地方静卧休息。

(2)松解旅游者的衣裤纽扣和鞋带,最好把鞋子、袜子脱掉,敞开其衣服,以加快散热。

(3)马上给中暑的旅游者补充水分,有可能的话让他喝些盐水或清凉饮料。

(4)让旅游者自己服用一些药物,如藿香正气水等,还可以在其太阳穴、人中穴搽些风油精。

2. 重度中暑

(1)冷敷降温。把毛巾在微温的水中浸湿,敷在中暑旅游者的额头、胸腹及四肢上,进行物理降温。

(2)如果中暑者已经昏迷,导游人员可采取必要的措施。比如要让患者仰卧、头后仰,以保证呼吸道畅通而避免窒息致死;用拇指掐其人中穴、十宣穴等方式刺激其苏醒。

(3)立即送往医院治疗。

## 第四节 旅游者患病、死亡的处理办法

旅游劳累、气候变化、水土不服或饮食起居不惯,旅游者尤其是年老体弱者难免会感到身体不适,导致患病;在旅途中,旅游者突然患病、患重病需抢救、病危甚至死亡的事也有发生。如果遇到旅游者患病,甚至出现死亡情况时,导游人员要冷静对待、沉着处理,而且要努力使旅游活动继续进行。

### 一、旅游者患病的预防

(1)接待前,导游人员应认真分析、研究旅游团人员情况,根据旅游团成员的年龄、身体状况周密安排游览活动。

(2)制定计划、安排活动日程要留有余地,做到劳逸结合。同日参观的游览项目不能太多;体力消耗大的项目不要集中安排;晚间活动安排时间不宜过长。

(3)提醒旅游者注意饮食卫生,如不要买小贩的食品,不喝生水和不洁的水等。

(4)做好天气预报工作。提醒旅游者及时增减衣服、带雨具等;气候干燥的季节,提醒旅游者多喝水、多吃水果等。

### 二、旅游者患一般疾病的处理

(1)劝其及早就医并多休息。旅游者患一般疾病时,导游人员要劝其尽早去医院看病,并留在饭店内休息。如有需要,应陪同患者前往医院就医。

(2)关心旅游者的病情。如果旅游者留在饭店休息,导游人员要前去询问其身体状况并安排好用餐,必要时通知餐厅为其提供送餐服务。

(3)向旅游者讲清看病费用自理。

(4)严禁导游人员擅自给患者用药。

### 三、旅游者患重病的处理

旅游者突患重病,尤其在旅行途中患病,是个相当棘手的问题。导游人员要全力以赴,积极抢救。

#### (一)旅行途中旅游者患重病

在旅行途中旅游者突然患病,导游人员应采取措施就地抢救。请求机组人员、列车员或船员在飞机、火车、轮船上寻找医生并通知下一站急救中心和旅行社准备抢救。若乘旅游车前往景点途中旅游者患重病,必须立即将其送往就近的医院,可拦车将其送医院,必要时暂时中止旅行,让患者随旅行车去医院;应及早通知旅行社,请求指示和派人协助。在饭店有旅游者患重病,先由饭店医务人员抢救,然后送医院。

### (二)注意事项

在抢救病重、病危旅游者时,导游人员要注意下述几点:

(1)送重病患者去医院途中,须由患者亲属、领队或由领队指定的旅游者陪同前往。

(2)在抢救过程中须有同团旅游者在场,有关旅行社的领导最好也在场;动手术前须征得患者亲属或旅游团领队的同意并由他们签字。

(3)患者病危,亲属不在身边,导游人员要提醒领队与患者所属国驻华使、领馆联系,由其通知国内的家属速来华陪伴;家属来到后,导游人员要协助解决生活方面的问题;若找不到亲属,一切按使、领馆的书面意见处理。

(4)由主治医生签字的有关诊治、抢救及动手术的书面材料由医院妥善保管,以备查验。

(5)患者转危为安但仍需住院治疗,不能随团离境,旅行社领导和导游人员(主要是地陪)要不时去医院探望以示关怀;帮助患者办理分离签证、延期签证以及出院、回国手续及交通票证等善后事宜。

(6)患者住院及医疗费用自理,患者离团住院时未享受的综合服务费由旅行社之间结算,按规定退还本人;患者亲属在华期间的一切费用自理。

## 四、旅游者因病死亡的处理

出现旅游者死亡的情况时,导游人员应立即向当地接待社报告,按当地接待社领导的指示做好善后工作。同时,导游人员应稳定其他旅游者的情绪,并继续做好旅游团的接待工作。

如死者的亲属不在身边,导游人员必须立即通知其亲属;如死者的亲属系外籍人士,应提醒领队或经由外事部门及早联系死者所属国驻华使、领馆,通知其亲属来华。

由参加抢救的医师向死者的亲属、领队及死者的好友详细报告抢救经过,并写出抢救经过报告、死亡诊断证明书,由主治医师签字后盖章并复印,分别交给死者的亲属、领队和旅行社。

对死者一般不做尸体解剖,如要求解剖尸体,应由死者的亲属或领队提出书面申请,经医院同意后方可进行。

死者的遗物由其亲属或领队、死者生前好友代表、全陪、接待社代表共同清点,列出清单,一式两份,上述人员签字后分别保存。遗物由死者的亲属或领队带回(或交使、领馆)。

如需要,请领队向全团宣布对死者的抢救经过。

遗体的处理,一般应以在当地火化为宜。遗体火化前,应由死者的亲属或领队(或代表)写出火化申请书并签字,交我方保留。

死者的亲属要求将遗体运送回国,除需办理上述手续外,还应由医院对尸体进行防腐处理,由殡仪馆成殓,并发给装殓证明书。(灵柩要用铁皮密封,外廓要包装结实)

如旅游者死亡地点不是出境口岸,应由地方检疫机关发给死亡地点至出境口岸的检疫证明"外国人运带灵柩(骨灰)许可证",然后由出境口岸检疫机关发给中华人民共和国检疫站"尸体灵柩进出境许可证",再由死者所持护照国驻华使、领馆办理一张遗体灵柩经由国家的通行护照,此证随灵柩一起同行。

一、判断题

1. 旅游车在行进途中遭遇地震,大巴车应该立刻减速,车停到远离道路处停车,旅行者立即下车。( )

2. 旅游团住在一家酒店的六层,深夜三层起火,酒店立即发出警报,要求旅客尽快撤离,此时旅客应该乘电梯撤离。( )

3. 游客遗体火化前,应由死者的家属、代表或领队写出火化申请书。( )

二、单项选择题

1. 游客发生食物中毒,出现上吐下泻症状,此时导游人员首先应该( )。
    A. 立即打电话报警　　　　　　　B. 迅速报告旅行社
    C. 马上追究供餐单位责任　　　　D. 设法催吐

2. 旅游者在华旅游期间病故,其亲属要求解剖尸体,应由死者亲属或领队提出书面申请,并经( )同意后方可进行。
    A. 组团社　　　　　　　　　　　B. 接待社
    C. 公安局　　　　　　　　　　　D. 医院

## 第六章 旅游中自然灾害及安全事故的处理

3. 游客意外死亡,若死者亲属要求将遗体运回国内,尸体"装殓证明书"由( )办理。
   A. 殡仪馆                B. 民政部门
   C. 医院                  D. 地方检疫机关

4. 下列旅游事故不属于旅游安全事故的是( )。
   A. 旅游车发生交通事故    B. 坏人抢劫游客财物
   C. 游客食物中毒          D. 航班因天气原因取消

5. 在旅游活动中,一旦发生交通事故,导游人员首先应该( )。
   A. 迅速向旅行社汇报      B. 组织抢救伤者
   C. 保护现场、立即报案    D. 安抚全团旅游者情绪

### 三、多项选择题

1. 交通事故处理结束后,导游人员要写出事故报告,在报告中除了要写明事故的原因和经过外,还必须写清楚( )。
   A. 旅游车的牌号          B. 抢救经过
   C. 事故责任及对责任者的处理  D. 全体旅游团的名单
   E. 旅游者的情绪及对处理的反应

2. 下列属于自然性故障的有( )。
   A. 山洪暴发              B. 大雾天气
   C. 公路坍塌              D. 丢失钱物
   E. 丢失证件

3. 在对一般中暑旅游者的急救措施中,描述正确的是( )。
   A. 迅速送往医院          B. 可能时让其饮用含盐饮料
   C. 置于阴凉通风处        D. 解开衣领,放松裤带
   E. 人工呼吸

4. 为避免在旅游过程中发生交通事故,( )。
   A. 导游人员应合理安排日程,以免司机为赶时间而开快车
   B. 导游人员应提醒司机不开"英雄"车,不酒后开车,不疲劳开车
   C. 导游人员不应在途中与司机闲谈
   D. 导游人员有驾照的情况下,可以帮司机开车以缓解其疲劳
   E. 与司机热情交谈

5. 发生交通事故时,导游人员要(　　)。
A. 迅速向旅行社汇报　　　　B. 组织抢救伤员
C. 保护现场,立即报案　　　D. 处理善后事宜
E. 寻求路人帮助

# 参考答案及解析

**一、判断题**

1. × 【解析】在行进途中遭遇地震,大巴车立刻减速,车立即开到远离道路处停车,避免在桥上、电线杆下等危险场所停留;导游人员应当告诉旅游者抓牢扶手、降低重心、保护头部,紧缩身体并做好防御姿势,以免摔伤或碰伤,待地震之后再下车。

2. × 【解析】旅游团入住的酒店一旦发生火灾,导游人员应该立即报警;然后迅速通知领队和全体游客,通过安全出口逃离;切记不能让游客搭乘电梯或慌忙跳楼。

3. √ 【解析】出现旅游者死亡的情况时,遗体的处理,一般应以在当地火化为宜。游客遗体火化前,应由死者的家属、代表或领队写出火化申请书。

**二、单项选择题**

1. D 【解析】顺序应该是设法催吐,多喝水加速排泄,缓解毒性;立即将患者送医院抢救,请医生开具诊断证明;迅速报告旅行社并追究供餐单位责任。

2. D 【解析】如要求解剖尸体,应由领队或死者亲属提出书面申请,经医院同意方可进行。

3. A

4. D

5. B 【解析】发生交通事故时,导游人员应立即组织现场人员迅速抢救受伤的游客,特别是抢救重伤者。如不能就地抢救,应立即将伤员送往距出事地点最近的医院抢救。不要在忙乱中破坏现场,应指定专人保护现场,并尽快通知交通、公安部门(交通事故报警电话是122),请求派人来现场调查处理。迅速向旅行社报告并做好安抚工作。写出书面报告。

## 第六章 旅游中自然灾害及安全事故的处理

### 三、多项选择题

1. BCE 【解析】交通事故处理结束后,导游人员要立即写出书面报告。报告的内容包括:事故的原因和经过;抢救经过和治疗情况;人员伤亡情况和诊断结果;事故责任及对责任者的处理结果;旅游者的情绪及对处理的反应等。

2. ABC 【解析】自然性故障是由不可抗因素所造成的旅游故障。丢失钱物和证件不是由不可抗因素造成的,属主观行为。

3. BCD 【解析】对于一般中暑旅游者,可将其置于阴凉通风处、可能时让其饮用含盐饮料、解开衣领,放松裤带。

4. ABC

5. ABCD 【解析】导游人员应该做到:(1)立即组织抢救。导游人员应立即组织现场人员迅速抢救受伤的旅游者,特别是抢救重伤员,并尽快让旅游者离开事故车辆。立即打电话叫救护车或拦车将重伤员送往距离出事地点最近的医院抢救。(2)立即报案,保护好现场。(3)迅速向接待社报告。地陪应迅速和接待社领导和有关人员报告,请求派人前来帮助和指挥事故的处理,并要求派车把未伤和轻伤的旅游者接走送至饭店或继续旅游活动。(4)做好安抚工作。事故发生后,交通事故的善后工作将由交运公司和旅行社的领导出面处理。导游人员在积极抢救、安置伤员的同时,做好其他旅游者的安抚工作,力争按计划继续进行参观游览活动。待事故原因查清后,请旅行社领导出面向全体旅游者说明事故原因和处理结果。(5)请医院开出诊断和医疗证书,并请公安局开具交通事故证明书,以便向保险公司索赔。(6)写出书面报告。交通事故处理结束后,需有关部门出具有关事故证明、调查结果,导游人员要立即写出书面报告。

# 第七章 导游带团技能

了解导游带团的特点和原则;熟悉导游主导地位的确立和导游形象的塑造;掌握导游提供心理服务、活跃气氛、引导游客审美、组织和协调、接待重点游客的方法和技巧。

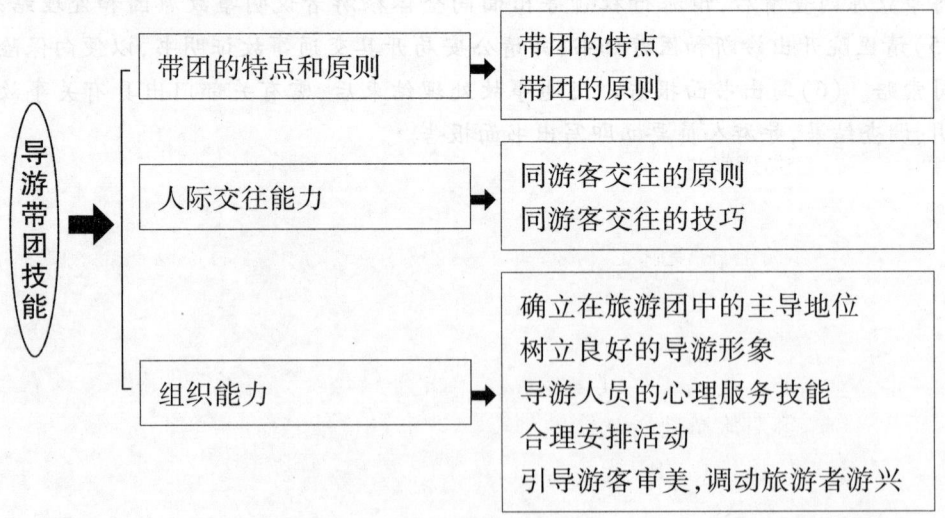

# 第七章 导游带团技能

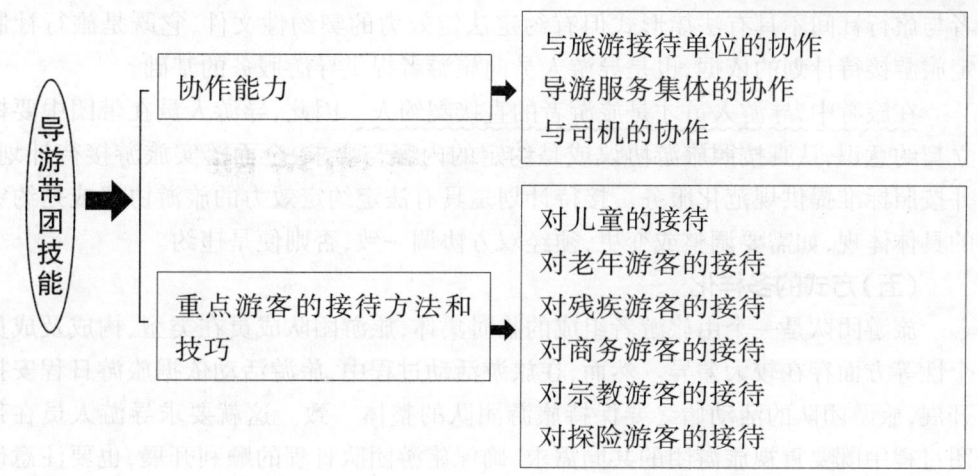

# 第一节 带团的特点和原则

## 一、带团的特点

### （一）工作的流动性

导游人员的工作环境不是静止的，正如一位导游人员写道："如果说旅游业也有厂房的话，那么遍布神州的名胜古迹、风光如画的旅游胜地，以及风格各异的酒楼宾馆，就是那大大小小的车间。如同工人眼里的机器、农民眼中的土地一样，这些是我每天工作的地方。"

### （二）接触的短暂性

导游人员为不同旅游团队的游客以及众多的散客服务，接待并为游客服务的时间相对较短，和游客的接触也不深，即使遇上个别爱挑剔的游客也只是相处几天而已。

### （三）服务的主动性

导游人员的职责决定了其是旅游团队的聚焦点，是带团过程中的中心人物。导游人员与游客对旅游地所掌握的信息具有不对称性，因而导游人员负有组织游客、联系交往、传播信息的职能。

### （四）服务的契约性

旅游者与旅行社所签订的旅游协议或是旅游者与旅行社间达成的约定是旅游

者与旅行社间不具有法律形式但有约定法定效力的契约性文件,它既是旅行社制定旅游接待计划的依据,也是导游人员向旅游者提供导游服务的基础。

在旅游中,导游人员才是旅游者的直接契约人。因此,导游人员在带团中要树立契约意识,认真按照旅游协议或是约定的内容与要求,全面落实旅游接待计划,并按照标准提供规范化服务。接待计划是具有法定约定效力的旅游协议或是约定的具体体现,如需要调整或变更,须经双方协调一致,否则便是违约。

### (五)方式的多样化

旅游团队是一个由旅游者组成的临时集体,旅游团队成员在类型、构成及成员个性等方面存在较大差异。然而,在旅游活动过程中,旅游活动依据旅游日程安排开展,旅游团队的活动始终要保持旅游团队的整体一致。这就要求导游人员在带团过程中既要重视旅游团的共同需求,确保旅游团队日程的顺利开展,也要注意研究个性特征,以提供有针对性的服务,展开多样化服务。

## 二、带团的原则

### (一)游客至上原则

导游人员应有责任感与使命感,工作中要明辨是非曲直,遇事能遵守职业道德并为游客着想。

### (二)履行合同原则

导游人员带团要以旅游合同为基础,是否履行旅游合同的内容是评估导游人员是否履行职责的基本尺度。这一标准涉及两个方面:一是企业内部制定的相关成本、责任等方面的约束;二是合同规定的相关的服务内容与等级要求。导游人员凡事既要设身处地为公司着想,也要为游客着想。

### (三)等距离交往原则

尊重是人际关系中的一项基本准则。不管游客是来自境外还是境内,是来自东方国家还是西方国家,也不管游客的肤色、宗教、信仰、消费水平如何,导游人员都应一视同仁地尊重他们。导游人员不应对一些游客表现出偏爱,导游人员应尽力把事情办得人人满意、皆大欢喜。除非特殊情况,导游人员采取的态度应是与每位游客保持等距离接触,对每一位游客都要友好、礼貌与殷勤。

### (四)服务至上原则

"服务至上"既是导游人员的一条服务准则,也是导游人员职业道德中一项最基本的道德规范,还是导游人员在工作中处理问题的出发点。"服务至上"的关键

## 第七章 导游带团技能

在于关心他人,导游人员要始终将游客放在心上,时时刻刻关心游客。

## 第二节　人际交往能力

### 一、同游客交往的原则

游客是旅游的主体,在旅游活动中处于中心地位。导游人员在与游客的交往中,必须认准自己的角色,摆正自己的位置,正确对待游客。这就要求导游人员遵循一定的原则,来指导和约束自己的行为。具体原则如下所述。

#### (一)以礼待客

导游人员与游客之间的关系是一种主客关系。游客期待导游人员对他们以礼相待,导游人员要充分地尊重游客。导游人员只有懂礼貌、关心人、热情友好、以礼待客,满足游客的自尊需求,拉近双方的心理距离,才有可能被游客视为"游客之友""游客之师",顺利地开展各项导游活动。

需要指出的是,"面子"也是影响人际关系的重要因素。人们期望在社会交往中受到尊敬和礼遇,在相互关系定位中处于优越的位置,并由此获得自尊心的满足,感到荣耀,"脸面"上有光彩。导游人员要注意对游客"讲情面""给面子""留面子"。当然,"面子"也是相互的,如果游客也给导游"面子",旅游活动就会顺利得多。

#### (二)以诚待客

恪守信誉、诚实无欺,是导游人员与游客交往的重要基础。作为旅行社的代表,导游人员要切实地按照旅游接待计划安排旅游活动,使游客同旅行社之间签订的协议或约定得到全面实施,使旅行社向游客所作的各种承诺不折不扣地得以兑现。导游人员不能以任何借口拖延和推托协议约定的内容,不能擅自增加、减少旅游项目或者中止导游服务,更不能欺骗、胁迫或者与经营者串通,设局诱骗游客消费。

#### (三)平等待客

导游人员与游客之间的角色关系虽然是服务与接受服务的关系,但二者的人格是平等的。导游人员在与游客交往中,要按照不卑不亢的原则,平等待客。

游客与游客之间的关系是平等的,在对待不同的游客时,导游人员要与游客保持等距离交往,要做到一视同仁,不因为国籍、肤色、职业、年龄、性别、金钱等原因而对游客厚此薄彼。

### (四)谋求共赢

谋求共赢是处理利益关系的基本原则。所谓"共赢",就是导游人员和游客都获得各自应该得到的东西。游客的利益是旅游目标的实现和获得最大的满足;导游人员的利益是旅行社与旅游目的地的经济效益和社会效益,以及导游人员自己的荣誉、口碑和物质利益。

谋求共赢意味着不可以损害其他方的正当权益。导游人员的利益不能损害游客的正当利益,个别游客的利益不能损害旅游团的正当利益,导游人员和游客都不能损害公众的正当利益。对个别游客危害他人正当利益的行为,导游人员应当介入、引导、调控、干涉,必要时可以请有关部门帮助制止。

## 二、同游客交往的技巧

善于同各种类型的游客打交道是作为导游人员必不可少的条件,处理好导游人员与游客之间的主客关系是带好旅游团的重要保证。在带团过程中,为了使游客能配合自己的工作,按照预定的计划和目标开展旅游工作,导游人员必须管理好自己,管理好团队,善于调动游客的积极性,讲究同他们交往的技巧。

### (一)导游自我管理

导游工作讲求慎独。所谓"慎独",是指人们在独自活动无人监督的情况下,凭着高度自觉,按照一定的道德规范行动,而不做任何有违道德信念、做人原则之事。这是进行个人道德修养的重要方法,也是评定一个人道德水准的关键性环节,还是对自我约束的一个极限挑战。

在导游服务中,由于导游人员说话的不慎、工作的疏忽,或者旅游接待单位的服务缺陷等原因,有时会引起游客的不快和不满。游客对导游的不良印象、不满情绪是逐渐积累的,导游人员要从自身的源头做起,与游客接触之初就能够在个人素质方面得到游客的认可。导游人员需要把握好以下方面,以便在与游客交往中得到尊重和理解。

#### 1.时间观念

导游人员要做时间的主人,从接到团队之前,就要有时间观念。与游客初次沟通,要选择在客人方便的时间进行交流,要告诉游客去往集合地点预计的时间与最便捷的交通工具。为保证辛苦奔波的带团期间有充足的精力,导游人员要倒计时保证八小时睡眠。与游客首次见面,要比预计的时间提前到达集合地点,这样才能从容地迎接每位游客的到来,气定神闲地与陆续到来的游客介绍旅程、交流心得。

有经验的导游往往通过在旅途中做好时间管理、说到做到、雷厉风行,得到游客普遍接受和爱戴,使得团队行程顺畅、游客满意。

2. 情绪控制

情绪是个体对外界刺激的主观的有意识的体验和感受,具有心理和生理反应的特征。情绪可分为积极情绪与消极情绪。由情绪引发的行为有好坏之分,行为的后果有好坏之分,导游人员工作强度大,事无巨细,连续操劳,睡眠不足,容易产生焦虑情绪。在带团过程中,导游人员要注意爱惜身体、保护嗓子、保持仪表、心平气和。在与游客交往中,加强个人修养,讲究表达方式,正确疏导情绪。

(二)导游团队管理

所谓管理,是指同别人一起,或通过别人使活动完成得更有效的过程。沟通是管理的重要环节,导游人员要在工作中勤动脑、善观察、多分析。在了解游客心理的基础上,注意主动、积极地与游客进行交流沟通,为游客制造欢乐气氛,科学管理旅游团队,达到旅游活动中的各方满意最大化。

1. 了解游客

根据人际关系研究中的行为标准学说,成功沟通的重要基础在于了解并尊重对方。导游人员必须学会了解游客,特别是了解游客的心理和需求,才能更好地与游客进行交流沟通。

了解游客的途径很多,概括起来主要有两个方面:

一是从人口统计学特征来了解游客。这方面的特征包括年龄、性别、国籍、籍贯、职业等可以测量的统计指标,指标相同或相近的游客,往往具有相近的心理特征。例如,在年龄上,年老游客好思古怀旧,对游览名胜古迹、会见亲朋老友有较大的兴趣,他们希望得到尊重、希望导游人员多与他们交谈,以求暂时抚慰孤独的心灵;年轻游客喜欢探新求奇、多动多看,对热门社会问题有浓厚的兴趣。在性别上,女性游客,特别是中年已婚妇女,一般都喜欢听带故事情节的导游讲解,喜欢谈论商品及购物,她们希望导游人员亲切友好,能满足她们的一切要求。

二是从心理学的角度了解游客。这包括动机、需求、个性等要素,心理要素相同或相近的游客,往往具有更多的共性。旅游动机大致可以分为四类:社会动机、文化动机、身心动机、经济动机。旅游需要主要有四种:探新求异、谋求知识和发展、变换生活环境和调节身心节律、寻求尊重和自我实现。游客个性大致分为四类:活泼型、急躁型、稳重型、忧郁型。导游人员要注意根据游客的动机、需要、个性等心理特征,采用相应的对策,以便更好地与游客交往。

#### 2. 友好交谈

在导游与游客关系中,导游人员处于主动地位,应当主动接近游客。在交谈中,导游人员应当注意三个方面的技巧。一是选择话题。交谈开始时,可以选择与旅游活动直接相关的话题,或公众共同关心的天气、新闻、体育等中性话题,然后视具体情况逐步引入要谈的主题。二是学会倾听。倾听也是重要的谈话技巧。导游人员听懂游客说话意图时,要注意采用点头、语言肯定等方式,向游客发出及时的反馈信息;没听清楚或者不太明白时,要注意适当地提问,以便更好地领会游客说话的意思。三是正确表达。导游人员在发言时,要注意事先想好自己要表达的意思,采取适当的方式切入话题,并注意自己的表达方式和说话时的表情和神态。游客不仅在用耳朵听,而且也在用眼睛接受导游人员流露出的意图和情感信息,有时后者比前者还重要得多。

#### 3. 制造欢乐

导游人员要善于察言观色,向游客传递友好情感和积极情绪,营造愉快和谐的人际氛围,在团队中制造欢乐气氛。要做到这点,导游人员应善于赞美游客,时常保持微笑,幽默风趣,适当开展趣味性活动。

赞美是让导游受游客欢迎的最佳方式,赞美游客的方式包括:保持微笑、找赞美点、学会请教、间接赞美以及不要言过饰非等。

幽默风趣也是导游人员的魅力之一。导游应该是制造快乐的"开心果",为游客短短的旅途每天奉上一些笑料,让游客乐在其中。

富有情趣的游戏和活动是调节游客情绪的重要手段。路途较长而游客又不疲倦的前提下,导游人员应当适当安排一些调节旅途情绪的游戏和活动。例如唱歌、猜谜语、做游戏、学说当地方言等等。利用声像导游手段也是营造愉快气氛的一个有效方式。导游人员车上讲解时,利用车上的音响设备配上适当的音乐,或在讲解间歇时播放一些有地方特色的乐曲、歌曲、戏曲等,也可以使车厢内的气氛轻松愉快。

#### 4. 科学管理

(1) 先立规矩

导游人员在带团伊始,就要在游客注意力最集中的时候,宣布一些基本团队规则、纪律,以便团队活动顺利、高效地推进,以解决游客迟到、抢座等问题。导游人员要注意把握时机对游客宣布有关纪律和旅游注意事项,嘱咐的话语一定要说到位,以免因少交代细节而造成游客理解的错误,必要时对纪律涣散的重点游客再强调一番。

### (2) 分级管理

导游人员要想有效地领导游客团队,就必须认真思考旅游团的分组管理问题。例如来自单位包团的游客,是由单位的负责人来协助导游管理,分组的工作可以借助负责人来安排。又如来自不同家庭的散客拼团,每一家有一位家庭负责人来协助导游人员传递团队的相关通知和信息,这些都是导游人员进行正常运营工作的有益补充。

分级管理并不意味着导游人员不深入做工作、取巧偷懒。导游要出现在游客最需要关爱和帮助的第一现场。"吃苦在前""与游客心贴心""没有调查就没有发言权",用真诚的心与行动赢得游客赞誉之词。导游人员要认真做好各项工作,才能得到全体团友的信任和支持,才能达到所有游客的好评和满意,才会赢得社会的理解、尊重、支持。

### (3) 善于统筹

导游人员在参与游程安排的时候,需要照顾到游客的兴趣点、体力情况,同时考虑交通状况和景点开放时间等综合因素进行合理安排,具有清晰的思路和决策的能力。养成思考和研究的良好工作习惯,做好备选的旅游方案,必要时提出合理化的建议,达到游客的多方满意。

## 第三节 组织能力

<u>导游的组织技能就是导游人员根据旅游者的合理要求,与各方人员友好合作,通过精心设计和巧妙安排有效地利用各种资源提高旅游产品使用价值的方法和能力。</u>团队旅行在外,旅游者的吃、住、行、游、购、娱全靠导游人员组织管理,这就要求导游人员要有高超的组织管理能力。

### 一、确立在旅游团中的主导地位

旅游团队是由素不相识的、各种各样的游客构成的临时性和松散性的团体。导游人员在带团过程中应尽快确立自己在旅游团中的主导地位,这是带好一个旅游团的关键。导游人员只有确立了主导地位并取得游客的信任,才能具有凝聚力、影响力和调控力,才能真正带好一个旅游团。

#### (一) 以诚待人,热情服务

导游服务具有周期性短的特点,导游人员每接一个团,与游客接触的时间都不

太长,难以"日久见人心",因此要尽快与游客建立良好的人际关系。真诚对待游客是建立良好人际关系的感情基础,心诚则灵,有诚意才可靠。当导游人员的真诚和热情被游客认可,就能赢得游客的信赖。年轻的导游人员带团时难免会出点差错,但却很受游客的欢迎,就是因为他们的热情和真诚感动了游客;真诚和热情还能弥补工作中的某些不足,当游客认定导游人员是真心维护他们的利益时,即使遇到了问题、故障,他们也会持合作的态度。譬如,某旅游团因故提前离开武汉,游客心中不快,游览东湖时又下起了大雨,这时,该团全陪请地陪放慢前进速度,让游客边听讲解边避雨,他一人冒雨跑到停车场,在旅游车中找到游客的雨具,并冒雨将雨具送到每位游客手中。他的真诚感动了游客,提前离汉的不快很快消失,全团游客十分合作,全陪的工作进行得非常顺利。

(二)换位思考,宽以待客

换位思考是指导游人员站在游客的角度,以"假如我是游客"的思维方式来理解游客的所想、所愿、所求和所为,从而做到"宽以待客",想方设法满足游客的要求,理解他们的"过错"或苛求。由于客观存在的物质条件、生活水平的差距,往往游客在客源地很容易办到的事情到目的地就很难办到,甚至成了"苛求"。如果导游人员能站在游客的角度,对游客提出的要求平心静气地对待,努力寻找其中的合理成分,尽力使其要求得到满足,即使是苛求也一定能妥善地加以处理。

(三)树立威信,善于"驾驭"

由于导游服务是一种引导、组织游客进行各种旅游活动的积极行为,因此导游人员必须是旅游团的主导者,对其有"驾驭"能力。导游人员要确立自己在旅游团中的威信,主导游客的情绪和意向,努力使游客的行为趋于一致,使一个临时组成的松散的游客群体成为一个井然有序的旅游团队。

## 二、树立良好的导游形象

树立良好形象是指导游人员要在游客心中确定可以信赖、可以帮助他们和有能力带领他们安全、顺利、圆满地在旅游目的地进行旅游活动的形象。树立良好的形象,有助于游客增加对导游人员的信任感,提高游客与导游人员合作的概率,有助于导游人员较深入地了解游客的需求,有针对性地做好导游服务工作。导游人员作为旅行社的代表,其良好的形象对旅行社的管理水平和服务水平也会产生积极的宣传作用。树立良好形象是导游人员获得游客的认同和接受,进而吸引与团结游客,高质量完成导游工作的前提和条件。导游人员在旅游者心目中树立良好

## 第七章 导游带团技能

的导游形象,主要是靠自己的主观努力与实际行动。

### (一)重视"第一印象"

导游人员的第一印象之所以重要,是因为它常常关联着游客的信任,并在游客的心目中留下潜影,成为对导游人员进行最终评价的参考。游客每到一地,总是怀着一种新奇的、忐忑不安的心情,用审视的甚至近于挑剔的目光打量他们所遇到的导游人员。导游人员若不注重第一次交往的效应,往往容易造成误会,如果事后又不懂得弥补,就会给人留下"此人不可信"的印象。而印象一旦固定,要改变它就得付出很大的努力,花很多的精力。所以,导游人员要特别重视第一次亮相。良好的第一印象可为以后导游服务的顺利开展铺平道路。

第一次亮相,至关重要的是导游人员的仪容、仪态与使用的语言。仪容、仪态与语言诸方面表现不凡的导游人员容易给游客留下好印象。

### (二)维护良好形象

形象的塑造是一个动态过程。导游人员必须明白良好的第一印象不会"一劳永逸",维护形象往往比树立形象更重要、更艰巨,维护形象的努力应贯穿于旅游活动的全过程。导游人员要维护自己的良好形象,就要注重多干实事,不说大话、空话。多干实事,是指导游人员要在做好规范化服务的基础上,急游客之所急,干游客之所需,针对游客的个别要求提供个性化的服务。不说大话和空话,是指导游人员在工作中,说话要算数,承诺要兑现,做到言必行、行必果。工作中精神饱满、笑口常开,对游客热情、真诚,导游服务规范、周到,办事果断、利索,处理问题沉着、冷静,这样的导游人员才是游客的心目中的优秀导游人员。

### (三)及时弥补受损形象

在旅游过程中,经常会有意外事件发生,一旦处理不当,游客有可能因此对导游人员产生不满情绪。当这种情况发生后,导游人员不能漠然无视,而应该认真分析原因,及时与有关部门和人员协调,在向游客做好解释工作的同时,处理好有关善后事宜,力争让游客的不满情绪尽快冲淡或转移,从而把旅游服务的缺陷降到最低限度,避免对后续的导游工作产生不利影响。

### (四)注意最终印象

与第一印象一样,导游人员留给游客的最终印象也是非常重要的,最终印象不好,就可能导致前功尽弃的不良后果。当旅游活动行将结束的时候,导游人员要针对游客开始想家等心理特点,提供周到的服务。

例如导游人员在致欢送词时,要对服务中的不尽如人意之处深表歉意,诚恳地

163

征求意见和建议。在送别时要行注目礼或挥手示意,原则上要等到飞机起飞、火车出站、轮船离岸之后方可离开,一旦出现游客滞留的特殊情况,也能够善始善终,协助游客安全顺利离开本地。

### 三、导游人员的心理服务技能

心理服务亦称情绪化服务,是导游人员为调节游客在旅游过程中的心理状态所提供的服务。导游服务的对象是游客,带好旅游团,关键是带好游客,而带好游客的关键,是向其提供包括心理服务在内的周到细致的全方位的优质服务,真正使他们高兴而来,满意而归。

旅游团不同于散客,散客的自由度大,旅游团中的游客受到团队的限制,其个别要求难以在旅游合同中反映出来。当游客到达旅游目的地后,个人的想法和要求会在心里产生,继而在情绪上、行动上有所反映。此外,在旅游过程中,还可能遇到一些问题,这些问题有的来自某个服务环节的欠缺;有的来自与其他游客的关系;有的来自游客本人或家庭,但碍于团体关系不便表示出来,而形成心理障碍。这些情况要求导游人员除了要提供旅游合同中规定的游客有权享受的服务外,还有必要向游客提供心理服务。

#### (一)把握心理服务的要领

1. 尊重游客

尊重人是人际关系、更是导游服务中的一项基本准则。不管游客来自境外,还是来自境内;是来自东方国家,还是来自西方国家;也不管游客的肤色、宗教、信仰、消费水平如何,他们都是我们尊贵的客人,导游人员都应一视同仁地尊重他们。

尊重游客,就是要尊重游客的人格和愿望。游客对能否在旅游目的地受到尊重非常敏感,他们希望与旅游目的地居民交往时,人格得到尊重,意见和建议得到尊重;希望在精神上能得到在本国、本地区所得不到的满足;希望个人要求得到重视,生活得到关心和帮助。游客希望得到尊重是正常、合理的,也是起码的要求。导游人员应明白,只有当游客生活在热情友好的气氛中,自我尊重的需求得到满足时,为他们提供的各种服务才可能发挥作用。

"扬他人之长,隐其之短"是尊重人的一种重要做法,在旅游活动时,导游人员要妥善安排,让游客进行"参与性"活动,使其获得自我成就感,增强自豪感,从而在心理上获得最大的满足。

## 第七章 导游带团技能

**2. 微笑服务**

微笑是自信的象征,是友谊的表示,是和睦相处、合作愉快的反映;微笑还是一种无声的语言,具有强化有声语言、沟通情感的功能,有助于增强交际效果。

在旅游服务中,微笑具有特别的魅力。20世纪30年代,西方国家旅馆业受经济危机影响,呈现出大萧条的局面。希尔顿饭店集团的创始人康纳·希尔顿却告诉他的员工:"我请大家切记,万万不可把我们心理上的愁云摆在脸上,无论遇到多大的困难,希尔顿饭店员工脸上的微笑永远是属于顾客的阳光。"微笑服务正是希尔顿饭店成功的秘诀之一。

导游人员应学会向游客提供微笑服务,要笑口常开,"笑迎天下客"。只有养成逢人就亲切微笑的好习惯,才会广结良缘,事事顺利成功。

**3. 使用柔性语言**

"一句话能把人说笑,也能把人说跳。"导游人员有时一句话说好了会使游客高兴;有时一不当心,甚至无意中的一句话,就有可能伤害游客的自尊心。因此,导游人员在与游客交往时必须注意自己的语言表达方式,与游客说话要语气亲切、语调柔和、措词委婉、说理自然,常用商讨的口吻与游客说话。这样的语言具有较强的说服力,往往能达到以柔克刚的效果。

**4. 与游客建立"伙伴关系"**

在旅游过程中,游客不仅是导游人员的服务对象,也是合作伙伴,只有游客的通力合作,导游服务才能取得良好的效果。而要获得游客的合作,导游人员应设法与游客建立起"伙伴关系"。一方面,导游人员可通过诚恳的态度、热情周到的服务、谦虚谨慎的作风、让游客获得自我成就感等方式与游客建立合乎道德的、正常理性的情感关系。当然,这种情感关系是面对每一位游客的,决不能厚此薄彼;另一方面,导游人员与游客交往时应把握正确的心态,尊重游客,与游客保持平行性交往,力戒交锋性交往。

**5. 提供个性化服务**

个性化服务是导游人员在做好规范化服务的同时,针对游客个别要求提供的服务。导游人员应明白,每个游客既希望导游人员一视同仁、公平相待,又希望能给自己一些特别的关照。因此,导游人员既要通过规范化服务去满足游客的一般要求,又要根据每位游客的具体情况提供个性化服务,满足游客的特殊要求。这样,游客就会感到"导游人员心中有我",并拉近了与导游人员之间的感情距离,因而产生满足感。个性化服务虽不是全团游客的共同要求,有时甚至只是旅游过程

中的一些琐碎小事,但是,做好这类小事往往会起到事半功倍的效果,尤其是对注意细节的西方游客而言,可使他们感受到导游人员求真务实的作风和为游客分忧解难的精神,从而产生信任感。"细微之处见真情"讲的就是这个道理。

提供个性化服务并不容易,关键是导游人员要把游客"放在心中",眼中要"有活儿",把握时机主动服务。个性化服务要求导游人员要了解游客,用热情主动的服务尽力满足其合理要求。此外,个性化服务只有与规范化服务完美地结合才是优质的导游服务。

### (二)了解游客的心理

导游人员要有效地向游客提供心理服务,必须了解游客的心理与变化。

1. 从国籍、年龄、性别和所属阶层等方面了解游客

每个国家、每个民族都有自己的传统文化和民风习俗,人们的性格和思维方式亦不相同,即使是同一个国家,不同地区、不同民族的人在性格和思维方式上也有很大差异;与此同时,游客所属的社会阶层、年龄和性别的不同,对其心理特征和生活情趣也会产生较为明显的影响。导游人员应从这些方面去了解游客,并有针对性地向他们提供心理服务。

(1)区域和国籍

从区域的角度看,东方人和西方人在性格和思维上有较明显的差异。西方人较开放、感情外露,喜欢直截了当地表明意愿,其思维方式一般由小到大、由近及远、由具体到抽象;东方人较含蓄、内向,往往委婉地表达意愿,其思维方式一般从抽象到具体、从大到小、从远到近。了解了这些差异,导游人员在接待西方游客时,就应特别注重细节。譬如西方游客认为,只有各种具体的细节做得好,由各种细节组成的整体才会好,他们把导游人员提供的具体服务抽象为导游人员的工作能力与整体素质。

从国籍的角度看,同是西方人,在个性和思维方式上也存在一些差异。如英国人矜持、讲究绅士风度;美国人开放、随意、重实利;法国人浪漫、爱享受生活;德国人严谨、勤奋、守纪律;意大利人热情、热爱生活。

(2)所属社会阶层

来自上层社会的游客大多严谨持重,发表意见时往往经过深思熟虑,他们期待听到高品位的导游讲解,以获得高雅的精神享受;一般游客则喜欢不拘形式的交谈,话题广泛,比较关心带有普遍性的社会问题及当前的热门话题。在参观游览时,期待听到故事性的导游讲解,希望轻轻松松地旅游度假。

(3) 年龄和性别

年老的游客好思古怀旧,对游览名胜古迹、会见亲朋老友有较大的兴趣,他们希望得到尊重,希望导游人员多与他们交谈;年轻的游客好逐新猎奇,喜欢多动多看,对热门社会问题有浓厚的兴趣。男性游客多看重旅游的总体安排;女性游客更注重细节,尤其喜欢谈论商品及购物,喜欢听带故事情节的导游讲解。

2. 从分析所处的地理环境了解游客

游客由于所处的地理环境不同,对于同一类旅游产品会有不同的需要与偏好,他们对那些与自己所处地理环境迥然不同的旅游目的地往往情有独钟。譬如,我国北方游客喜爱南国风情,南方游客偏好北国风光;内陆地区游客喜欢去青岛、三亚等海滨城市,沿海地区游客向往九寨沟、西双版纳独特的风貌;游客在盛夏时节去大连、哈尔滨等北方名城,隆冬季节奔赴海南岛和东南亚,这种反向、反季节出游已成为一种普遍的现象,导游人员可通过分析地理环境来了解游客的这些心理活动。

3. 从游客的出游动机来了解游客

人们旅游行为的形成有其客观条件和主观条件。客观条件主要是人们有足够的可自由支配收入和闲暇时间;主观条件是指人们必须具备旅游的动机。一般说来,人们参加旅游团的心理动机是:(1)省心,不用做决定;(2)节省时间和金钱;(3)有伴侣、有团友;(4)有安全感;(5)能正确了解所看到的景物。导游人员通过周到、细致的服务和精彩、生动的讲解能满足游客的这些心理需求。

从旅游的角度看,游客的旅游动机一般包括:(1)观赏风景名胜、探求文化差异、寻求文化交融的文化动机;(2)考察国情民风、体验异域生活、探亲访友寻根的社会动机;(3)考察投资环境、进行商务洽谈、购买旅游商品的经济动机;(4)休闲度假、康体健身、消遣娱乐的身心动机。导游人员了解和把握了游客的旅游动机,就能更恰当地安排旅游活动和提供导游服务。

4. 从个性特征了解游客

游客的个性各不相同,导游人员从游客的言行举止可以判断其个性,从而达到了解游客并适时提供心理服务的目的。

(1)活泼型游客:爱交际,喜讲话,好出点子,乐于助人,喜欢多变的游览项目。对这类游客,导游人员要扬长避短,既要乐于与他们交朋友,又要避免与他们过多交往,以免引起其他团员的不满;要多征求他们的意见和建议,但注意不让其左右旅游活动,打乱正常的活动日程;可适当地安排他们帮助活跃气氛、协助照顾年老

体弱者等。活泼型游客往往能影响旅游团的其他人,导游人员应与之搞好关系,在适当的场合表扬他们的工作并表示感谢。

(2)急躁型游客:性急,好动,争强好胜,易冲动,好遗忘,情绪不稳定,比较喜欢离群活动。对这类较难对付的游客,导游人员要避其锋芒,不与他们争论,不激怒他们;在他们冲动时不与之计较,待其冷静后再商量往往能取得良好的效果;对他们要多微笑,服务要热情周到,而且要多关心他们,随时注意他们的安全。

(3)稳重型游客:稳重,不轻易发表见解,一旦发表,希望得到他人的尊重;这类游客容易交往,但他们不主动与人交往,不愿麻烦他人;游览时喜欢细细欣赏,购物时爱挑选比较。导游人员要尊重他们,不要急慢,更不能冷淡他们;要采取主动接近他们,尽量满足其合理要求;与他们交谈时要客气、诚恳,速度要慢,声调要低;讨论问题要平心静气,认真对待其意见和建议。

(4)忧郁型游客:身体弱,易失眠,忧郁孤独,少言语但重感情。对这类游客,导游人员要格外小心,别多问,尊重他们的隐私;要多亲近他们、多关心体贴他们,但又不能过分表示亲热;多主动与他们交谈些愉快的话题,但不要与之高声说笑,更不要与他们开玩笑。

这四种类型的游客中以活泼型和稳重型居多,急躁型和忧郁型只是少数。不过,典型个性只能反映在少数游客身上,多数游客往往兼有其他类型的特征。而且,在特定的环境中,人的个性往往会发生变化。因此导游人员在向游客提供服务时要因人而异,要随时观察游客的情绪变化,及时调整,力争使导游服务更具针对性,获得令游客满意的效果。

5.通过分析旅游活动各阶段游客的心理变化了解游客

游客来到目的地旅游,摆脱了在家乡紧张的生活、繁琐的事务,希望自由自在地享受愉快的旅游生活。由于生活环境和生活节奏的变化,在旅游活动的不同阶段,游客的心理活动也会随之发生变化。

(1)旅游初期阶段:求安全心理、求新心理

游客刚到目的地,因人生地疏、语言不通,往往会产生孤独感、茫然感和不安全感,惟恐发生不测,危及财产甚至生命。也就是说,在旅游初期阶段,游客求安全的心态表现得非常突出,因此,消除游客的不安全感成为导游人员的首要任务;游客来到异国他乡旅游,其注意力和兴趣从日常生活转移到旅游目的地,全新的环境、奇异的景物、独特的民俗风情,使其逐新猎奇的求新心理空前高涨,这在旅游初期阶段表现得尤为突出,往往与不安全感并存。所以在消除游客不安全心理的同时,

导游人员要合理安排活动,满足他们的求新心理。

(2)旅游中期阶段:懒散心态、求全心理、群体心理

随着时间推移、旅游活动的开展以及相互接触的增多,游客之间、游客与导游人员之间越来越熟悉,游客开始感到轻松愉快,会产生一种平缓、轻松的心态。但是,正由于这种心态的左右,游客往往忘记了控制自己,思辨能力也不知不觉减退,常常自行其是,甚至出现反常的言行及放肆、傲慢、无理的行为。一方面,游客的个性充分暴露,开始出现了懒散心态,如时间概念差、群体观念弱、游览中自由散漫、到处丢三落四、旅游团内部的矛盾逐渐显现等;另一方面,游客把旅游活动理想化,希望在异国他乡能享受到在家中不可能得到的服务,希望旅游活动的一切都是美好的、理想的,从而产生生活和心理上的过高要求,对旅游服务横加挑剔,求全责备,其求全心理表现得非常明显;再者,由于游客的思考力和判断力逐渐减弱,这时,如果团内出现思辨能力较强而又大胆直言的"领袖人物"时,其他游客便会不假思索地附和他、唯其马首是瞻,不知不觉陷入一种人云亦云、随波逐流的群体心理状态。

导游人员在旅游中期阶段的工作最为艰巨,也最容易出差错。因此,导游人员的精力必须高度集中,对任何事都不得掉以轻心。与此同时,这个阶段也是对导游人员组织能力和独立处理问题能力的实战检验,是对其导游技能和心理素质的全面检阅,所以,导游人员应十分重视这个阶段的工作。

(3)旅游后期阶段:忙于个人事务

在旅游活动后期、即将返程时,游客的心理波动较大,开始忙乱起来,如与家庭及亲友联系突然增多,想购买称心如意的纪念品但又怕行李超重等。总之,他们希望有更多的时间处理个人事务。在这一阶段,导游人员应给游客留出充分的时间处理自己的事情,对他们的各种疑虑要尽可能耐心地解答,必要时做一些弥补和补救工作,使前一段时间未得到满足的个别要求得到满足。

(三)调整游客的情绪

游客在旅游过程中,会随着自己的需要是否得到满足而产生不同的情感体验:如果游客需要得到满足,就会产生愉快、满意、欢喜等肯定的、积极的情感;反之则会产生烦恼、不满、懊恼甚至愤怒等否定的、消极的情感。导游人员要善于从游客的言行举止和表情变化去了解他们的情绪,发现游客出现消极或否定情绪后,应及时找出原因并采取相应措施来消除或进行调整。

1. 补偿法。是指导游人员从物质或精神上给游客以补偿,从而消除或弱化游

客不满情绪的一种方法。譬如,如果没有按协议书上注明的标准提供相应的服务,应给游客以补偿,而且替代服务一般应高于原先的标准;如果因故无法满足游客的合理要求而导致其不满时,导游人员应实事求是地说明困难,诚恳地道歉,以求得游客的谅解,从而消除游客的消极情绪。

2. 分析法。是指导游人员将造成游客消极情绪的原委向游客讲清楚,并一分为二地分析事物的两面性及其与游客得失关系的一种方法。譬如,由于交通原因不得不改变日程,游客要多花时间于旅途之中,常常会引起他们的不满,甚至愤怒抗议。导游人员应耐心地向游客解释造成日程变更的客观原因,诚恳地表示歉意;并分析改变日程的利弊,强调其有利的一面或着重介绍新增加的游览内容的特色和趣味,这样往往能收到较好的效果。

3. 转移注意法。是指在游客产生烦闷或不快情绪时,导游人员有意识地转移游客的注意力,使其从不愉快、不顺心的事转移到愉快、顺心的事情上去。譬如,有的游客因对参观内容有不同意见而不快;有的游客因爬山时不慎划破了衣服而懊恼;有的游客因看到不愉快的现象产生联想而伤感等。导游人员除了说服或安慰游客以外,还可通过讲笑话、唱山歌、学说本地话或讲些民间故事等形式来活跃气氛,使游客的注意力转移到有趣的文娱活动上来。

## 四、合理安排活动

旅游活动内容搭配是否妥当,活动节奏是否合理,这些都影响到旅游活动的效率和效果,影响着游客的情绪和心理活动,也决定着游客对导游服务质量的评价。导游人员是组织旅游活动的核心人物,要善于根据游客的需要和兴趣合理安排旅游活动。

### (一)注意内容搭配

一般来说,游客参加旅游活动的兴趣既是浓厚的,又是广泛的。这为导游工作提供了良好的前提,问题是如何使这种兴趣和好奇进一步得到发展和满足,让游客高兴而来,满意而归。这就要求导游人员首先要安排好旅游活动的内容。

1. 主题突出,避免重复

按照旅游心理的一般规律,游客的共同心理是探奇、求知和有美好的期望。所以,导游人员在安排游览内容时应尽量避免重复。一般来说,组团社在制订全程活动计划时,已经注意了各城市之间的旅游活动内容尽可能不雷同或重复,但有时也难免会有一些旅游活动在内容或类型上相近。

## 2. 游、购、娱结合,严守规定

现代旅游活动的内容是丰富多样的,除了游览之外,购物和娱乐也是重要的旅游吸引因素和旅游乐趣的重要来源。即使是观光旅游,游客在参观游览之余,也会选购一些具有当地特色的纪念品,也会对参加当地风情的娱乐活动表现出浓厚的兴趣。导游人员安排购物和娱乐活动时,一定要遵守《旅游法》的相关规定,遵照旅游团行程要求,注意从游客的需要和利益出发,以不影响旅游计划的完整实施为前提。是否让游客真正拥有购物安排的自主决定权和是否善于安排娱乐活动,让游客最大程度地体验、享受旅游的乐趣,也是衡量导游人员工作水平高低的一个重要方面。

### (二)理顺活动节奏

合理安排旅游活动的另一个重要方面,是旅游活动节奏的调节。旅游活动的节奏主要体现在旅游活动的速度快慢、顺序先后和体力劳逸三个方面。

#### 1. 旅速游缓,快慢相宜

导游人员对景区景点的考虑应首先遵循"旅速游缓"的原则,因为游客往往有一种巴不得一上车就到达目的地的心理,途中的时间大都认为是多余的。对于景点内的游览与观赏活动,导游人员就要根据景区景点的具体情况,按照讲解与指导游览相结合的原则,考虑游客的兴趣和体力,把握好游览速度和导游讲解的节奏,必须做到心中有数。

一般游客的游览观赏目的主要是轻松愉快,获得精神上的享受。如果游览活动安排得太紧,观赏速度太快,筋疲力尽的游客不仅达不到目的,还会损害他们的身心健康,甚至会影响旅游活动的顺利进行。导游人员可以根据观赏内容、观赏主体(游客)的具体情况(年龄、体质、审美情趣、当时的情绪等)以及具体的时空条件,对旅游节奏进行调整,以便争取最佳的导游效果。

#### 2. 顺次游览,先后有序

到达景区后,导游人员应该顺着最佳路线行走,避免走重复路线和回头路线,角落、旮旯不一定都要跑遍,当然有价值和非去不可的地方,另当别论。在这个前提之下,对景区景点之内参观游览路线的安排应当考虑"先一般后精彩、渐入佳境"的方法,把游览的高潮放在最后。

导游人员也要兼顾"先远后近"和"先高后低"的原则。所谓先远后近是指在游览活动中,先到离游客住宿点最远的一个景点游玩,然后逐渐地向住宿点靠近,这样做的目的是给游客安全感,等到一天的游览结束,旅游团也离住宿地点近了。

所谓"先高后低"是指导游人员可以先安排登山项目,这是因为游客在游玩第一个景点时,其精神状态最好,体力最为充沛。

3.有张有弛,劳逸结合

导游人员要根据旅游团的实际情况安排有适当弹性的活动日程,努力使旅游活动既丰富多彩,又松紧相宜,让游客在轻松自然的活动中获得最大限度的美的享受。通常情况下,"有张有弛,先张后弛",即体力消耗较大的活动可以先安排,体力消耗较小的可以与体力消耗较大的活动在日程上交叉安排,注意劳逸结合,否则,将难以取得满意的旅游效果。

导游人员在安排旅游活动时,安排好游客在参观游览活动中的休息也十分重要。休息是为了消除疲劳,恢复体力,使游客能始终保持良好的游览情绪和心境,以保证旅游活动的良好效果。导游人员在安排休息时,休息时间和地点的选择应适当,一般以在游览进行一半或稍多时,在距离商店、厕所较近处为宜,这样,购物、休息两者兼顾,将会受到游客的欢迎。

(三)协调特殊情况

1.求同存异,兼顾各方

对于旅游团内部矛盾导致的活动日程分歧,导游人员要向游客实事求是地讲明情况,请全陪协助做统一意见的工作,力求找出能兼顾各方的办法,争取让各方都得到部分满足,各作出一些让步。如果各方坚持己见,无法统一,导游人员应与各方进一步商量,寻找合理而可能的变通办法。例如,双方要去的地方在同一线路或绕道不远,可将部分游客先送到甲地,再去乙地,并约定时间,返程中到甲地接他们,或送部分游客到甲地后请他们自己坐车回饭店。

2.留有余地,应对变化

需要提醒的是,客观条件的变化有时会影响到旅游日程计划的实施。晴雨天的变化、交通状况的变化、景区景点在节假日游客人数的变化等等,都需要导游人员时常留意。在安排旅游活动时,要对客观条件的变化,给予恰当的估计,在日程安排上留有适当的余地,以便客观条件出现变化时,对旅游活动进行灵活调整,保障旅游计划所安排的活动内容在总体上都能较好地完成。

五、引导游客审美,调动旅游者游兴

旅游活动是一项寻觅美、欣赏美、享受美的综合性审美活动。在异国他乡,在短暂的时间里,游客要获得最大的审美享受,总会希望借助他人的知识和经验来帮

第七章 导游带团技能

助自己达到审美的目的。引导游客审美的任务,责无旁贷地落在了导游人员的肩上。在导游活动中,导游人员担当着传递审美信息、调节游客审美行为的指导者的角色。

### (一)传递正确审美信息

作为旅游审美信息的传递者,导游人员不仅要懂得什么是美,知道美在何处,还要善于通过导游讲解向游客正确地传递审美信息,帮助他们获得真正美的享受。如果导游人员不仅懂得中国人的审美观和对景物的审美标准,还了解客源国(地)居民的审美习惯和审美标准,并在导游讲解中进行比较,指出各自的特点和相互间的差异,讲解的层次就大大提高,这样的导游必定会获得游客的欢迎。

### (二)激发游客想象思维

优秀导游人员之所以获得成功,是因为他知道游客的审美需要,善于将景物的形体美和内在美的特征与游客的审美需要、美感经验结合起来,努力使导游讲解"寓景于情、借景抒情、情景交融",突出最能引起游客审美情趣的内容,激发他们的想象思维,调动他们的联想能力,促使他们与审美对象产生情感交流,达到"物我交融""物我同一"的境地,从而获得极大的美的享受。

在审美过程中,游客产生的想象是多种形式的。在时空上相接近的事物,可以引起游客的接近联想;在性质、特征属性上类似的事物,可以引起由此及彼的相似联想;而特点相反的事物,又可以引起游客的对比联想;游客也可能会按照部分与整体、原因与结果等关系,把感受到的事物黏合、联系起来,从而产生关系联想。

### (三)保持最佳审美状态

导游服务要有好的效果,最重要的是要激发、巩固游客对旅游活动的兴趣,使游客自始至终沉浸在愉快的氛围之中,使游客乘兴而来,流连忘返,尽兴而归。

导游人员保持、提高游客游兴的基本途径,是提高自己的导游讲解技能的运用水平,向游客开展有针对性的导游服务。灵活、幽默、富于联想的讲解是煽起游兴的扇子,真挚、适时、方法多样的讲解是提高游兴的法宝,而生动、形象、别具一格的讲解则是增添游兴的浪花。

在观赏自然景观时,导游人员要抓住四个要点。

1. 处理好动态观赏和静态观赏的关系

"动观流水、静观高山",同样的一幅自然景观,动态观赏与静态观赏的效果是不同的,而"步移景换"又使人获得空间进程的流动美。导游人员应当灵活处理旅游观赏中"动"与"静"的关系,使游客获得最佳的观赏效果。

### 2. 找准观赏距离和位置（角度）

自然美景千姿百态、变幻无穷，一些拟人似物的奇峰巧石，只有从一定的距离和特定的角度才能领略其风姿。从长江游轮上远望神女峰，她是一尊风姿秀逸、亭亭玉立的中国美女像，如果用望远镜来观察神女峰，看到的却只是一堆石头。带团游览时，导游人员要适时地指导游客从最佳位置、最佳距离、最佳角度去观赏。

### 3. 把握好观赏时机

光照、时令和气候影响着大自然中的色彩美、线条美、形象美、印象美、静态美和动态美。同一风景在不同的季节、时间和气象条件下有不同的风貌，而变幻莫测的气候景观也是欣赏自然美景的一个重要内容。漓江晴天奇峰侧影、阴天云雾山中、雨天烟雨朦胧各有不同；海市蜃楼、峨眉佛光转瞬即逝，稍有疏忽就可能失之交臂。

### 4. 调节好观赏节奏

旅游活动的节奏安排，一般也适用于自然景观的观赏。此外，导游人员还要特别注意导、游结合，注意处理好讲解与游客观赏的关系。讲解是必不可少的，通过讲解和指点，游客可以适时地、正确地观赏到美景，但在特定的地点、特定的时间，让游客去凝神遐想，去领略、体悟景观之美，往往会收到更好的审美效果。

另外，导游人员还要充分注意游客审美的个体差异，有针对性地开展导游活动。这就要求导游人员引导游客参观游览时，不能将自己的审美兴趣强加于人，而要了解游客的差异化特点和当时的思想情绪，根据游客的个体差异，提供针对性和灵活性的导游服务，带动和鼓励游客以积极的心态参与到审美活动之中，努力保持他们的最佳审美心境，随时激发游客新的游兴。

总的来说，导游人员在调节游客的观赏节奏时，要注意有张有弛、劳逸结合；要有急有缓、快慢相宜；有讲有停，导、游结合。

## 第四节　协作能力

导游工作是联系各项旅游服务的纽带和桥梁。导游人员在带团时离不开其他相关旅游服务部门和工作人员的协作，同时也能帮助其他相关的旅游服务部门和人员的工作。导游工作与其他旅游服务工作相辅相成的关系决定了导游人员必须要具备一定的协作能力。

# 第七章 导游带团技能

## 一、与旅游接待单位的协作

旅游产品是一种综合性的整体产品,是旅游经营者为满足旅游者在旅游过程中的各种要求而提供的各种设施与服务的总和,不仅包括旅游景点,还包括沿线所提供的交通、食宿、娱乐、购物等服务,这些服务需要旅行社、饭店、交通部门、景点景区管理部门等旅游接待单位的高度协作。没有这些接待单位的协作,就不可能有完美的、高质量的旅游产品;没有高质量的旅游产品,就没有旅游接待单位的好效益。当然,在接待过程中,各接待单位之间会产生矛盾和摩擦,但矛盾是暂时的,而相互间的配合与协作是长久的。导游人员作为旅行社的代表,在和各接待单位协作时应把握正确的原则和方法。

### (一)及时沟通

旅游产品具有不稳定性,其中任何一个环节出现失误或差错,都会影响旅游产品的整体形象和质量,影响旅游者的满意度。导游人员在带团的过程中,要善于发现和预见各项旅游服务中出现的差错或失误,通过各种手段和途径及时调整和联络,使各接待单位的工作正常有序。在这个意义上,必要的通信联络工具如手机的配置对导游人员来说是必需的。另外,带团的过程是一个流动的过程,会有各种意想不到或人力不可抗拒的因素,如天气、交通、自然灾害、突发事件等,迫使旅游线路或日程变更,在这种情况下,导游人员要及时与上下站、用餐、用车单位沟通,把变更情况通知到每一个协作单位,以保证旅游者的食、住、行能很好地落实。

### (二)争取帮助

导游人员的工作流动性大,工作内容繁杂,常常会有意外或紧急情况发生。这时仅仅依靠导游人员的力量很难解决问题。有经验的导游人员在这种情况下善于利用与各地旅游接待单位的协作关系,主动争取他们的帮助。比如,在游览过程中发现旅游者走失,如果经过寻找仍找不到走失者,导游人员应向景点管理部门求助,用广播的方式帮助寻找,请管理部门的工作人员在各进出口协助寻找等。

### (三)摆正位置

导游人员与各接待单位的工作人员如司机、饭店服务人员、景区工作人员等是一种分工协作的关系。大家虽由不同的单位委派,代表各自不同的利益,但都在执行同一个计划,只是分工不同、服务的形式和内容有所不同,也都是服务的提供者。在这一意义上,导游人员与各协作单位的合作者是平等的关系,导游人员把自己摆在高于或低于合作者的位置都是不对的。比如,导游人员与司机的合作,司机熟悉线路,经验丰富,双方配合得好是导游工作顺利进行的保证。但有的导游人员认为自己是坐车的,而对方是开车的,把自己放在服务接受者的位置上对司机的工作指手画脚、出言不逊。而有的导游人员则相反,认为自己是坐人家的车,处处怯弱退让,被对方牵着鼻子走,对对方违反协议、损害旅游者利益的行为听之任之,处处被动,导致旅游者的不满和投诉。

在和接待单位的协作中,导游人员应在共同的工作原则之下,互相尊重,互利合作,坚持原则,平等协商,相互支持。

## 二、导游服务集体的协作

### (一)导游服务集体的概念

导游人员的主要任务是为旅游者提供导游讲解服务和相关的生活服务,保证团队旅游活动的顺利进行。由于旅游活动是一个动态过程,这一任务很难由一人单独完成,一般要由导游服务集体来完成。导游服务集体由三位导游人员自然组成,即全程陪同导游人员、地方陪同导游人员和海外领队,即通常所说的全陪、地陪和领队。

### (二)导游服务集体的协作方法

从导游服务集体的角度,应从以下几方面加以注意。

1. 摆正位置,明确分工

全陪、地陪和领队来自三方,"三方"的定位表明他们有各自的职责、任务,有明确的分工,不能越位、错位,应各司其职、各负其责。三位导游人员可能互不相识,性格不一,工作风格与方式不同,甚至价值观有别,对一些问题的看法、观点不一,三人之间会出现摩擦甚至不愉快都是客观存在的,也是可能的。譬如,有些职业领队为了自身利益,或为讨好旅游者,对全陪、地陪的工作横加指责、挑剔;地陪与全陪之间在工作上也可能出现分歧。然而,如果不是为了私利而关系紧张,那么在摆正自己位置的同时认清对方的位置,协调就有了心理、认识基础。也就是说,要知道全陪是旅游团活动的主要决策者,在导游集体中处于核心地位,起主导作用;地陪是旅游计划的具体执行者,是当地旅游活动的组织者和协调人;领队是旅游团的领导者和代言人。

全陪和地陪要落实旅游计划,处于接待中的主导地位,必须密切合作;但他们在依照合同履行计划的过程中也必须与领队搞好关系,尊重领队,与之多沟通,重

## 第七章 导游带团技能

视他的建议和意见,应尽量避免越过领队直接与旅游者商量活动日程或处理随机出现的问题。

2. 利益相关,同舟共济

全陪、地陪、领队之间明确分工、摆正位置的目的是更好、更有利地合作。实际上他们虽然代表各自企业的利益,但利益获得的基础是合作。因为他们有共同的服务对象,即旅游者;有共同的任务就是为旅游者提供食、住、行、游、购、娱等各项服务;有共同的目标要求,即为旅游者提供高质量的服务,让旅游者的旅游舒心愉快,从而提高各自企业的知名度、美誉度,提高企业形象。

全陪和地陪还有另一层共同而且更高的利益——国家利益。他们必须维护我国旅游业的国际声誉与良好形象,必须执行国家的政策、法规。因此,他们的协作有着超越企业本身的国家利益的基础。接待方的全陪、地陪与领队的合作实际上是中外旅行社之间的合作,其合作前提是平等互利、互守信用、遵守合同、精诚团结,向旅游者提供优质的导游服务。因此三者之间是相互依存的关系,根本利益是相同的,同舟共济、顾全大局是本分,而互相拆台与指责,损害的同样是自己的利益,是旅行社的合作伙伴关系,是企业的长远利益。

全陪、地陪、领队在工作中出现矛盾或意见冲突也属正常现象,但是三方都必须执行旅行社之间、旅行社与旅游者之间签订的协议,努力落实协议规定的各项服务。因此,同舟共济还有着法律基础。

3. 相互体谅,共同努力

建立良好的协作关系,使旅游活动顺利进行的关键是互相尊重、相互体谅。这就要求导游人员应具有主动性,主动争取各方面的配合;主动交流信息、沟通思想。沟通是消除误解,促进相互理解的重要途径。同时,还要尊重各方的权限和利益,勇于承担责任,遇事不以诋毁他人的方法来逃避责任。

另外,三位导游人员之间存在着互补关系,相互学习、取长补短是长期合作的基础,如在工作中能形成、建立起友情关系,将更有利于市场的开拓。

### 三、与司机的协作

导游人员在接待服务中居于主导地位,因此,在与司机的关系中,导游人员应主动加强与司机的合作。

#### (一)尊重司机的劳动

(1)司机也是一线接待人员之一,导游人员在向旅游团致欢迎词前应将司机

介绍给旅游者。

(2)司机的工作是旅游接待链中的重要一环,凡涉及行车事宜,导游人员应主动征求司机意见。

**(二)做好沟通工作**

(1)旅游团抵达前,导游人员应就计划安排活动日程征求司机的意见,看项目内容安排在行车方面是否合理;

(2)旅游团活动日程商定后,导游人员应将商定的活动日程通告司机,使其心中有数;

(3)旅游团日程有变更时,导游人员应提前告诉司机;

(4)若是入境旅游团,导游人员用外语宣布集合的时间地点后,记得用中文告诉司机相应内容。

**(三)协助司机做好行车安全工作**

(1)在日程安排和行车时间上应适当宽松点,以保证车辆能以正常速度行驶;

(2)协助司机做好出车前的安全检查;

(3)行车中不与司机闲聊;

(4)若有陌生人拦车或是劫车,协助司机保护好车辆与旅游者安全。

## 第五节 重点游客的接待方法和技巧

游客来自不同的国家和地区,他们在年龄、职业、宗教信仰、社会地位等方面存在较大的差异,有些游客甚至非同一般,特点尤为突出,导游人员必须给予特别重视和关照。

### 一、对儿童的接待

目前在旅游者特别是国内旅游者中,儿童占了相当大的比例。很多个人或家庭出游的目的之一是为了让儿童增长见识、陶冶情趣、锻炼意志。在对儿童的接待中,导游人员应根据其生理、心理特点,提供有针对性的服务。

**(一)重视安全**

儿童活泼好动,又没有足够的安全意识和自我约束能力,对儿童,应特别注意其安全,尤其是人身安全,防止走失。在游览过程中,遇到地滑、危险的路段,要提醒并协助家长关注儿童安全;在游览车中,要提醒儿童不要把头、手伸出窗外;行走

## 第七章 导游带团技能

途中,要多次清点人数,防止儿童走失;讲解时,针对儿童特点,选择一些有趣的童话故事来吸引他们,使他们精力集中,不致到处乱跑。

### (二)生活关照

儿童其自身的生理特点,如个子低,对环境的适应力差等。由于个子低,在用餐时导游人员要事先提醒餐厅,准备儿童餐椅和餐具,以减少用餐时的不便。住宿时,按照相应的收费标准督促饭店落实儿童用具。遇到天气变化,要及时提醒家长注意儿童服装的增减,夏季要让孩子多喝水。

### (三)区别标准

在交通、住房、用餐等方面,对儿童的收费有不同的标准,导游人员一定要注意按相应的标准区别对待。

### (四)注意细节

对儿童,导游人员应把握以下细节和原则。

(1)不宜突出儿童,而冷落了其他旅游者。

(2)不宜因某些项目对儿童免费或优惠而视其为负担。

(3)不要给儿童买食物和玩具。

(4)导游人员不要单独带儿童外出,即使家长同意也应谨慎行事。

(5)儿童生病时,不能将自己随身携带的药品给其服用,也不宜建议服什么药,而应请医生诊治。

## 二、对老年游客的接待

我国已进入老龄化社会,老年人口的增加,客观上要求社会能提供更多的满足老年人需要的旅游产品。老龄旅游者有着和其他年龄旅游者不同的生理、心理特征,有着自己特别的需求。导游人员在带团时,要能把握、尊重并满足老年人的需求,给他们一个愉快的经历。

### (一)耐心

老年人由于年龄大,记忆力减退,一个问题可能反复问好几遍,导游人员要耐心地、不厌其烦地予以解答;老年人人生阅历丰富,知识面广,对一些问题爱刨根问底,导游人员应满足其知识方面的需求,而不能敷衍应付;老年人行动迟缓,在日程安排和游览过程中要耐心地给予关照。

### (二)放慢速度

在为高龄老年人提供服务时,要切记一个"慢"字。

（1）行走时，老年人大多身体不太灵活，游览时一定要放慢速度，照顾到体力较弱、落在后面的老年人；在上、下站的移动过程中，应事先考虑到老年人的特点，适当提前赶往机场、车站。

（2）讲解时，老年人的听力和理解力都不能与年轻人同日而语，在向他们讲解时导游人员要放慢速度、加大音量、吐字清晰、适当重复。

（3）生活照顾上，在进餐时间、集合时间的把握上，导游人员应细致体贴地关注老年人的特点，适当延长时间。

## （三）预防事故

（1）在线路安排上应选择适合老年人特点的景点，如地面较平坦、台阶少，不太拥挤，危险路段少等，防止老年人摔倒或碰伤。

（2）游览时，要反复提醒老年人集合的时间、地点。

为了预防老年人的走失及走失后的严重后果，导游人员最好给每位老年人发放一张卡片，注明所住饭店名称、电话、与导游人员的联系方式等，并嘱咐老年人，万一走失，不要惊慌，不要到处乱走，而应在原地等待，马上与导游人员联系。

## （四）关注健康

老年人的身体适应能力较差，在日程安排上导游人员一定要保证老年人的健康，适当增加休息时间，做到劳逸结合，活动量不能太大，景点选择少而精，以细看慢讲为宜；饮食安排要做到卫生、可口、好消化吸收，以清淡为宜；遇到天气变化，应提醒注意衣服增减。

## （五）尊重西方传统

许多西方老年游客，在旅游活动中不愿过多地受到导游人员的特别照顾，认为那是对他们的侮辱，显示出他们是无用之人。因此，对此类游客应尊重西方传统，注意照顾方式。

## 三、对残疾游客的接待

在团队旅游者中，有时会有残疾旅游者，在任何时候、任何场合都不应讥笑和歧视他们，而应该表示尊重和友好。在接待这些残疾旅游者时，导游人员要特别注意方式方法，既要满腔热情、细心周到、尽可能地为他们提供方便，又要不给他们带来压力或伤害他们的自尊心。

### （一）尊重

对残疾旅游者最大的尊重就是把他们当作正常人。导游人员在接待残疾旅游者以前,就应该根据计划内容分析他们的需求,根据需求设计不同的接待程序,把对他们的关心和照顾做得不露痕迹,而不是刻意地照顾。

### (二)适时、恰当的关心和照顾

(1)接到残疾者后,应适时地询问需要什么帮助,但不宜过多。

(2)时刻关注残疾旅游者。

(3)接待聋哑旅游者要安排他们在车上前排就座,因为他们需要通过读口形来获取信息,这时,地陪应面向他们放慢讲解速度,使他们能了解更多讲解内容。

(4)接待截瘫旅游者时,在制订活动计划时,要考虑截瘫旅游者是否需要轮椅,如果需要,应提前通知有关部门做好准备。同时,车辆的选择也要考虑,最好使用方便轮椅上下的车。景点和饭店的选择,应注意有无"无障碍设计",没有的话,轮椅的进出将极为不便。

(5)接待视力障碍旅游者时,尽最大努力争取将讲解的内容细致形象,讲解时可主动站在其身边,能用手触摸的地方、物品可以尽量让他们触摸。

## 四、对商务游客的接待

### (一)熟悉商务活动常识

随着我国经济总量高速增长和对外经济贸易交流不断增加,我国接待的国内商务游客的数量和来自世界各国的商务游客数量均急剧增加。导游人员需对有关会议、展览、谈判、考察、营销、管理等商务活动的专业知识和专业术语有较好的了解。尤其针对海外的商务游客,导游人员在接待工作中不仅需要外语过硬,而且需要对各类活动的专业术语了如指掌,才能更好地沟通,做好接待工作。

### (二)提高高质量的服务

对商务游客来说,旅行意味着工作,商务游客的交通和住宿餐饮等费用由公司支付,因而商务游客一般拥有较强的消费能力。较强的消费能力使得商务旅游不太关注消费服务的价格,这些就意味着商务游客在旅行过程中和在目的地期间,更关注服务质量,需要导游提供较多的"管家式服务",即提供舒适性、安全性和便利性高的服务,提供更具效率、品质和个性化的服务,以减少旅行过程中非工作本身所带来的麻烦。

### (三)合理的统筹安排

商务旅客旅行日程安排紧凑,强调效率,因此,他们希望旅游公司提供的商务导游服务能统筹安排,提高销量,节约时间。资料表明,商务旅游的消费项目中,住宿、餐饮、交通、会议、宴会等商务配套设施需求大,费用的支出比较稳定并占有较大比例。这就需要导游人员能合理统筹安排,为客人安排所需的交通工具,安排下榻的饭店不仅食宿条件良好,还要有完备的现代通信设施、完善的会议场所、高效的服务水平等,以确保商务活动顺利有序地开展。在客人完成商务活动后,导游人员应根据游客需求合理安排其游览、购物等活动。

### 五、对宗教游客的接待

宗教游客大都虔诚友善,但基于其特殊背景和身份,他们也有不少特殊的需求。在对宗教游客的接待时应注意以下几点。

#### (一)了解并掌握我国的宗教政策

我国的宗教政策是自治、自养、自传。中国不干涉宗教人士的国际友好交往,但未经我国宗教团体邀请和允许,不得擅自在我国境内传经布道和散发宗教宣传品。对于常规礼拜活动,经上报宗教主管部门同意后,可在指定场所举行。任何人不得利用宗教进行破坏社会秩序、损害公民身体健康、妨碍国家教育制度的活动。

#### (二)做好做细准备工作

导游人员在接到工作任务以后,要认真分析接待计划,了解接待对象的个人背景,对其宗教教义、教规和生活习惯、禁忌要充分了解。需要安排教堂的,要把教堂的名称、位置、开放时间了解清楚。

#### (三)尊重并满足其特殊需求

对宗教人士在生活习惯上的特殊要求和禁忌,导游人员要设法给予满足,饮食方面的禁忌和要求,一定要提前通知到餐厅。导游人员要处处尊重宗教旅游者的宗教信仰,并把服务做到前头。

#### (四)不要多加评论

无论在讲解还是生活交流中,导游人员都要注意避免涉及有关宗教问题的争论,不要把宗教问题与政治问题混为一谈,不要对对方的宗教信仰妄加评论,更不能在言谈中透露出不理解、不尊重。

### 六、对探险游客的接待

探险旅游者是由有冒险精神、有自主意识的人们组成的以征服自然、探索奥秘、实现自我价值为目的,到未开发的地方进行野外旅游的人或团体。探险旅游作

# 第七章 导游带团技能

为一种新型旅游形式,与其他旅游形式相比,导游人员更要维护好游客的人身安全,做好探险旅游的安全防范。

**探险旅游者的特征**

1. 目的地特殊性

探险旅游团的旅游目的地有着与众不同的特点,即目的地大都是人迹罕至、未经开发的自然景地。其非常规的旅游线路意味着行程的艰苦,旅游团的探险者正是从这个艰苦的过程里面得到了乐趣,实现了自我价值。

2. 成员意志坚定

探险旅游团的成员在身体和心理方面都做好了充分的准备,他们不怕艰苦,不怕挫折,意志非常坚定。无论是登山、漂流,还是野外生存,都具有比一般人更强的适应能力,进而抱有不达目的决不放弃的决心。因此,他们在与大自然的较量中,会表现出乐观的生活态度、坚强的意志品质、高度的团队精神。

3. 配套装备较多

为了保证探险旅游的顺利完成,探险旅游团就不像其他常规旅游团那样轻车简从,而是要携带一些必要的装备。探险对象不同,所携带的装备也有所不同,但大致有以下几类:

(1)生活保障装备。主要有帐篷、背包、睡袋、水壶、炊具、防寒袜、防寒手套等。

(2)探险专用装备。以登山为例,主要有手套、登山靴、绳索、上升器、下降器、头盔、护目镜、氧气瓶、登山杖等。

(3)辅助装备。主要有指北针、望远镜、照相机、地图、医药箱等。

这些必需装备,数量之多、品种之全,是常规旅游团所无法相比的。

4. 专业性较强

参加探险旅游,除了具有强壮的身体之外,还必须有一定的专业知识和能力。他们的野外生存能力、参与实践能力、自救自助能力,都比常人要强出许多。较强的专业性要求,使得大部分人望而却步,没有受过专门、长期训练的人是没法参加探险旅游的。

一、判断题

1. 游客是旅游的主体,在旅游活动中处于中心地位。（　　）

2. 谋求共赢是处理利益关系的基本原则。（　　）
3. 在泰山之巅观赏云海、旭日、晚霞，观赏者采用的是动态观赏的观景赏美方法。（　　）

二、单项选择题

1. 下列不属于静态观赏的例子是（　　）。
   A. 钱塘观潮　　　　　　　　B. 断桥赏雪
   C. 柳岸闻莺　　　　　　　　D. 苏堤漫步

2. "横看成岭侧成峰，远近高低各不同"，主要指的是观景赏美中（　　）的问题。
   A. 观赏时机　　　　　　　　B. 观赏距离和角度
   C. 静态观赏　　　　　　　　D. 观赏节奏

3. 旅游活动的主体是（　　）。
   A. 旅游者　　　　　　　　　B. 旅行社
   C. 旅游景点　　　　　　　　D. 旅游组织

4. 导游人员在和领队合作时应注意（　　）。
   A. 遇事听领队的，领队提出的要求全部答应
   B. 为了拉近关系，和同性领队住同一间房
   C. 向领队说明团队详细收费标准，必要时给领队一定的好处
   D. 关心、支持领队的工作，坚持原则的同时避免正面冲突

三、多项选择题

1. 在观赏自然景观时，导游人员要抓住的要点有（　　）。
   A. 动观高山，静观流水　　　B. 找准观赏距离和位置（角度）
   C. 调节好观赏节奏　　　　　D. 把握好观赏时机
   E. 处理好动态观赏和静态观赏的关系

2. 导游服务集体由（　　）组成。
   A. 司机　　　B. 领队　　　C. 地陪　　　D. 游客
   E. 全陪

3. 导游服务集体的协作方法有（　　）。
   A. 摆正位置，明确分工　　　B. 我行我素，坚持风格
   C. 利益相关，同舟共济　　　D. 相互体谅，共同努力
   E. 充分展现个性

# 第七章 导游带团技能

# 参考答案及解析

## 一、判断题

1. √
2. √
3. × 【解析】在某一特定空间,观赏者停留片刻,选择最佳位置驻足观赏,通过感觉、联想来欣赏美、体验美,属于静态观赏。

## 二、单项选择题

1. D 【解析】静态观赏是指旅游者在一定的位置上,面对风景,缓慢地移动视线,仔细玩味其中奥妙的一种欣赏活动。苏堤漫步属于动态观赏。
2. B 【解析】诗句主要是指观景赏美中的观赏距离和角度问题。
3. A
4. D 【解析】导游人员要搞好与领队的关系,需注意做好如下几个方面的工作:尊重领队;领队提出意见和建议时,给予足够的重视,工作中遇到麻烦,给予必要的帮助;坚持原则、避免正面冲突;意见不一致时,主动与领队沟通,力求及早消除误解,避免分歧继续发展。

## 三、多项选择题

1. BCDE 【解析】在观赏自然景观时,导游人员要抓住四个要点:处理好动态观赏和静态观赏的关系;找准观赏距离和位置(角度);把握好观赏时机;调节好观赏节奏。
2. BCE 【解析】导游服务集体由三位导游人员自然组成,即全程陪同导游人员、地方陪同导游人员和海外领队,即通常所说的全陪、地陪和领队。
3. ACD 【解析】导游服务集体的协作方法有:摆正位置,明确分工;利益相关,同舟共济;相互体谅,共同努力。

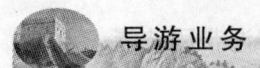

# 第八章 导游讲解技能

了解导游语言的内涵和特征;掌握口头语言的表达方式和体态语言的运用;熟悉导游语言的沟通技巧;熟悉导游讲解的原则和要求;掌握常用的导游讲解方法和技巧。

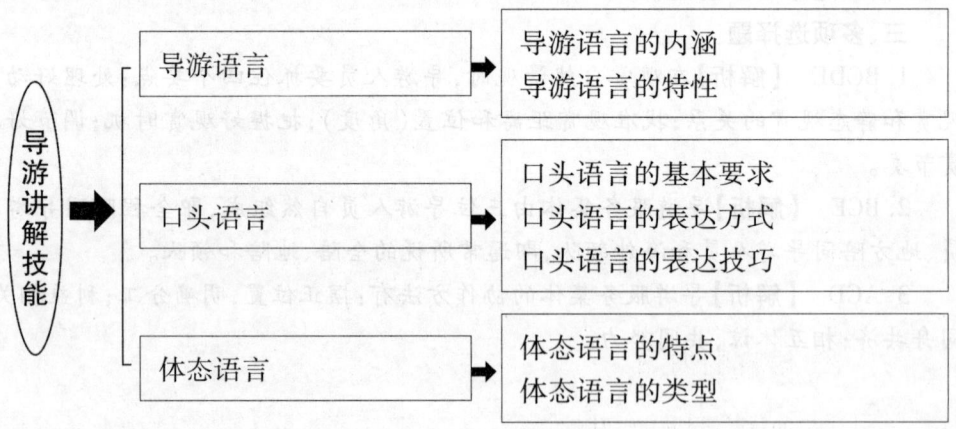

# 第八章 导游讲解技能

```
                        ┌─ 称呼的语言技巧
                        │  交谈的语言技巧
                        │  答问的语言技巧
         ┌─ 导游语言的沟通技巧 ─┤  劝服的语言技巧
         │              │  提醒的语言技巧
         │              │  回绝的语言技巧
         │              └─ 道歉的语言技巧
         │
导游讲解技能 ─┤─ 导游讲解的原则和要求 ─┬─ 导游讲解的原则
         │                  └─ 导游讲解的要求
         │
         │              ┌─ 概述法
         │              │  突出重点法
         │              │  类比法
         │              │  制造悬念法
         └─ 导游讲解方法 ────┤  虚实结合法
                        │  问答法
                        │  触景生情法
                        │  分段讲解法
                        │  画龙点睛法
                        └─ 妙用数字法
```

## 第一节　导游语言

### 一、导游语言的内涵

　　导游是一种社会职业,与其他社会职业一样,在长期的社会实践中形成了具有职业特点的语言——导游语言。

　　导游语言有广义和狭义之分:狭义的导游语言是指导游人员用于同游客进行交流、传播知识、介绍景点、实现沟通的一种生动形象的口头语言;广义的导游语言是指导游人员在导游服务过程中必须熟悉掌握和运用的所有具有一定意义并能引起互动的一种符号。其中的"所有"是指在形式上不仅包括口头语言，而且还包括书面语言、体态语言和副语言；"具有一定意义"是指能够传递某种信息或表达某种思想情感；而所谓"符号"，是从语言学意义上来讲的，指含有一定意义的媒介物。

导游语言是导游人员用来做好导游服务工作的重要手段和工具。导游人员在讲解中通过运用富有表现力、生动形象的语言，使大好河山的"静态"变为"动态"，使沉睡了千百年的文物古迹死而复活，使优雅的传统工艺品栩栩如生，从而使游客感到旅游生活妙趣横生，给游客留下经久难忘的深刻印象。导游工作要求导游人员具有比较扎实的语言功底，而正确、优美、得体的语言表达能力对提高导游服务质量至关重要。所以每一位导游人员都应练好导游语言这一基本功，并使其语言水平不断提高。

## 二、导游语言的特性

### （一）情感性

尽快接近旅游者、消除导游人员与旅游者的心理距离、取得旅游者的信任、激发和维持旅游者的游兴是导游成功的关键，这就决定了导游语言必须要具有情感性。"情"在导游服务中是永恒的基调。

1. 导游语言要"有情"

就是通过语言的形式，把导游人员对旅游者的关爱充分地表达出来。

如：导游人员在每天与旅游者第一次见面时要多问声"早安"；晚上多向旅游者问声"晚安"；在旅游者感到不方便或不满意时要多说声"对不起"；在旅游者感到疲劳时多说声"辛苦了"；在旅游者身体不舒服时多问声"好一点吗，要不要看医生"；对年老体弱的旅游者多问声"晚上休息得还好吧，如果需要什么帮助就请不要客气"，等等。

2. 导游语言要"动情"

就是导游人员要善于运用富有感染力的语言，帮助旅游者尽快熟悉所要熟悉的对象，尽快进入旅游的最佳角色状态，保持旺盛的旅游兴趣。与此同时，在旅游者碰到困难或需要鼓励的时候，导游人员要献出自己的真情，真正做到以情感人。这种真情的爱，在很大程度上就是通过语言表达来实现的。

3. 导游语言要"共情"

就是导游人员要善于发现旅游者的兴趣，在旅游者为某人、某事、某物感到兴奋时，导游人员要积极地去"分享"，以实现与旅游者在情感上的"共振"，使自己的

# 第八章 导游讲解技能

讲解和介绍与旅游者的情感跌宕起伏,保持一种和谐与默契,这对于提高导游语言的效果至关重要。但在"共情"的过程中,导游人员要注意自己的身份,不要失态,不要过分表露自己的情绪。

## (二)互动性

导游语言的互动性表现在两个方面:一是语言表达的主体(导游人员)与客体(旅游者)往往都处于一种空间移动的动态之中,尤其在导游讲解的时候,这种状况表现得尤为明显。因此,语言表达的主体与客体同时游动和媒介(语言)本身的流动交互在一起,无疑构成了导游语言互动的第一个层次。

二是语言表达的主体与客体往往处于一种交互状态,形成相互影响、相互制约的关系,这种情景通常表现在导游语言交际之中。显然,主体与客体的交互状态构成了导游语言互动性的第二个层次。

## (三)直观性

导游语言特别是导游讲解总是随着参观游览的进程直面具体的人和物。<u>见人说人,见物说物,是导游讲解特别是沿途介绍的基本要求</u>。不具有直观性的讲解,就不具有导游讲解的属性。

## (四)形象性

形象性是与直观性联系在一起的。导游人员首先要通过自己的讲解,善于把旅游者眼前的人和物的形态模型描绘得栩栩如生,还要把与之产生联想中的人和物描述得有声有色,以强化导游语言的吸引力和感染力。

## (五)创造性

导游语言时空跨度大、场景多变、内容丰富、对象复杂,面对如此多变的语言环境,导游人员要使自己的语言成为旅游者美的享受,甚至成为人生的启迪。创造是导游语言保持常青的源泉。

# 第二节 口头语言

在导游语言中,口头语言使用频率最高,它是以说和听为形式的语言。在语言学中,口头语言比较规范的构成应包括语音、词汇、语义和语法。但在日常生活中,较注重语音和语义,而其他要素往往被忽略。通俗地说,口头语言就是说话。话谁都会说,但要把话说得好,说得巧,说得令人信服,并非易事。只有掌握了口头语言的特点和规律,掌握一定的表达技巧,才能使口头语言具有感染力和说服力。

## 一、口头语言的基本要求

对口头语言的基本要求是准确恰当、鲜明生动、通俗易懂、优雅文明。

### （一）准确恰当

口头语言的表达效果如何，很大程度上取决于发音和遣词用语的准确性。不管是外语，还是中文普通话、地方方言、少数民族语言，首先要发音准确，同时，讲解的内容也要以事实为依据，准确地反映客观事实，不能空洞无物、言过其实、胡吹乱侃。一些导游人员在讲解当地景点时，动不动就用"最"字，如"世界上最高的……""中国最大的……""独一无二的""甲天下"等，如果是真的，当然无可厚非，但事实上很多是毫无根据的信口开河，这样就违背了真实性的原则，容易引起游客的反感。导游人员应该以严肃认真的态度对讲解词字斟句酌，以恰当的措辞、适宜的搭配，来介绍景点的价值。

### （二）鲜明生动

口头语言是即时传送的，一定要能打动听众，要鲜明生动、风趣活泼，切忌呆板、老套、平铺直叙。导游人员要学会并善于运用一些修辞手法，如比喻、比拟、夸张、对比、映衬等来美化自己的语言，只有美化了的语言，才能把所讲的内容如故事传说、名人轶事、自然风物等讲得有声有色、活灵活现，才能以强烈的艺术魅力来吸引旅游者领会导游人员的意图，并体验所创造的意境。

### （三）通俗易懂

口头语言不像书面文字那样可以反复阅读，旅游者只有当时听得明白才能理解，因而要用浅显易懂的大众化的词语和句式。大众化语言看似平淡，但要灵活自如地驾驭也绝非易事。导游人员的解说词多源于书面语言，在讲解中要把它变成口头语言，其基本方法有：

（1）改书面词语为通俗词语。如有的导游人员介绍包公祠时，这样说："包公祠坐落在古城开封的西南隅"，其中的"隅"字，现在口语中已基本不用，可以用"角"这个大家都明白的字代替"隅"这一文绉绉的说法。所以，讲解时要尽量用浅白的口语。

（2）改长句子为短句子。口语化的句子一般较短小，虽然也有长句子，但一般要在中间拉开距离，分出几个小句子来，句子太长会造成理解上的困难。

### （四）优雅文明

导游讲解的目的是把美传递给旅游者，美是多方面的，当然包括语言美。我国老一辈的导游人员在总结自己的工作经验,谈到语言运用的感受时说就是要"信、达、雅",其中的"雅",就是优雅文明。现在一些年轻的导游人员往往不太注意语言的优雅,在讲解时不知不觉会冒出一些不文明的词语,给旅游者以粗俗的印象,有的甚至使用旅游者忌讳的词语。至于黄色故事、黄色笑话,更应该杜绝,因为最终受损的不只是导游人员的个人形象,还有旅游业的行业形象和我国的整体形象,因此,那些低级庸俗、格调低下的语言,导游人员一定要避免使用。

## 二、口头语言的表达方式

口语语言的表达方式有两种:独白式和对话式。

### (一)独白式

**独白式是导游人员讲、游客倾听的语言传递方式。**如导游人员致欢迎辞、欢送辞或进行独白式的导游讲解等。

独白式口头语言有下列特点:

1. 目的性强

导游人员的一段话,或是为了表达情感,或为介绍情况,都有着明显的目的性。

2. 对象明确

导游人员的独白,尽管是自己一个人在说话,但话是说给旅游者听的,假如没有了对象,变成了导游人员的自言自语,这段话就变得毫无意义,因而导游人员要始终想到并面对自己的游客,有针对性地进行讲解。

3. 表达充分、完整

运用独白式讲解,一般在事先已做了较多的案头准备,对所讲内容在资料掌握、内容选择、层次设计上已心中有数。在独白时间内,导游人员可以把自己设计好的内容完整地表达出来。刚参加工作的导游人员可以反复练习,力求效果尽善尽美。同时,在独白式讲解中,一般情况下导游人员的思路不会被打断,不会节外生枝。即使有人打断话题,也可以请他稍等,等自己介绍完了再回答他的问题。因而在采用这种表达方式时,导游人员较主动,但同时也要求导游人员要充分准备,讲解要有内容、有思路,这样才会取得好的效果。

### (二)对话式

对话式是导游人员与旅游者之间的双向传递方式,即导游人员与一个或一个以上旅游者之间进行的交谈。交谈的方式有问答、商讨等。

对话式口头语言有以下特点:

**1. 应变性强**

导游人员和旅游者之间的对话可以是导游人员问,旅游者答,也可以是旅游者问,导游人员答。假如是后一种情况,就需要导游人员临场发挥,因为客人的问题可能超出设想的范围,这需要导游人员具有一定的应变能力。

**2. 双向交流**

对话式要求双方对话题有一定的共识,而且对方有谈兴,这样对话才能进行下去,否则没有双向信息的交流,没有你来我往的应答,对话就无法进行。这要求导游人员在选择话题时要慎重,应选择旅游者感兴趣的话题。

**3. 反馈及时**

在对话的过程中,导游人员作为信息传递的一方,通过观察旅游者的表情、反应,来判断他们对这一话题是否感兴趣,能否理解导游人员的意图,根据反馈的信息或继续话题,或转换话题,及时加以调整。

## 三、口头语言的表达技巧

在口头语言的表达上,要注意语音、语调、语速,以保证语言的准确性;同时要注意不同修辞手法的应用,以增加语言的趣味性和感染力。

### (一)音量大小适中

音量是指说话时声音的强弱程度。在导游讲解或与旅游者对话过程中,如何调节好自己的音量,是语言表达的重要技巧。导游人员要善于控制自己声音的强弱,既不能过高,也不能过低。一般来说,应从以下两个方面加以注意:

**1. 根据游客人数的多少和讲解的地点、场合来调节音量**

游客多时,声音要大一些,起码要保证离得最远的旅游者听得见;游客少时,音量则可小一些;在室外讲解或周围环境比较嘈杂时,音量要大一些;而在室内或周边环境相对安静时,音量可小一些。刚参加工作的导游人员要注意练声,这是一个基本功,只有学会了从低声到高声的自如运用,才能轻松地在不同情况下控制自己的音量。另外,要在工作中不断总结,比如站位,即导游讲解时所站的位置就非常有讲究,导游人员应面向旅游者,将旅游者聚拢为一个半圆形,而导游人员自己站在半圆圆心的位置上,这样声音可均匀地传递给每一位旅游者。

**2. 根据讲解的内容来调节音量**

对于一些重要的信息、关键词、需要强调的内容,要加重音量。有时为了增强语言的表达效果,可用高低不同的声音来营造气氛。

## 第八章 导游讲解技能

### (二)语调高低有序

语调是指一个人讲话的腔调,即讲话时语音的高低起伏和升降变化。语调一般分为升调、降调和直调三种,高低不同的语调往往伴随着人们不同的感情状态。

1. 升调

多用于表示游客的兴奋、激动、惊叹、疑问等感情状态。譬如:

"大家快看,前面就是三峡工程建设工地!"(表示兴奋、激动)

"你也知道我们湖北咸宁有个神秘的'131'军事工程?"(表示惊叹、疑问)

2. 降调

多用于表示游客的肯定、赞许、期待、同情等感情状态。譬如:

"我们明天早晨八点准时出发。"(表示肯定)

"希望大家有机会再来当阳,再来玉泉寺。"(表示期待)

3. 直调

多用于表示游客的庄严、稳重、平静、冷漠等感情状态。譬如:

"这儿的人们都很友好。"(表示平静状态)

"武汉红楼是中华民族推翻帝制、建立共和的历史里程碑。"(表示庄严、稳重)

### (三)语速快慢相宜

语速是指一个人讲话速度的快慢程度。导游人员在导游讲解或同游客谈话时,要力求做到徐疾有致、快慢相宜。如果语速过快,会使游客感到听起来很吃力,甚至跟不上导游人员的节奏,对讲解内容印象不深甚至遗忘;如果语速过慢,会使游客感到厌烦,注意力容易分散,导游讲解亦不流畅;当然,导游人员如果一直用同一种语速往下讲,像背书一样,不仅缺乏感情色彩,而且使人乏味,令人昏昏欲睡。

在导游讲解中,较为理想的语速应控制在每分钟200字左右。当然,具体情况不同,语速也应适当调整。譬如,对中青年游客,导游讲解的速度可稍快些,而对老年游客则要适当放慢;对讲解中涉及到的重要或需要特别强调的内容,语速可适当放慢一些,以加深游客的印象,而对那些不太重要的或众所周知的事情,则要适当加快讲解速度,以免浪费时间,令游客不快。

### (四)停顿长短合理

停顿是一个人讲话时语音的间歇或语流的暂时中断。这里所说的停顿不是讲话时的自然换气,而是语句之间、层次之间、段落之间的有意间歇。其目的是集中游客的注意力,增强导游语言的节奏感。导游讲解停顿的类型很多,常用的有以下几种:

(1) **语义停顿**：是指导游人员根据语句的含义所作的停顿。一般来说，一句话说完要有较短的停顿，一个意思说完则要有较长的停顿。

(2) **暗示省略停顿**：是指导游人员不直接表示肯定或否定，而是用停顿来暗示，让游客自己去判断。

(3) **等待反应停顿**：是指导游人员先说出令人感兴趣的话，然后故意停顿下来以激起游客的反应。

(4) **强调语气停顿**：是指导游人员讲解时，每讲到重要的内容，为了加深游客内心的印象所作的停顿。

### (五)活用修辞

#### 1. 比喻

比喻即打比方，就是用相似的事物来对比想要表达的内容。所谓相似，包括外在的和内在的，如形式、颜色、气味、声音、性质、作用、感觉等。比喻是最常用的修辞方法，它可以使抽象具体化，使人物、景观更加鲜明。

在运用比喻时，应注意以下几点：

(1) 要"以易喻难"，用熟悉的通俗的事物来比喻陌生的难懂的事物，而不能相反，否则就失去了比喻的意义，而且越比越不明白。

(2) 要独特新颖、不落俗套，千万不要雷同。第一次把姑娘亮丽的歌声比喻为"百灵鸟鸣"，令人眼前一亮，以后每一次都这样比喻，就没有新意了。自古以来，文人墨客对西湖作过各种各样的比喻，但最能打动人的，还是苏东坡的"欲把西湖比西子，淡妆浓抹总相宜"，这样清新又充满灵气的比喻，一下子就把西湖的美丽传达出来，不用多说多介绍，人们就可以展开想象的翅膀，尽情地去体味西湖的美。

#### 2. 比拟

比拟又称"假拟"，即把物拟作人，或把人拟作物的修辞方法。在导游语言中，最常用的是"拟人"，即把物拟作人。

在运用比拟时，应注意表达要恰当、贴切，并且不能滥用。一般来说，在讲述一些神话传说时比较常用，而在景点概述、回答问题时则不适用。

#### 3. 夸张

夸张是指在客观真实的基础上，用夸大或缩小的词句来描述事物的修辞方法。夸张可以启发旅游者的想象力，强调事物的特征，表达导游人员的情感，增强语言的感染力。

在运用夸张时，应注意掌握分寸，不能毫无根据地无限夸大，否则会给游客以

第八章 导游讲解技能

虚假、浮夸甚至上当受骗之感。

4. 引用

引用是指在自己的语言中用别人现成的语句、材料来说明问题。在导游语言中,引用名人名言、中外典故、成语、歇后语、谚语、诗词、事件等,可以使语言的内涵延伸,表达力增强。引用分为明引、暗引、意引三种。

(1)明引,即直接引用原话、原文。

(2)暗引,即把别人的话直接组织在自己的语句中,不注明出处,直接为己所用。

(3)意引,即只引用原话的意思,而不引原话的词句,即引用的不是原文,而是原意。

在使用引用手法时,应注意尊重原文原意,不能断章取义、随意删改。

## 第三节 体态语言

**体态语言**,是通过人的表情、动作、姿态等来表达语义和传递信息的一种无声语言。在导游服务中,它是导游语言不可或缺的组成部分,起着不可替代的作用,对于导游人员传递信息、交流情感起着重要的辅助作用。

### 一、体态语言的特点

**(一)具有民族文化性**

体态语言在不同的国家、不同的区域、不同的民族文化中往往有不同的语义。在表达同一语义时,不同民族的体态语言表达的方式可能有所不同。比如,表达见面时的致意,多数国家和民族采用的是握手的方式,而日本、韩国采用的是鞠躬,泰国等信奉佛教的国家采用的是双手合十。因此,导游人员在运用体态语言时,必须对游客所属国家的民族文化有所了解,以免发生不必要的误会。

**(二)具有强化和辅助作用**

导游人员体态语言的运用,可以对口头语言起到强化作用,但是与口头语言相比是起到辅助作用。体态语言可以辅助口头语言增强口语的表达效果,可以更加明确语义。比如,为游客介绍某一座山峰时,导游人员在用口头语言进行肯定的同时,要用目光和手势指出自己所讲的位置,如果不用目光语和手势语配合,语义就比较含糊了。

### （三）具有组合运用的作用

体态语言的种类很多，但是很少单独使用，多数状态下需要进行组合运用。比如，在送别游客时，导游人员一边微笑着与游客握手，一边与游客道别，这就是将表情语、手势语与口头语言组合运用，给游客以视觉（微笑）、触觉（握手）和听觉（道别）的刺激，得到亲切友好的整体感受。

## 二、体态语言的类型

体态语言主要包括表情语、姿态语、手势语、服饰语、界域语等。

### （一）表情语

表情语是通过人的面部表情来传递情感和信息的体态语言。

1. 首语

导游人员经常通过头部活动来表达语义、传递信息，主要包括点头和摇头。首语实际上有更多的含义，如点头可以表示肯定、同意、认可、满意、理解、感谢、致意等，而摇头则可以表示否定、听不懂、不满意、不同意、不理解等。一般来说，大多数国家和地区都是以点头表示肯定，以摇头表示否定，但因民族习惯的差异，还有不同的含义，如印度、泰国等地的某些少数民族奉行的是"点头不算，摇头算"的原则。

2. 目光语

目光语是通过视线接触来传递信息的一种体态语言，是主要由瞳孔变化、目光接触的时间长短和视线的方向三个方面组成的语言符号。导游人员应用环视的方式，将目光均匀地落在游客身上，一般连续注视某位游客的时间应在1~2秒以内，以免引起游客的厌恶和误解，但在交流或讲解时目光不注视游客也是一种失礼行为。一般来说，视线向上（仰视）表示期待或傲慢，视线向下（俯视）表示爱护或轻视，视线平行（正视）表示庄重和理性，斜视表示轻蔑，扫视显得不尊重，窥视表示鄙夷等等。导游人员常用的目光语是"正视"，让游客充分感受到导游人员的自信、坦诚、亲切和友好。

3. 面部表情

在所有的身体姿态中，人们了解最多的就是面部表情。因为，常人的喜怒哀乐、爱恨痴狂，往往会形之于色，令人一望即知。面部表情最为直观地展示出了人们的心理状态及其变化过程。

导游人员的面部表情要给游客松弛、自然的感觉，使游客产生亲近感。在导游服务中，对导游人员面部表情的要求应该是微笑，因为它犹如一缕春风轻抚人的心田。微笑是导游人员最好的语言工具,在有些情况下甚至不需要一言一行,只要一个笑容就可以打动游客。

导游人员的表情对与游客的交流有极大的影响,导游人员大多数时间与游客是面对面交流的,面部表情应该随着交流或讲解的内容而变化,与表达同步,要有真情实感。

(二)姿态语

姿态语是指人在一定场合中以身体姿态所传递的信息。不同的体姿传递不同的信息,在导游讲解中,导游人员是站着讲还是坐着讲,还是边走边讲,旅游者的感受是不一样的。"站如松,坐如钟,行如风",就是指自古以来,对人们在公共场合应保持的正确体姿的一种规范。与导游服务关系密切的姿态主要有站姿、坐姿和走姿。

1. 站姿

导游人员在景点站立讲解时,应身体端正,挺胸,双脚分开与肩同宽,将身体重心放在双脚,双臂自然下垂,或双手相握置于身前,以表示谦恭、彬彬有礼,或双手交叉放于身后,传达一种自信和轻松。如果是在旅游车内站立讲解,导游人员可微靠司机后面的护栏,或手扶护栏,以保持身体的平衡,但要注意保持上身正直,精神饱满,不可心不在焉。

导游人员在站立时应避免躬背,给人以病态之感;不要双手叉腰,使旅游者觉得导游人员傲慢无礼;也不要双臂抱于胸前,显得松懈、懒散。男导游人员的站姿应给人以刚毅之美,女导游人员的站姿应体现文雅之美。

2. 坐姿

在导游工作中,导游人员有时要根据不同的场合和语言环境选择适当的坐姿。坐姿是一个导游人员气质、教养与个性的表现,应文雅、端庄、稳重、亲切、自然。入座时,导游人员动作应轻、缓,又不失朝气,男导游人员应上身正直,微微分开双腿而坐,女导游人员坐下后上身正直,头正目平,腰背微靠椅背。两膝间距,男子以松开一拳为宜,女子以不分开为好。坐时应根据椅子的高低及有无扶手、靠背,注意身体的自然协调。

在坐姿中,应避免"二郎腿",即一条腿架在另一条腿上,坐下后不要前缩或后仰,不要抖腿,否则会给人一种目中无人、缺乏教养的印象。

3. 走姿

导游人员带团游览的过程是一个流动的过程,在这个过程中,导游人员和旅游者都在不断地走动,导游人员应注意走姿的大方、得体和灵活,给人以动态美。走路时要保持上身的自然挺拔,身体重心可略略前倾,抬头、收腹挺胸,肩和手臂放松,手指自然弯曲,两臂自然摆动,摆幅不超过30°;在景点或市内,要注意靠右行,保持团队的有条不紊;导游人员要眼观六路,注意观察旅游者是否跟得上,团队中是否有人掉队或走失;行走时,导游人员不要把手插在裤袋里,以免显得过分自然随便,也不要自顾自地闷头走路。

### (三)手势语

手势是通过手及手指动作所传递的信息,包括握手、招手、手指动作等。人的一切心理活动,都伴有多多少少的手势,手势作为信息传递方式,不仅可以表达一个完整的概念,还能强调口语的语义,甚至表达口语以外的含义。

**1. 握手语**

握手语是交际双方互伸右手彼此相握以传递信息的手势语,其语义异常丰富:初次见面时握手表示欢迎,告别时握手表示欢送,还可向别人表示祝贺、理解、鼓励、道歉、感谢等。导游人员在握手时应注意以下几方面:

(1)握手的顺序

在交际礼仪中,与不同性别、年龄、身份、地位的人握手,有不同的原则。在男女之间,男方应等女方先伸手后才能握手,如女方不伸手、无握手之意,男导游人员与对方点头致意即可;在长辈、晚辈之间,晚辈应等长辈先伸手;在宾主之间,主人应先伸出手向对方表示欢迎;在下上级之间,下级要等上级先伸手,一般不应主动先伸手与上级相握。

(2)握手的力度

在不同场合,与不同的握手对象握手的力度是不一样的:老朋友久别重逢,可以双手紧紧相握,久久不松开;导游人员和旅游者之间是一种工作关系,握手的力度不可过大,握一下即可,特别是男导游人员与女士握手时,不可用力,只握一下对方的手指部分即可。

(3)握手的时间

握手时间的长短,应根据双方关系灵活掌握。在初次见面或一般工作关系的情况下,时间以不超过三秒钟为宜;对老朋友、老熟人、回头客,握手时间可适当延长,可以边握手边寒暄问候,但也不能握住对方的手长时间不放。

(4)注意事项

在人多时,注意不要同时一左一右与两个人握手;不要一边与人握手,一边东张西望,心不在焉;不要把左手插在衣袋里;不能握住对方的手摇来摇去,长时间不放。

2. 手指语

手指语是通过手指的各种动作传递信息的手势语,它是一种较为复杂的伴随语言,可以传递多种信息,如指示人或事、象征某些含义等。与握手语不同的是,手指语深受文化差异的影响,同样一个动作,在不同民族文化之下可能有截然相反的内涵。比如竖起大拇指,在中国表示赞扬,在日本表示"老爷子",在希腊表示叫对方"滚开",在法国、澳大利亚、英国、新西兰等国表示请求搭车,而在一些特殊场合是侮辱人的信号;伸出食指和中指,在中国表示数字"2",在英国、美国等国家则因它像字母"V"而表示胜利;用拇指和食指构成"O"型手势,在中国表示数字"零",在日本表示金钱,在讲英语的国家表示"OK""对""好",但在法国表示没有或微不足道,而在巴西、希腊和一些阿拉伯国家,这个手势表示诅咒或是一种粗俗下流的动作;伸出小指,在日本表示女人、女孩子、恋人,在菲律宾表示小个子,在泰国、沙特阿拉伯表示朋友,在缅甸、印度表示去厕所,而在美国、韩国、尼日利亚等国表示打赌。

3. 招手、挥手语

招手语多用于远距离打招呼,手心向下的招手,在中国表示"请过来",在英国表示再见;手心向上的招手,在中国表示不礼貌地唤人过来,在英国则表示"请人过来",而在日本则用以唤狗。

挥手语的含义多为向众人致意或再见,有时说话或演讲激动时,也会挥动手臂以加强语气和表达力。

(四)服饰语

服饰语是通过服装和饰品来传递信息的一种体态语言。

1. 配色原则

服饰语能显示一个人的修养、气质、爱好、精神状态、文化层次及生活习惯。它有很多构成要素,如色彩、款式、质地等,其中色彩是第一要素。不同颜色代表不同意义,不同颜色的服装穿在不同的人身上会产生不同的效果。服装色彩的巧妙运用能使人产生感觉,收到令人满意的效果。如浅色有扩张作用,瘦削的人穿浅色服装可产生丰腴的效果;深色给人以收缩感,适宜较胖的人穿着。一般来说,黑、白、灰是配色中的安全色,它们最容易与其他色彩搭配并取得良好的效果。对导游人员来说较理想的配色是:绿色——黄色,粉红——浅蓝,浅绿——黑色,深蓝——灰色,黄褐——白色,橄榄绿——驼灰。色彩本身还具有浓厚的感情成分,深色让人感觉庄重深沉,浅色给人以轻松舒展之感,白色纯洁,蓝色恬静,红色热情,黄色明亮,导游人员可根据不同的场合选用不同色彩的服装。

2. "TPO"原则

导游人员的着装除了配色原则之外,还应遵循"TPO"原则。"TPO"是英文"time"(时间)、"place"(地点)、"occasion"(场合)三个单词的缩写。"TPO"原则是指人们的穿着打扮要兼顾时间、地点、场合,并与之相适应。在时间上,导游人员的着装要考虑季节和日期;在地点上,要考虑地理位置、自然条件及生活习俗,如爬山时女导游人员就不适合穿较窄的裙子;在场合上,导游人员的着装要注意区分上班、社交、休闲等不同场合,上班装要整洁、大方、高雅,让服装与自己的年龄、职业、肤色、性格相符合;休闲装要穿得既舒适又得体。在游览的过程中,休闲装比较合适,但在社交场合如出席宴会,穿着则要庄重典雅。

3. 整洁、得体

导游人员的着装,除了注意色彩搭配和符合"TPO"原则之外,还应做到干净整洁、符合规范,不可标新立异,着奇装异服。

4. 饰物

饰物除有装饰作用外,还有一定的象征意义,比如戒指,是成年男女婚姻状况的标志。在西方,人们把结婚戒指戴在左手的无名指上,这是因为古罗马人相信在人的左手无名指上有一条静脉血管直通心脏,把结婚戒指戴在这里可以获得真挚、永恒的爱情。戒指的佩带是一种无声的语言,戴在无名指上,表示已结婚或订婚;戴在食指上,表示无偶;戴在中指上,表示已有了意中人,正处在恋爱之中;戴在小指上,则暗示自己是一位独身者。导游人员在带团时,应能从旅游者的戒指上读懂相应的语言。当然,现代社会中戒指已渐渐脱离了原来的含义,而变成一种装饰品,不过,在社交场合,导游人员还是应注意身份与饰品的搭配。饰物除戒指之外,还有耳环、项链、胸花等,对导游人员来说,在工作状态不应佩戴过多饰品,假如非戴不可,也应含而不露,切忌花枝招展。

(五)界域语

界域语是交往者之间的空间距离所传递的信息。在心理学中,空间的存在具有心理学的意义,比如每个人都有自己心理上的个体空间,它像一个无形的安全区一样,自己在这个安全区中会获得安全感。在人际交往中,这个安全区主要由身体周围的空间组成,如果别人擅自闯入,自己就会觉得不安全。比如一个旅游者正在一块石头后面给自己的恋人打电话,如果导游人员走近,他就会下意识地转过身去,压低声音,因为别人闯进了他的安全区。

界域语可分为三类,即亲热界域语、个人界域语、社交界域语。亲热界域语是接触性界域语,即双方有身体上的接触,如拥抱、亲吻等,导游人员通常不用,假如出于尊重对方习俗非用不可,也应慎重,应符合对方的习俗礼仪;个人界域语是接近性界域语,距离一般为一米左右,语义为"亲切、友好",如促膝交谈、围坐聊天等;社交界域语是交际性界域语,距离一般为两米左右,语义为"严肃、庄重",如商务谈判、导游讲解等。

导游人员在带团过程中,比较常用的是个人界域语和社交界域语,应避免使用亲热界域语。无论是讲解服务还是生活服务,要注意给旅游者留出充足的个人空间,避免侵犯他们的隐私,这既是一种修养,更是对旅游者的一种尊重。

## 第四节　导游语言的沟通技巧

在导游服务中,导游人员在与游客以及其他接待人员进行接触、交流的过程中,语言是最基本、最重要的工具,表达方式、语言技巧都会对接触、交流的效果产生影响。因此,导游人员应不断地提高自己的导游交际语言技能。

导游交际语言包含的内容很多,如见面时的语言、交谈时的语言、致辞(欢迎辞、欢送辞)的语言,以及导游人员同游客交往时进行劝服、提醒、拒绝、道歉的语言等等。

### 一、称呼的语言技巧

在称呼游客的时候,导游人员一般有四种方式:

(一)交际型称呼

交际型称呼主要是强调导游人员与游客的角色关系,如"各位团友""各位游客""各位嘉宾"等,这种称呼定位准确、宾主关系明确,特别是"游客"称呼是导游人员最常用的称呼方式。

(二)尊称型称呼

尊称型称呼适用于各种场合,是对各个阶层、各种身份比较通用的社交称呼,如"女士们、先生们""各位女士""各位先生"等,这种称呼尊称意味浓厚、适用范围广泛,比较适用于入境团,国内团稍显正规。

### (三)亲密型称呼

亲密型称呼适用于与游客交往密切后的称呼,如"各位朋友""朋友们"等,这种称呼热情友好、亲和力强,比较容易消除游客的陌生感,建立"伙伴关系",与游客略熟悉后可使用这种称呼。

### (四)身份型称呼

身份型称呼是根据游客的具体身份来进行称呼,如学生团称呼"同学们"、教师团称呼"老师们"、公务团称呼"各位领导"等等,以游客的身份进行称呼,以示身份有别、敬意有加,这也是一种常见的称呼方法。

在旅游活动中,导游人员对游客的称呼总的原则应把握三点:一要得体;二要尊重;三要通用。

## 二、交谈的语言技巧

在导游人员的交际过程中,有大量的时间在与游客进行自由交谈。这种交谈对于导游人员与游客的沟通、对游客的了解非常重要,因此导游人员要注意交谈的方式和技巧。

聊天是交谈的主要形式。导游人员与游客聊天,通常是为了达到协调双方关系、缩短心理距离、建立良好交际的目的。因此导游人员与游客聊天时应从游客感兴趣或关心的话题入手。

### (一)开头要问候

交谈往往是从问候开始的,如果直接进入交谈主题,往往显得唐突而不礼貌。从"您好"这样最常见的问候语开始,显得亲切自然,可以缩小相互之间的心理距离,打破双方的社交界限,建立信息传递的渠道,加强双方的了解。

### (二)语言要真诚

导游人员要在交谈的初期给游客留下良好的印象,就一定要注意语言的真诚。真诚,就是敢于把自己的思想真实、诚挚地表达出来。待人真诚,并不是毫无节制、毫无原则的无话不谈,必须符合交往原则、外事纪律以及道德规范。

### (三)内容要健康

导游人员与游客交谈时要注意,内容一般不要涉及疾病、死亡等不愉快的事情,不要谈及黄色淫秽、耸人听闻的事情,不要说他人的是非,更不要有损国格人格。

### （四）有始就有终

导游人员要善于把握谈话的进程，交谈要有始有终。交谈时，切忌在对方谈兴正浓时戛然中止，应在话题告一段落时设法收场；当发现话题内容枯竭时，应及时结束交谈，不要勉强延长话题；要留意对方的暗示，若对方已无交谈的兴趣，应知趣地结束谈话；结束交谈时，要给对方留下一个愉快的印象。

## 三、答问的语言技巧

游客出于不同的旅游动机来到本地游览，经常会提出各种稀奇古怪的问题，需要导游人员给予回答。无论是避而不答，还是直接表态，有时都会加深问题的程度或削弱表达的效果。因此，导游人员应该掌握答问的语言技巧。

### （一）是非分明

导游人员在回答游客的提问时，能够给予明确答复的，应该是非分明地予以回答，避免出现误解或模糊的认识。

### （二）以问作答

导游人员对于游客的某些问题，无论回答肯定或否定的答案，都会陷入困境。这时应以含蓄的语言或以反问的形式，不给予正面回答，也能让游客得到答案。

### （三）顺水推舟

游客提出问题后，不马上回答，而是提出一些条件或理由，诱使对方自我否定、自动放弃原来提出的问题。

## 四、劝服的语言技巧

在导游服务过程中，导游人员常常会面临各种问题，需要对游客进行劝服，如旅游活动日程被迫改变需要劝服游客接受；对游客的某些越轨行为需要进行劝说等。劝服一要以事实为基础，即根据事实讲明道理；二要讲究方式、方法，使游客易于接受。

### （一）诱导式劝服

诱导式劝服即循循善诱，通过有意识、有步骤的引导，澄清事实，讲清利弊得失，使游客逐渐信服。如某旅游团原计划自武汉飞往深圳，因未订上机票只能改乘火车，游客对此意见很大。这时导游人员首先要十分诚恳地向游客致歉，然后耐心地向游客说明原委并分析利弊。导游人员说："没有买上机票延误了大家的旅游行程，我很抱歉，对于大家急于赴深圳的心情我很理解。但是如果乘飞机去深圳还得等两天以后,这样你们在深圳只能停留一天,甚至一天还不到;如果现在乘火车,大家可在深圳停留两天,可以游览深圳的一些主要景点。另外,大家一路旅途都非常辛苦,乘火车一方面可以观赏沿途的自然风光,一方面也可以得到较好的休息。"导游人员的这席话使游客激动的情绪开始平静了下来,一些游客表示愿意乘坐火车,另一些游客在他们的影响下也表示认可。

对这类问题的劝服,导游人员一是要态度诚恳,使游客感到导游人员是站在游客的立场上帮助他们考虑问题;二是要善于引导,巧妙地使用语言分析其利弊得失,使游客感到上策不行取其次也是最好的选择。

### (二)迂回式劝服

迂回式劝服是指不对游客进行正面、直接地说服,而采用间接或旁敲侧击的方式进行劝说,即通常所说的"兜圈子"。这种劝服方式的好处是不伤害游客的自尊心,而又使游客较易接受。如某旅游团有一位游客常常在游览中,喜欢离团独自活动,出于安全考虑和旅游团活动的整体性,导游人员走过去对他说:"先生,大家现在游览休息一会儿,很希望您过来给大家讲讲您在这个景点游览中的新发现,作为我导游讲解的补充。"这位游客听了会心一笑,自动地走了过来。

在这里,导游人员没有直接把该游客喊过来,因为那样多少带有命令的口气。而是采用间接的、含蓄的方式,用巧妙的语言使游客领悟到导游人员话中的含意,游客的自尊心也没有受到伤害。

### (三)暗示式劝服

暗示式劝服是指导游人员不明确表示自己的意思,而采用含蓄的语言或示意的举动使人领悟的劝说。如有一位游客在旅游车内抽烟,使得车内空气混浊。导游人员不便当着其他游客的面,伤了这位游客的自尊,在其面向导游人员又欲抽烟时,导游人员向他摇了摇头(或捂着鼻子轻轻咳嗽两声),使游客熄灭了香烟。

这里导游人员运用了副语言——摇头、捂鼻子咳嗽,暗示在车内"请勿吸烟",使游客产生了自觉的反应。

总之,劝服的方式要因人而异、因事而异,要根据游客的不同性格、不同心理或事情的性质和程度,分别采用不同的方法。

## 五、提醒的语言技巧

在导游服务中,导游人员经常会碰到少数游客由于个性或生活习惯的原因表现出群体意识较差或丢三落四的行为,如迟到、离团独自活动、走失、遗忘物品等。

# 第八章 导游讲解技能

对这类游客,导游人员应从关心游客安全和旅游团集体活动的要求出发给予特别关照,在语言上要适时地予以提醒。

提醒的语言方式很多,除了直截了当的命令式(这种方式切忌使用)之外,还有其他的委婉方式。由于导游人员处在为游客服务的位置,导游人员对游客首先应予尊重,其次要有服务意识,对游客的安全负责,对游客中某些行为需要提醒时,应使用委婉的语言。导游人员提醒的语言应富有情感,要体现对游客的关心,使提醒在愉悦的气氛中被游客接受。提醒的语言方式具体有:

### (一)敬语式提醒

敬语式提醒是导游人员使用恭敬口吻的词语,对游客直接进行的提醒方式,如"请""对不起"等。导游人员在对游客的某些行为进行提醒时应多使用敬语,这样会使游客易于接受,如"请大家安静一下""对不起,您又迟到了"。这样的提醒比"喂,你们安静一下""以后不能再迟到了"等命令式语言要好得多。

### (二)协商式提醒

协商式提醒是导游人员以商量的口气间接地对游客进行的提醒方式,以取得游客的认同。协商将导游人员与游客置于平等的位置上,导游人员主动同游客进行协商,是对游客尊重的表现。一般说来,在协商的情况下,游客是会主动配合的。

### (三)幽默式提醒

幽默式提醒是导游人员用有趣、可笑而意味深长的词语对游客进行的提醒方式。导游人员运用幽默的语言进行提醒,既可使游客获得精神上的快感,又可使游客在欢愉的气氛中受到启示或警觉。

## 六、回绝的语言技巧

回绝即对别人的意见、要求予以拒绝。在导游服务中,导游人员常常会碰到游客提出的各种各样的问题和要求,除了一些通常的问题和一些合理的但经过努力可以办到的要求可予以解释或满足外,也有一些问题和要求是不合理的或不可能办到的,对这类问题或要求导游人员需要回绝。但是,由于导游人员同游客之间主客关系的束缚,导游人员不便于直接回答"不",这时导游人员必须运用回绝的语言表达方式和技巧。

### (一)柔和式回绝

柔和式回绝是导游人员采用温和的语言进行推托的回绝方式。采取这种方式回绝游客的要求,不会使游客感到太失望,避免了导游人员与游客之间的对立状态。如某领队向导游人员提出是否可把日程安排得紧一些,以便增加一二个旅游项目。导游人员明知道这是计划外的要求不可能予以满足,于是采取了委婉的拒绝方式,"您的意见很好,大家希望在有限的时间内多看看的心情我也理解,如果有时间能安排的话我会尽力的。"这位导游人员没有明确回绝领队的要求,而是借助客观原因(时间),采用模糊的语言暗示了拒绝之意。又如,一位美国游客邀请某导游人员到其公司里去工作,这位导游人员回答说:"谢谢您的一片好意,我还没有这种思想准备,也许我的根扎在中国的土地上太深了,一时拔不出来啊!"这位导游人员未明确表示同意与否,然而却委婉地谢绝了游客的提议。

上述这类回绝方式是柔和的、谦恭的,采用的是拖延策略,取得了较好的效果。

## (二)迂回式回绝

迂回式回绝是指导游人员对游客的发问或要求不正面表示意见,而是绕过问题从侧面予以回应或回绝。

对政治性很强的问题,尤其是西方游客长期受资本主义宣传的影响,一时难以和他们讲清楚,采取这种迂回式的反问方式予以回绝也是一种选择。

## (三)引申式回绝

引申式回绝是导游人员根据游客话语中的某些词语加以引申而产生新意的回绝方式。如某游客在离别之前把吃剩的半瓶药送给导游人员并说:"这种药很贵重,对治疗我的病很管用,现送给你作个纪念。"导游人员谢绝地说:"既然这种药贵重,又对您很管用,送给我这没病的人太可惜了,还是您自己带回去慢慢用更好。"

这里导游人员用客人的话语进行的引申十分自然,既维护了自己的尊严,又达到了拒绝的目的。

## (四)诱导式回绝

诱导式回绝是指导游人员针对游客提出的问题进行逐层剖析,引导游客对自己的问题进行自我否定的回应方式。

总之,导游人员无论用哪种回绝方式,其关键都在于尽量减少游客的不快。导游人员应根据游客的情况、问题的性质、要求的合理与否,分别采用不同的回绝方式和语言表达技巧。

## 七、道歉的语言技巧

在导游服务中,因为导游人员说话的不慎、工作中的某些过失或相关接待单位服务上的欠缺,会引起游客的不快和不满,造成游客同导游人员之间关系的紧张。

## 第八章 导游讲解技能

不管造成游客不愉快的原因是主观的还是客观的,也不论责任在导游人员自身还是在旅行社方面,亦或相关接待单位,导游人员都应妥善处置,需要采用恰当的语言表达方式向游客致歉或认错,以消除游客的误会和不满情绪,求得游客的谅解,缓和紧张关系。

### （一）微笑式道歉

微笑是一种润滑剂,微笑不仅可以对导游人员和游客之间产生的紧张气氛起缓和作用,而且微笑也是向游客传递歉意信息的载体。如某导游人员回答游客关于长城的提问时,将长城说成建于秦朝,其他游客纠正后,导游人员觉察到这样简单地回答是错误的,于是对这位游客抱歉地一笑,使游客不再计较了。

### （二）迂回式道歉

迂回式道歉是指导游人员在不便于直接、公开地向游客致歉时,而采用其他的方式求得游客谅解的方式。如某导游人员在导游服务中过多地接触和关照部分游客,引起了另一些游客的不悦,导游人员觉察后,便主动地多接触这些游客,并给予关照和帮助,逐渐使这部分游客冰释前嫌。在这里,导游人员运用体态语言表示了歉意。又如,某旅游团就下榻饭店早餐的品种单调问题向导游人员表示不满,提出要换住其他饭店。导游人员经与该饭店协商后,增加了早餐的品种,得到了游客的谅解。

导游人员除了采用迂回道歉方式改进导游服务外,导游人员还可请示旅行社或同相关接待单位协商后,采用向游客赠送纪念品、加菜或免费提供其他服务项目等方式向游客道歉。

### （三）自责式道歉

由于旅游供给方的过错,使游客的利益受到较大损害而引起强烈不满时,即使代人受过,导游人员也要勇于自责,以缓和游客的不满情绪。如某导游人员接待了一个法国旅游团,该团从北京至武汉,17:00入住饭店后发现团长夫人的一只行李箱没有了,团长夫人非常气愤,连18:30法国驻华大使的宴请也没有参加。至次日零时,该件行李还未找到,所有团员均未睡觉,都在静静地等着。在这种情况下,陪同的导游人员一面劝游客早点休息,一面自责地对团长和团长夫人说:"十分对不起,这件事发生在我们国家是一件很不光彩的事,对此我心里也很不安,不过还是请您早点休息,我们当地的工作人员还在继续寻找,我们一定会尽力的"。不管这位团长夫人的行李最终是否找到,但导游人员这种勇于自责的道歉,一方面体现了导游人员帮助客人解决问题的诚意,另一方面也是对客人

207

的一种慰藉。

不管采用何种道歉方式,道歉首先必须是诚恳的;其次,道歉必须是及时的,即知错必改,这样才能赢得游客的信赖;最后,道歉要把握好分寸,不能因为游客有些不快就道歉,要分清深感遗憾与道歉的界限。

## 第五节 导游讲解的原则和要求

### 一、导游讲解的原则

导游界的前辈们经过长期的实践,从导游讲解的旅游观赏对象、游客和情景三个方面,总结出了反映导游讲解基本规律的三项原则,即真实性原则、针对性原则和灵活性原则。

#### (一)真实性原则

真实性原则就是指讲解的内容必须客观真实。导游讲解是一种对观赏对象的介绍和解说,通过讲解使游客对具体景物的状态、特征、成因、变革等方面的内容能全面、正确地了解,让游客在了解的基础上,在观赏中达到旅游审美的目的。因此,无论采取何种导游讲解方法,讲解的内容必须客观真实、有根有据,引用的数据、资料要认真核对,不能道听途说、人云亦云,也不能添枝加叶、东拉西扯,更不能信口开河、杜撰史实。

在揭示景区、景点、景物的文化内涵时,导游人员还要特别注意尊重社会文化历史的真实性。即使是神话、传说和故事等通常被认为是"虚构"的题材,也是客观现实在人们头脑中的一种反映(常常是变形的反映),它的产生和流传也是社会历史文化的一种积淀,导游人员必须尊重社会历史积淀的真实性,有所依据地进行导游讲解,并向游客作适当的交代和说明,避免以讹传讹、误导游客。

#### (二)针对性原则

针对性原则就是指导游讲解要从游客的实际情况出发,因人而异、有的放矢。导游讲解是服务于游客的,游客是接受导游讲解的服务对象,导游讲解应当也必须适应游客。

这就要求导游人员对不同的游客讲解时,在导游内容的广度、深度及结构上应该有所不同,在语言运用、讲解的方式方法上有所差异。例如,同样是故宫,对初次远道而来的西方游客,可以简洁明了地进行一般性介绍;对多次来华的游客,就要

## 第八章 导游讲解技能

多讲一些、讲深一点;对港、澳、台同胞和海外侨胞,特别是他们中的老年知识分子,除了要比较详细地介绍故宫这个实体外,还应当讲一些有关典故和背景材料。

导游人员要在导游讲解的内容、方法和技巧上多下功夫,从游客的实际情况出发,尽可能做到有的放矢,使游客的不同需求都得到合理的满足。通俗地说,导游讲解需要看人说话,努力做到导游人员所讲的正是游客希望知道的、有能力接受的、感兴趣的。

### (三)灵活性原则

灵活性原则就是导游讲解要根据当时的旅游情景,因人而异、因时制宜、因地制宜。这里所说的旅游情景,包括旅游活动的特定场合、景物在特定时空条件之下的状况和游客的情绪状态等方面的具体情况。

从语言传播的角度看,无论是词语还是话语,都是在特定的语言环境中,传播特定的信息,表达特定的感情。情景不同,其意义和感情色彩就可能发生微妙的变化,甚至出现截然相反的含义。所以,旅游情景也是影响导游讲解效果的重要因素。游客的审美情趣各不相同,不同景点的美学特征千差万别,大自然又千变万化、阴晴不定,旅游活动的气氛和游客的情绪也在不断变化。世界上没有两次完全相同的旅游,无论一名导游人员具有的知识和经验如何丰富,他总是需要考虑当时的旅游情景,根据时间、地点、场合、氛围等具体情况,灵活地选择导游内容,采用切合实际的方式进行讲解。

导游讲解贵在灵活、妙在变化。人们平常所讲的最佳时间、最佳线路、最佳旅游点等都是相对的。客观上的最佳条件,还要有导游人员的主观努力,圆满地运用和发挥导游艺术,才能达到预期的导游讲解效果。

总之,导游讲解的真实性原则、针对性原则和灵活性原则体现了导游活动的本质,也反映了导游讲解的规律。导游人员应当灵活地运用这三个基本原则,自然而巧妙地将其融入导游讲解之中,不断提高导游讲解水平和导游服务质量。

## 二、导游讲解的要求

导游讲解是为了向游客有效地传播知识、联络感情,导游人员讲解的知识要能够被游客理解,也要让游客在心理和行为上产生认同。因此,导游人员在讲解时应符合"八要素"的具体要求。

### (一)言之有物

导游人员讲解的内容应该突出景观特点,简洁明了、充实有说服力,才能让游

客对游览对象有一定的认识,"言之有物"是游客了解、体验、审美的基础。例如,带领游客参观风景点,导游人员就要向游客介绍基本的审美信息,告诉游客美在哪里,概括地介绍审美标准,让游客知道为什么说它美,而不能只是用"真漂亮啊""多美啊""美极了"等这类单一词汇。

### (二)言之有据

导游人员讲解的内容、景点和事物等必须要以事实为依据,不要言过其实、弄虚作假,更不要胡编乱造、信口开河。对于有多种解释和说法的事物,导游人员一般应当介绍主流的观点;即使是神话、传说之类的非现实的"虚构",也要有所出处,有所依托,并向游客交代清楚。

### (三)言之有理

导游人员在交际中,说话办事要讲究情理、讲清道理,以理服人,让游客觉得可亲可近、心服口服。"言之有理"不仅要讲道理,更要符合生活和风俗习惯,符合法律法规。在导游讲解中,要注意以事实为依据,讲清楚事物的来龙去脉、原因结果,既合乎逻辑,又入情入理。

### (四)言之有情

导游人员要善于通过自己的语言、声调及表情等方面表达出友好的感情,富有人情味,让听者感到亲切、温暖。"感人心者莫先乎情",在导游讲解中,导游人员要注意补充和利用有感情色彩的语言和素材,注入自己的情感,运用借物起兴、触景生情的讲解方法,让游客在观赏的同时获得情感体验,深入感受旅游对象的内涵之美。

### (五)言之有礼

礼貌的语言会给游客带来亲切、温暖、愉快的感受,起到维护和改善人际关系的良好作用。导游人员讲话要语言文雅,谦虚敬人,有礼貌合礼节,令游客听后赏心悦耳。例如,导游人员与游客日常见面时,要注意向游客表示问候;在需要游客参与或者配合时,要注意采用委婉的语言;在游客配合工作之后,要以真诚的语言予以感谢;在自己出现失误时,要注意诚恳地向游客致歉。

### (六)言之有神

导游语言应当努力做到言者有神、言必传神。言者有神,是指导游人员要注意自己的精神面貌、气质、风度,在交际和导游讲解时要精神饱满,声音传神;言必传神,是指导游人员在交际和导游讲解中,要讲究语言的技巧和艺术性,开展有声有色、引人入胜的讲解。

第八章 导游讲解技能

### (七)言之有趣

导游人员讲解时要生动形象、幽默风趣,使旅游活动变得轻松愉快、气氛活跃,让游客的游兴提高。在某种意义上说,导游人员风趣幽默的语言给游客带来的乐趣还要赛过美丽的景色。风趣的语言也会使游客更好地接受导游人员的建议和要求。

### (八)言之有喻

言之有喻就是要适当运用比喻,结合游客的欣赏习惯,用游客熟悉的事物进行介绍,让游客倍感亲切,对生疏的事物很快地理解,并留下深刻美好的印象。

"八要素"从另一个角度,揭示了导游语言的运用原则,其中言之有理体现了导游语言的思想性(亦称哲理性),言之有物、言之有据是导游语言的知识性和科学性,言之有神、言之有趣、言之有喻是导游语言的艺术性和趣味性,言之有礼、言之有情则是导游人员的道德修养在导游讲解中的具体体现。

## 第六节 导游讲解方法

每一位导游人员在工作实践中都会摸索出适合自己个性特点的语言风格和讲解方法,同时针对游客的背景因人而异、有的放矢地进行讲解。

### 一、概述法

概述法就是导游人员就将要旅游的城市或景区的地理、历史、社会、经济等情况向游客进行概括性地介绍,让游客对参观游览对象有大致的了解和认识的导游讲解方法。多用于导游人员的首次沿途导游当中,或者前往景点的途中,以引导游客进入特定的意境中,对旅游目的地产生初步印象。概述法分为简述和详述,是导游讲解技巧的基础和先导,是最基本的导游讲解方法,特点是简明扼要、重点突出,能给游客留下深刻印象。

### 二、突出重点法

突出重点法就是导游讲解时避免面面俱到,而是着重介绍参观游览点的特点和与众不同之处的方法。一处景点,往往内容很多,导游人员必须根据不同的时空条件和对象区别对待。做到轻重搭配,详略得当,必要时去粗取精,去伪存真,由此及彼,由表及里,并着力从以下几个方面把握其脉络。

1. 突出大景点中具有代表性的景观

在游览大的景点时,导游人员必须根据这些景点的特征,进行重点讲解。如在花港观鱼的游览中,主要是参观红鱼池和牡丹园,并加以重点介绍,不仅能让旅游者了解景点全貌,还能使他们领略公园的园林艺术和花卉知识,从中得到美的享受。

2. 突出景点的特征及与众不同之处

旅游者在游览过程中会发现很多同类的东西,如同样的园林建筑,同样的佛教寺院,俗话说:内行看门道、外行看热闹。即使是同一佛教宗派的寺院,其历史、规模、结构、建筑艺术、供奉的佛像也各不相同,导游人员在讲解时必须讲清其特征及与众不同之处,才能使游客避免枯燥乏味的游览,增加知识情趣,提高旅游兴趣。

3. 突出旅游者感兴趣的内容

旅游者来自各个层面,兴趣各不相同,但有一点是相同的,即大家出来旅游都是为了寻找快乐,如果导游人员能对他们的背景有所了解,认真研究游客的喜好,努力做到投其所好,便能博得大多数游客的青睐。

突出旅游者感兴趣的内容就是要提高讲解层次,吸引旅游者注意力,如介绍建筑,仅仅讲其布局、特征往往很抽象。如果能引经据典加以比较,就会显得层次丰富,内容厚实,因为建筑的外表不仅是房屋或办公场所而已。一幢漂亮的建筑其造型本来就是"凝固的音乐",反之,不讲设计的幢幢高楼就会变成"水泥森林"。导游人员只有将其丰富内涵介绍给游客,才能使游客叹服。

4. 突出"……之最"

对于某一景点,导游人员只要根据实际情况,介绍这是世界(中国、某省、某市、某地)最大(最长、最古老、最高、甚至可以说明最小)的……因为这也可以说是景点的特征,就能加深旅游者的兴致,有时在讲解一个景点时也要避轻就重,如杭州飞来峰,洞窟岩壁上分布着五代到宋、元时期的石窟造像 338 尊,导游人员不可能面面俱到,只能择其重点,将"最大,最早,雕刻最细腻"的三处佛像细述,其余概述即可。

## 三、类比法

类比法是导游人员在讲解时以熟喻生,即用旅游者熟悉的事物与眼前陌生的事物相比较,便于他们理解,使他们感到熟悉、亲切,从而留下较深的印象。旅游行为的特点之一是异地性,来自不同地区、拥有不同文化背景的旅游者对当地的景物可能一下子难以感悟和认同,类比法可以很好地弥补异地文化之间的差异。类比法适用于各个方面,随时可用,但必须得当,用来对比的必须是旅游者熟悉的内容,这需要导游人员对旅游者的背景做充分的了解。

类比法可分为同类相似类比和同类相异类比两种方法。可用在物与物、人与人及时间上、空间上进行对比和换算。

1. 同类相似类比

所谓同类相似类比,是指在将具有相似性的事或人进行比较时,找出二者相同的地方。如在向西方客人讲解包公祠时,他们对于包拯刚直不阿、不徇私情的形象不像中国人那么认同,因为包拯在中国已家喻户晓,如果把包拯比作西方人熟知的罗宾汉,马上就拉近了包拯与西方游客之间的距离。

2. 同类相异类比

所谓同类相异类比,是指在对比两种相似的人或物时,找出二者的不同,这种不同可以体现在规模、数量、风格、价值等方面。例如在规模上可以对中国长城与英国哈德良长城进行比较,在价值上可以把秦始皇陵地宫宝藏同古埃及第十八朝法老但卡蒙陵墓的宝藏进行比较,在风格上可以将北京故宫与巴黎附近的凡尔赛宫进行比较等等。

导游人员在使用类比法时,有时互相对比的对象可能不是特别贴近,只要能使旅游者了解,能传神就可以了,但要注意在选取类比对象时,不要触犯旅游者的禁忌,不能伤害对方的民族自尊心。

### 四、制造悬念法

制造悬念是一种"先藏后露、欲扬先抑"的导游手法,在活跃气氛、制造意境、提高游客游兴、给游客留下深刻印象、提高导游讲解效果诸方面往往能起到重要作用,而且导游人员可始终处于主导地位,成为游客的注意中心,所以导游人员都比较喜欢用这一手法。

导游在讲解中提出些令人感兴趣的话题,但又故意引而不发,激起游客的好奇心理,使其产生悬念的方法。制造悬念法是问答法的一种特殊形式,导游人员制造悬念的目的,是让游客去思考、去琢磨、去判断。暂不回答的用意,是让游客自己去感受、去体察、去发现。通过导游人员的提示,游客自己找出悬念的结果,或者导游人员在适当的时机,向游客讲述出悬念的结果,游客便会由衷地发出"原来如此"的感叹。

例如游览西汉南越王博物馆时,导游人员带领游客在古墓保护区参观完墓室的结构,听完发掘过程的介绍之后,导游人员可以制造悬念,"这个被誉为中国二十世纪八十年代重大考古发现之一的汉代彩绘石室墓到底出土了哪些珍贵文物呢?考古人员又是怎样确定墓主人身份的呢?欲知详情如何,请各位随我去主体陈列大楼参观"。

### 五、虚实结合法

虚实结合法就是在导游讲解中将典故、传说与景物介绍有机结合,即编织故事情节的导游手法。就是说,导游讲解要故事化,以求产生艺术感染力,努力避免平淡的、枯燥乏味的、就事论事的讲解方法。

虚实结合法中的"实"是指景观的实体、实物、史实等,而"虚"则指与景观有关的民间传说、神话故事、趣闻轶事等。"虚"与"实"必须有机结合,但以"实"为主,以"虚"为辅,"虚"为"实"服务,以"虚"烘托情节,以"虚"加深"实"的存在,努力将无情的景物变成有情的导游讲解。如讲解杭州断桥时,结合白娘子和许仙在断桥上"千年等一回"的故事,一定会显得更加风趣生动。再如一座雷峰塔本来显得很平常,由于民间故事的介入,白娘子、许仙、法海等人物穿插其中,导游人员一加渲染,就会激起旅游者的极大兴趣。当然,导游人员在讲解时选择"虚"的内容要"精"、要"活"。所谓"精",就是所选传说是精华,与讲解的景观密切相关;所谓"活",就是使用时要活,见景而用,即兴而发。

总之,讲解每一个景点,导游人员应编织故事情节,先讲什么,后讲什么,中间穿插什么典故、传说,心中都应有数。加上形象风趣的语言、起伏变化的语调,导游讲解就会产生艺术吸引力,受到旅游者的欢迎。

### 六、问答法

问答法就是在导游讲解时,导游人员向旅游者提问题或启发他们提问题的导游方法。使用问答法的目的是活跃游览气氛,激发旅游者的想象思维,促使旅游者与导游人员之间产生思想交流,使旅游者获得参与感或自我成就感;也可避免导游人员唱独角戏的灌输式讲解。

1. 自问自答法

导游人员自己提出问题,并作适当停顿,让旅游者猜想,但并不期待他们回答,只是为了吸引他们的注意力,促使他们思考,激起兴趣,然后做简洁明了的回答或做生动形象的介绍,还可借题发挥,给游客留下深刻的印象。例如,导游人员在讲解六和塔时,讲到塔的高度、外观层数时就可用自问自答法,这样定会大大加强导游效果。

2. 我问客答法

导游人员要善于提问题,但要从实际出发,适当运用。希望旅游者回答的问题要提得恰当,估计他们不会毫无所知,也要估计到会有不同答案。导游人员要诱导旅游者回答,但不要强迫他们回答,以免使其感到尴尬。客人的回答不论是对还是错,导游人员都不应打断,更不能笑话,而是要给予鼓励。最后由导游人员讲解,并引出更多、更广的话题。

3. 客问我答法

导游人员要善于调动旅游者的积极性和想象思维,欢迎他们提问题。旅游者提出问题,证明他们对某一景物产生了兴趣,进入了审美角色。对他们提出的问题,即使是幼稚可笑的,导游人员也绝不能置若罔闻,千万不要笑话他们,更不能表示出不耐烦,而是要善于有选择地将回答和讲解有机地结合起来。不过,对客人的提问,导游人员也不要他们问什么就回答什么,一般只回答一些与景点有关的问题,注意不要让他们的提问冲击你的讲解,打乱你的安排。在长期的导游实践中,导游人员要学会认真倾听旅游者的提问,善于思考,掌握他们提问的一般规律,并总结出一套相应的"客问我答"的导游技巧,以求随时满足旅游者的好奇心理。

## 七、触景生情法

<u>触景生情法是一种见物生情、借题发挥的导游讲解方法</u>。见物生情,是指导游人员在讲解时,不仅要介绍景物本身,还要有感情投入,并调动游客对景物的情感体验,让游客感到景中有情、情中有景、情景交融,建立导游人员与游客之间双向的感情交流、双向的情感反馈。

例如,旅游团参观东莞鸦片战争博物馆时,导游人员可适当描述"虎门销烟"的壮观场面,游客望着宽阔平静的销烟池旧址,听着讲解,感受着中国人民禁烟和反抗侵略的坚强意志。

借题发挥,是指导游人员讲解时不能就事论事地介绍景物,而是要依托游览所及的景物,进行恰当的引申和发挥,使游客产生联想,帮助游客深入领略其中的妙趣。

例如，旅游团经过广州市沿江路，看到造型独特的海印桥时，导游人员可介绍这座桥的塔顶就像两只羊角，寓意"羊城"，并顺势讲解城市的历史概况，起到以点带面的作用。触景生情贵在发挥。发挥要自然、正确、切题才能收到良好的导游效果。

### 八、分段讲解法

所谓"分段讲解法"，就是将一处大景点分为前后衔接的若干部分来讲解。也就是说，在参观一个大的、重要的游览点之前，先概括地介绍此游览点的基本情况，包括历史沿革、占地面积、欣赏价值等，使游客对即将游览的景点有个初步的印象。然后，导游人员再带团顺次参观，边看边讲，将旅游者导入审美对象的意境。如介绍杭州西湖时，一般先从其概况、传说、成因开始讲起，继而带出"一山、二堤、三岛""西湖新旧十景"等具体景点的讲解，旅游者边欣赏沿途美景，边倾听导游人员有声有色、层次分明、环环相扣的讲解，定会心旷神怡，获得美的享受。

### 九、画龙点睛法

画龙点睛法是用凝炼的词句概括出所游览景点的独到之处，给游客留下深刻印象的导游讲解手法。使用画龙点睛法，有助于游客了解和认识游览地的主要特征和精华所在。对于导游人员来说，这些"凝练的词句"就是导游讲解的主线。

例如肇庆七星岩景区的"五湖、六岗、七岩、八洞"，云南的"古老、神奇、富饶、美丽"，南京的"古、大、重、绿"，广州的"一江、两粤、四地"，都是脉络清晰、指向明确的讲解主线。

### 十、妙用数字法

妙用数字法就是在导游讲解中巧妙地运用数字来说明景观内容，以促使游客更好地理解的一种导游方法。导游讲解中离不开数字，因为数字是帮助导游人员精确地说明景物的历史、年代、形状、大小、角度、功能、特性等方面内容的重要手段之一，但是使用数字必须恰当、得法，如果运用得当，就会使平淡的数字发出光彩；否则会令人产生索然寡味的感觉。运用数字忌讳平铺直叙，大量的枯燥数字会使游客厌烦。所以使用数字要讲究"妙用"。

# 第八章 导游讲解技能

## 强化训练

### 一、判断题

1. 导游运用虚实结合的讲解法时,应该虚实交融,真假难辨。（　　）
2. 用"世界上规模最大的宫殿建筑群"来形容北京故宫的宏伟,而不是面面俱到去描述,这种导游讲解技巧是突出重点法。（　　）
3. 针对性原则就是导游讲解要根据当时的旅游情景,因人而异、因时制宜、因地制宜。（　　）

### 二、单项选择题

1. 虚实结合法里的"实"指的是（　　）。
   A. 实体、实物、传说　　　　　　B. 史实、成因、轶事
   C. 实体、实物、史实　　　　　　D. 实物、轶事、传说
2. "眼睛是心灵的窗户",导游人员常用的目光语是（　　）。
   A. 俯视　　　　　　　　　　　　B. 正视
   C. 仰视　　　　　　　　　　　　D. 一直注视着导游对象
3. 在导游讲解中,常用的问答法不包括（　　）。
   A. 自问自答法　　　　　　　　　B. 我问客答法
   C. 客问我答法　　　　　　　　　D. 客问客答法
4. 当旅游者所问的问题很难讲清楚,这时导游人员宜采用的形式是（　　）。
   A. 毫无隐讳地给予答复　　　　　B. 有理有据地回答
   C. 反问　　　　　　　　　　　　D. 用曲折含蓄的语言予以回避
5. 下面对自然景观的讲解说法不正确的是（　　）。
   A. 最重要的是抓住景观的核心
   B. 突出此景与其他景观的差异
   C. 要引导游客观察、审美
   D. 为了安全起见,不能满足游客好奇心理
6. 下面对于导游语言的音调和节奏说法不正确的是（　　）。
   A. 导游语言的音量在于"适中"
   B. 用外语讲解时,语调要符合外国人讲话的习惯
   C. 根据讲解的内容决定节奏的快慢

D. 讲解时,声调要适时变化,有节奏感

7. 下面讲解方法不属于突出重点法的是( )。

A. 突出景点的特征及与众不同之处

B. 突出游客感兴趣的内容

C. 突出"……之最"

D. 突出景点的特殊物产

8. 概述法是对景点的景观布局、特色等基本情况进行( )介绍的方法。

A. 全面性      B. 轮廓性      C. 层次性      D. 理论性

### 三、多项选择题

1. 导游语言的"准确",主要表现在( )。

A. 导游讲解内容正确无误      B. 使用通俗易懂的语言

C. 语音、语调、语法要准确      D. 观点正确、鲜明

E. 自由切换普通话与方言

2. 导游语言是思维性、科学性、知识性、趣味性的综合体。导游人员运用语言时要遵循的原则有( )。

A. 准确      B. 清楚      C. 灵活      D. 生动

E. 简短

3. 导游讲解技巧中的"概述法"分为( )。

A. 简述      B. 赘述      C. 描述      D. 详述

E. 叙述

## 参考答案及解析

### 一、判断题

1. × 【解析】在运用虚实结合法时,应该将"虚"与"实"有机结合,以"实"为主,以"虚"为辅,"虚"为"实"服务,以"虚"烘托情节,以"虚"加深"实"的存在。

2. √ 【解析】突出重点法就是在导游讲解时不面面俱到,而是突出某一方面的讲解方法。一般要突出以下四个方面:(1)突出具有代表性的景观;(2)突出景点独特之处;(3)突出游客感兴趣的内容;(4)突出"……之最"。

3. × 【解析】针对性原则是指导游讲解要从游客的实际情况出发,因人而

异、有的放矢。灵活性原则是指导游讲解要根据当时的旅游情景,因人而异、因时制宜、因地制宜。

二、单项选择题

1. C 【解析】虚实结合法中的"实"是指景观的实体、实物、史实等;而"虚"则指与景观有关的民间传说、神话故事、趣闻轶事等。

2. B 【解析】正视是导游人员常用的目光语。

3. D 【解析】在导游讲解中,常用的问答法通常是自问自答法、我问客答法、客问我答法。

4. C 【解析】当旅游者所问的问题很难讲清楚,这时导游人员宜采用反问的形式。

5. D

6. C 【解析】导游语言要根据旅游者决定节奏的快慢。

7. D 【解析】导游讲解时采用"突出重点法"的方法一般包括突出以下四个方面:突出大景点中具有代表性的景观、突出景点的特征及与众不同之处、突出旅游者感兴趣的内容及突出"……之最"。

8. B 【解析】概述法是导游人员就将要旅游的城市或景区的地理、历史、社会、经济等情况向游客进行概括性的介绍,使其对即将参观游览的城市或景区有一个大致的了解和轮廓性认识的一种导游方法。

三、多项选择题

1. ACD 【解析】导游语言的正确性主要表现在以下三方面:导游讲解内容正确无误;语音、语调、语法要准确;观点正确、鲜明等。

2. ABCD 【解析】导游人员运用语言时要遵循"准确、清楚、生动、灵活"的原则,使语言的表达生动形象,引人入胜。

3. AD 【解析】导游讲解技巧中的"概述法"分为简述和详述。

# 第九章　导游业务常识

　　了解旅行社的发展历史、主要业务和旅游产品类型；了解旅游饭店星级的划分和旅游景区质量等级的划分；掌握旅客出入境应持有的证件和需要办理的手续，熟悉我国海关有关出入境物品和人员的规定；掌握航空、铁路、水运购票、退票和携带物品的规定，熟悉航空机票种类、旅客误机、航班延误或取消、行李赔偿的相关知识；了解我国货币兑换的相关知识；了解信用卡知识；熟悉旅游保险的种类及相关知识；了解高原旅游、冰雪旅游、沙漠旅游、低空旅游、漂流和温泉旅游的安全常识；了解时差、华氏温度与摄氏温度换算、度量衡换算，以及境外旅客离境退税的相关知识。

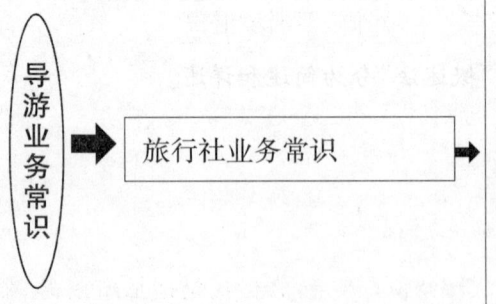

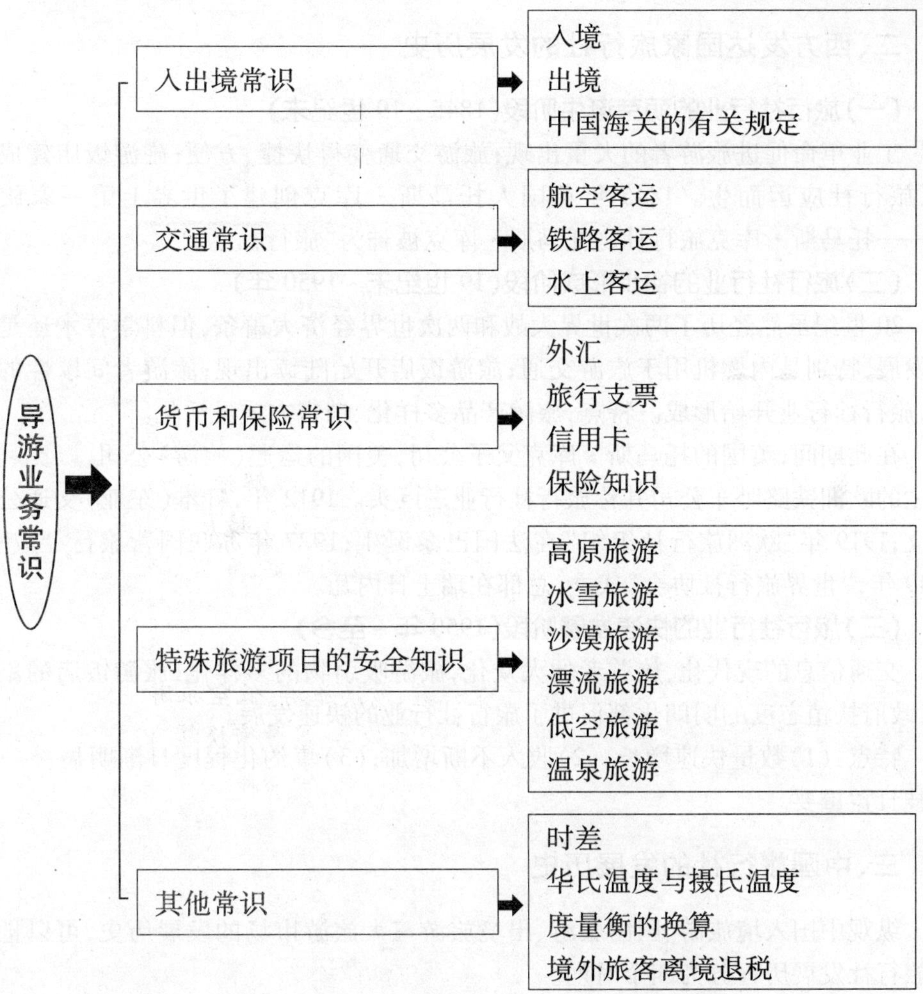

# 第九章 导游业务常识

```
                    ┌─ 入出境常识 ──────→ 入境 / 出境 / 中国海关的有关规定

                    ├─ 交通常识 ────────→ 航空客运 / 铁路客运 / 水上客运

导游业务常识 ──────┼─ 货币和保险常识 ──→ 外汇 / 旅行支票 / 信用卡 / 保险知识

                    ├─ 特殊旅游项目的安全知识 ──→ 高原旅游 / 冰雪旅游 / 沙漠旅游 / 漂流旅游 / 低空旅游 / 温泉旅游

                    └─ 其他常识 ────────→ 时差 / 华氏温度与摄氏温度 / 度量衡的换算 / 境外旅客离境退税
```

## 第一节 旅行社业务常识

### 一、旅行社概述

根据 2009 年 5 月 1 日起实施的《旅行社条例》规定：旅行社是指从事招徕、组织、接待旅游者等活动，为旅游者提供相关旅游服务，开展国内旅游业务、入境旅游业务或者出境旅游业务的企业法人。

## 二、西方发达国家旅行社的发展历史

### (一)旅行社行业的萌芽诞生阶段(1845~19世纪末)

工业革命促进旅游者的大量出现;旅游交通变得快捷、方便;旅游饭店建成雏形,旅行社应运而生。1845年英国人托马斯·库克创建了世界上第一家旅行社——托马斯·库克旅行社。托马斯·库克被誉为"旅行社之父"。

### (二)旅行社行业的初步形成阶段(19世纪末~1950年)

20世纪虽然经历了两次世界大战和两次世界经济大萧条,但科学技术还是超常发展,特别是内燃机用于旅游交通;旅游饭店开始陆续出现;旅游者间歇性的增长,旅行社行业开始形成。特点:旅游产品多样化、销售方式灵活化。

在此期间,英国的托马斯·库克父子公司,美国的运通(旅游)公司,以比利时为主的欧洲铁路卧车公司并称旅行社行业三巨头。1912年,日本(东亚)交通公社成立;1919年"欧洲旅行社组织"在法国巴黎诞生;1927年苏联国营旅行社成立;1949年,"世界旅行社协会"成立,总部在瑞士日内瓦。

### (三)旅行社行业的快速发展阶段(1950年~至今)

交通信息的现代化,旅游者的大众化,旅游吸引物的多样化,旅游饭店的星级化,政府扶植态度的明朗化都促进了旅行社行业的快速发展。

特点:(1)数量快速增长;(2)收入不断增加;(3)集约化程度日渐明显;(4)高科技日益重要。

## 三、中国旅行社的发展历史

纵观中国入境旅游、国内旅游、出境旅游三大旅游市场的发展历史,可以把中国旅行社发展历程分为四个时期。

### (一)旅行社业发展的前期(1978年以前)

中国实施对外开放以前,中国仅有中国国旅和中国旅行社及其在各地设立的分支机构,在此阶段,旅行社数量少,从业人员少,旅游活动少,不具备行业规模,但却累积了不少经验,培养了一批人才,为今后旅行社行业的发展打下了基础。

### (二)旅行社发展的初期(1978~1989年)

这一阶段中国旅行社形成国旅、中旅和青旅三足鼎立的行业垄断的局面。在1985年,国务院为了加强旅行社行业管理,颁布了《旅行社管理暂行条例》。这是中国旅行社业的第一部管理法规。

## 第九章 导游业务常识

### （三）旅行社发展的增长期（1990～1994年）

1989年国际国内形式风云变幻的背景下，中国旅行社遇到了自改革开放以来第一次负增长，在旅行社经营者的努力和政府的大力支持下中国国际入境旅游得到恢复和更大的发展。

### （四）旅行社的调整时期（1995年至今）

国家颁布了一系列管理条例和规定，为中国旅行社的进一步发展提供了有力的制度保障。《中国旅游统计年鉴》显示，到2000年，中国旅行社总数为8993家。随着科技日新月异的发展和普及，一个全新的"网络时代"已经来到。

## 四、旅行社的主要业务

旅行社的业务从不同角度，可以分为不同种类。

### （一）按照经营范围

1. 国内旅游业务

国内旅游业务是指旅行社招徕、组织和接待中国内地居民在境内旅游的业务，以及招徕、组织和接待在中国内地的外国人，在内地的香港特别行政区、澳门特别行政区居民和在内地的台湾地区居民在境内旅游的业务。

2. 入境旅游业务

入境旅游业务是指旅行社招徕、组织和接待外国旅游者来我国旅游，香港特别行政区、澳门特别行政区旅游者来内地旅游，台湾地区居民来大陆旅游。

3. 出境旅游业务

出境旅游业务是指旅行社招徕、组织、接待中国内地居民出国旅游，赴香港特别行政区、澳门特别行政区和台湾地区旅游，以及招徕、组织、接待在中国内地的外国人，在内地的香港特别行政区、澳门特别行政区居民和在大陆的台湾地区居民出境旅游的业务。

### （二）按照业务流程

1. 产品开发设计

旅游产品开发设计是指旅行社根据自身的条件设计和包装出适应旅游市场需要的产品。

2. 旅游服务采购

旅游服务采购是指旅行社为生产旅游产品而向有关旅游服务供给者（如饭店、交通运输公司、游览娱乐单位等）订购所需要的有关服务。

3. 旅游产品销售

旅游产品销售是指旅行社将开发出的旅游产品通过所选择的销售渠道在市场上出售。

4. 旅游接待服务

旅游接待服务是指旅行社向其招徕的游客或其他旅行社委托接待的游客提供行、游、住、食、购、娱等方面的接待服务。

(三)具体服务内容

1. 安排交通服务

2. 安排住宿服务

3. 安排餐饮服务

4. 安排观光游览、休闲度假等服务

5. 提供导游、领队服务

6. 旅游咨询服务

7. 委托服务

(1)接受旅游者委托,代订交通客票、代订客房和代办出境、入境、签证手续(其中出境、签证手续应由具备出境旅游业务经营权的旅行社代办)。

(2)接受机关、事业单位和社会团体的委托,为其差旅、考察、会议、展览等公务活动,代办交通、住宿、餐饮、会务等事务。

(3)接受企业委托,为其各类商务活动、奖励旅游活动等,代办交通、住宿、餐饮、会务、观光游览、休闲度假等事务。

(4)接受其他旅行社委托,代办有关旅游事务。

(5)其他旅游服务。

五、旅游产品的类型

(一)旅游产品概述

从旅游经营者角度来看,旅游产品是指旅行社为满足游客旅游过程中的需要,凭借一定的旅游吸引物和旅游设施向游客提供的各种有偿服务。从游客角度来看,旅游产品是指游客花费了一定时间、费用和精力所换取的一种旅游经历。在旅行社的实际运作过程中,旅行社提供的产品既包括整体或综合的旅游服务,也包括零散或单项的旅游服务,还包括介乎两者之间任意组合的旅游服务。

## (二)旅行社产品的类型

旅行社产品类型多种多样,从不同的角度可以划分不同的类型。

1. 按旅游产品组成状况分为整体旅游产品和单项旅游产品

(1)整体旅游产品

整体旅游产品又称综合性旅游产品,它是旅行社根据市场需求为游客编排组合的内容、项目各异的旅游线路。其具体表现为各种形式的包价旅游。

(2)单项旅游产品

单项旅游产品是旅游服务的供给方向游客提供的单一服务项目,如饭店客房、航班座位、机场接待等。

2. 按旅游产品形态分为团体包价旅游、半包价旅游、小包价旅游、零包价旅游、组合旅游和单项服务

(1)团体包价旅游

团体包价旅游是由 10 名以上游客组成,采取一次性预付旅费的方式,有组织地按预定行程计划进行的旅游形式。团体包价旅游的服务项目通常包括:饭店客房;早餐、正餐和饮料;市内游览用车;导游服务;交通集散地接送服务;每人 20 千克的行李服务;游览点门票;文娱活动入场券;城市间交通。

(2)半包价旅游

半包价旅游是在全包价旅游的基础上扣除行程中每日午、晚餐费用的一种旅游包价形式。旅行社设计半包价旅游的主要目的是降低产品的直观价格,提高产品的竞争力,同时它也便于游客自由地品尝地方风味。团体旅游和散客旅游均可采用此种包价形式。

(3)小包价旅游

小包价旅游又可称为选择性旅游,它由非选择部分和可选择部分构成。非选择部分包括住房及早餐、机场(车站、码头)至饭店的接送和城市间的交通费用,其费用由游客在旅游前预付;可选择部分包括导游服务,午、晚餐,参观游览,欣赏文艺节目,品尝风味等,其费用可在旅游前预付,也可由他们现付。

(4)零包价旅游

零包价旅游是一种独特的旅游包价形式。参加这种旅游包价形式的游客必须随团前往和离开旅游目的地,但在旅游目的地的活动则是完全自由的,如同散客。参加这种旅游形式的游客可以获得团体机票价格的优惠,并可由旅行社统一办旅游签证。

(5)组合旅游

组合旅游产生于 20 世纪 80 年代,参加组合旅游的游客从不同的地方分别前

往旅游目的地,在旅游目的地组成旅游团,按当地旅行社事先的安排进行旅游活动。

(6)单项服务

单项服务是旅行社根据游客的具体要求而提供的按单项计价的服务。其常规性的服务项目主要有:导游服务;交通集散地接送服务;代办交通票据和文娱票据;代订饭店客房;代客联系参观游览项目;代办签证;代办旅游保险。

3.按旅游者出游的形式可以分为团队旅游、散客旅游和散客拼团

(1)团队旅游

团队旅游通常是由10人以上(含10人)游客组成,采取一次性预付旅费的方式,有组织地按预定行程进行的旅游形式。团队旅游的服务项目通常包括饭店客房、一日三餐和饮料、市内游览用车、导游服务、交通集散地接送服务、一定限额的行李服务、城市间交通以及游览点门票和文娱活动入场券等。此旅游方式的特点是价格优惠,但游客自由度不大。

(2)散客旅游

散客旅游通常是由9人以下(含9人)游客组成,采取零星现付旅费的方式,由游客自行安排行程的旅游形式。此旅游方式的特点是灵活、自由、可选择性强,但较团队旅游而言,价格贵。

(3)散客拼团

散客拼团是由各地游客(1人或多人)在旅行社组织下拼成一个团队,游客在游览景点、用餐、用车、导游服务、购物等诸多方面享受团队旅游价格的优惠。此旅游方式的特点是线路固定,时间自由,游客可以准确地计算自己的时间来完成旅行且价格经济实惠。

## 六、旅游饭店星级评定制度

### (一)旅游饭店星级评定制度概述

1.1988年8月国家旅游局颁布了《中华人民共和国评定旅游涉外饭店星级的规定》《中华人民共和国旅游涉外饭店星级标准》。

2.1993年9月和1997年10月国家技术监督局颁布了《旅游涉外饭店星级的划分与评定》。

3.2003年国家旅游局重新修订并颁布《旅游饭店星级的划分与评定》,用"旅游饭店"代替了"旅游涉外饭店",并按国际惯例明确了旅游饭店的定义。

## 第九章 导游业务常识

### (二)星级评定制度的主要内容

**1. 旅游饭店星级划分及评定依据**

根据《旅游饭店星级的划分与评定》,旅游饭店星级评定实行五星制,就是分为一星级饭店、二星级饭店、三星级饭店、四星级饭店和五星级饭店(含白金五星级),最低为一星级,最高为白金五星级。这种以五个星级来划分旅游饭店的依据有如下五项:

(1)饭店的建筑、装潢、设备、设施条件。

(2)饭店的设备、设施的维修保养及清洁卫生状况。

(3)饭店的管理水平。

(4)饭店的服务质量。

(5)饭店的服务项目。

**2. 有效期**

饭店开业一年后可申请星级,经星级评定机构评定批复后,可以享有五年有效的星级及其标志使用权。开业不足一年的饭店可以申请预备星级,有效期一年。

**3. 旅游饭店星级评定的机构分工**

在我国,旅游饭店星级评定的领导机构是国家旅游局。在国家旅游局的统一领导下,各省、自治区、直辖市旅游局设立饭店星级评定机构,负责本行政区域内的旅游饭店星级评定工作。国家旅游局设立饭店星级评定机构,负责全国旅游饭店星级评定工作,并具体负责评定五星级饭店;省、自治区、直辖市旅游局饭店评定机构具体负责本地区四星级以下(含四星级)饭店的评定与复核工作,并向国家旅游局推荐五星级(含预备五星级)饭店。评定结果报国家旅游饭店星级评定机构备案。

**4. 旅游饭店星级的评定方法**

(1)旅游饭店星级评定,采取按星级饭店的必备条件与检查评分相结合的方式综合评定。所谓星级饭店的必备条件,是指星级饭店的建筑设施设备、维修保养、清洁卫生、服务质量、宾客满意程度的检查评分。

(2)饭店所取得的星级表明该饭店所有建筑物、设施设备及服务均处于同一水准。

(3)旅游饭店取得星级后,如需关闭星级标准所规定的某些服务设施、设备、取消或更改星级标准规定的某些服务项目,必须经饭店星级评定机构批准,否则该饭店星级无效。

(4)旅游饭店取得星级后,因进行改造发生建筑标准变化,设施、标准变化和服务项目变化,必须向饭店星级评定机构申请重新评定星级,该饭店原评星级无效。

5. 旅游饭店星级检查

旅游饭店星级检查,实行星级饭店检查员制度。星级饭店检查员,分为国家级检查员和地方级检查员两个等级。国家级检查员负责对全国各星级饭店进行星级评定前后的检查;地方级检查员则负责对本地区各星级饭店进行星级评定前后的检查。

## 七、旅游景区质量等级的划分与评定

为了加强对旅游景区的管理,提高旅游景区服务质量,维护旅游景区和旅游者的合法权益,促进我国旅游资源开发、利用和环境保护,结合新时期景区发展中出现的问题,国家旅游局制定了一系列的标准和服务规范。其中应用最为广泛的是《旅游景区质量等级的划分与评定》(修订)(GB/T17775-2003)。

### (一)A级旅游景区的涵义

按照《旅游景区质量等级的划分与评定》(修订)(GB/T17775-2003)规定,旅游景区质量等级划分为五级,从高到低依次为AAAAA、AAAA、AAA、AA、A级旅游景区。

五个级别景区的划分与评定主要依据三个标准:一是依据《服务质量与环境质量评分细则》对景区的旅游交通、游览、旅游安全、卫生、邮电、旅游购物、综合管理、资源与环境保护八个方面进行评价;二是依据《景观质量评分细则》对资源吸引力和市场影响力进行评价;三是依据《游客意见评分细则》对游客对景区的综合满意度进行评价。A级景区就是由旅游景区质量等级评定委员会根据以上三大细则从11个方面,对申报景区进行考评,根据得分情况设置评定等级。景区符合相关标准后,获得相应等级旅游景区质量等级评定委员会的认可,由相应评定机构颁发证书、标牌,即成为A级景区。

### (二)A级旅游景区评定标准体系解读

《旅游景区质量等级的划分与评定》国家标准评包括服务质量与环境质量评分细则(共计1000分)、景观质量评分细则(100分)、游客意见评分细则(100分)三大部分构成。

旅游景区质量等级得评分对应细则最低得分值汇总表

|       | 细则一  | 细则二 | 细则三 |
|-------|--------|-------|-------|
| AAAAA | 950分  | 90分  | 90分  |

(续表)

|   | 细则一 | 细则二 | 细则三 |
|---|---|---|---|
| AAAA | 850 分 | 85 分 | 85 分 |
| AAA | 750 分 | 75 分 | 75 分 |
| AA | 600 分 | 60 分 | 60 分 |
| A | 500 分 | 50 分 | 50 分 |

**(三) A 级旅游景区评定标准解析**

根据景区创 A 评定标准，评分点有以下 6 类。

1. 建设类。建设类包括旅游景区的各类旅游基础设施和旅游服务设施，但只包括需要景区内部自行建设的设施，一些外部设施如公路、航线等并未包括其中。建设要求统筹设计，合理布局，特别要注意各项设施的特色化、艺术性以及与周围环境的协调。

2. 服务类。细则一服务类的要求并不多，并且很多方面已经落后于时代的要求，但服务类项目却直接影响到旅游者的游览感受和满意程度，如旅游商品的设置和布局、餐饮服务、游客中心服务人员的素质等，都对游客体验造成很大影响，与细则三的得分高低具有直接关系。

3. 管理类。景区的管理体系具体包括景区综合管理、旅游安全、门票、购物场所管理及商品经营从业人员管理。高效的管理是景区正常运作的必要保证，不仅在创 A 申请中具有重要的意义，在景区日常运行中也占有举足轻重的地位。

4. 交通类。主要是指景区的可进入性，在整个标准体系中，交通被列为第一要素。可达性是旅游开发的先决条件，对景区旅游活动的开展有十分重要的影响。

5. 环境类。环境类主要是指对景区环境容易造成污染或影响的项目，这一类是景区创 A 的难点，也是最容易造成连锁扣分的因素。

6. 景观类。在景区在创 A 的过程中，也可以在现有文化和景观的基础上，对景观的观赏游憩价值进一步提升和改造，使其满足创 A 的要求。

**(四) 5A 级旅游景区的参评条件与申报流程**

目前 A 级景区是国家旅游局负责管理，3A 级以下景区由地方旅游局负责验收，4A 级景区由省（直辖市、自治区）旅游局直接验收，5A 级景区则是国家旅游局委托全国旅游资源开发管理评价委员专家暗访复核。根据在景区提升规划中的实际需要，本节以 5A 级景区创建申报为例进行阐述。

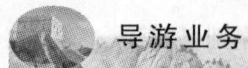

参评条件:已成为4A级景区满3年、年接待游客达60万人次以上、景区面积不小于3平方公里。

申报流程:5A级旅游景区由省(市)级旅游资源开发管理评价委员会负责初审和推荐,全国旅游资源开发管理评价委员会组织各技术委员会进行评定。

申报材料准备:包括创建申请、景观评估、创建辅导、初审推荐、资料审核五个方面。

现场评定:全国旅游资源开发管理评价委员会委派检查组采取明察和暗访方式对旅游景区服务质量与环境质量进行现场评定并最终提交景区评定报告,通过评定的景区,进入社会公示程序,由国家旅游局颁发证书和标志牌。

(五)A级旅游景区的动态管理与退出机制

《旅游景区质量等级管理办法》第五条明确规定:"国务院旅游行政主管部门负责旅游景区质量等级评定标准、评定细则等的编制和修订工作,负责对全国旅游景区质量等级评定标准的实施进行管理和监督。"第六条规定:"国务院旅游行政主管部门组织设立全国旅游景区质量等级评定委员会,负责全国旅游景区质量等级评定工作的组织和实施,授权并督导省级及以下旅游景区质量等级评定机构开展评定工作。"

(六)管理机制

全面复核至少每三年进行一次,对于经复核达不到要求或被游客进行重大投诉经调查情况属实的景区,主管部门应对景区进行相应的处理:

1.由相应质量等级评定委员会根据具体情况,作出签发警告通知书、通报批评、降低或取消等级的处理。对于取消或降低等级的景区,需由相应的评定机构对外公告。

2.旅游景区接到警告通知书、通报批评、降低或取消等级的通知后,须认真整改,并在规定期限内将整改情况上报相应的等级评定机构。

3.凡被降低、取消质量等级的旅游景区,自降低或取消等级之日起一年内,不得重新申请新的资质等级。

国家5A级景区是我国当前景区的最高标准,具有"不可再生、不可复制、不可再造"的特殊地位,对地方知名度提升和发展经济具有不可替代的作用。国家将对已加入的5A级景区,将实施常态化的明察暗访,发现不符合条件的,将摘掉5A级景区牌子。

### (七)复核及动态管理机制

根据国家旅游主管单位制定标准的初衷,有 A 级景区的复核和动态管理,包括降级、降星、甚至摘牌被勒令退出 A 级景区行列,但一直以来缺乏相应的量化和强制执行标准。很多认证和评定虽然原则上虽不是终身制,但最终客观上都沦为了终身制。

2011 年国家旅游局下发最新文件,要求每年要对 10% 以上的景区进行复核,复核工作进一步得到强化和量化。现在全国各地复核和动态管理也逐渐走入日程,复核工作结束后,将对不达标景区提出明确整改意见,对不合格景区按规定摘牌。

引入退出机制,施行动态管理,对其中硬件不达标、软件不过关、服务质量低、管理混乱的景区,将严格按照国家标准,降星、降级、摘星摘牌。这一方面维护了政府公信力,同时也进一步维护消费者的根本权益,从观念上更写了 A 级景区终身制,有助于解决旅游景区"最后一公里"的问题。强化退出机制,将成为督促、提升旅游服务的一把"利剑"。A 级景区动态管理机制的建立,对于整个景区改善发展环境,特别是改善政府管理、理顺关系具有促进作用,更加强化了景区及当地政府的危机意识。

## 第二节 入出境常识

旅游由旅行和游览两部分组成,其中旅行是游览的前提条件。在入境旅游、出境旅游和国内旅游组成的旅游"三驾马车"中,外国游客入境旅游对于一个国家(地区)旅游业的发展具有十分重要的作用。目前我国入出境旅游发展迅速,因此导游人员应该了解如何帮助游客顺利地出入本国国境以及海外游客在本国国境内享有何种权利和义务。

### 一、入境

外国人、华侨、港澳台同胞及中国公民自海外入境或返归,均须在政府指定的口岸向边防检查站(由公安、海关、卫生检疫等组成)交验有效证件,填写入境卡,经边防检查站查验核准加盖验讫章后方可入境。

外国旅游者和华侨、港澳台同胞进入中国内地所持证件不同,通过手续基本相似。

## (一)有效证件

有效证件指各国或某些特别行政区政府为其公民颁发的出国(境)证件,其种类很多,不同类型的人员使用的有效证件名称也不同。

**1. 护照**

护照是一国主管机关发给本国公民出国或在国外居留的证件,证明其国籍和身份。护照一般分为外交护照、公务护照和普通护照三种。普通护照又分为因公普通护照和因私普通护照。前者主要颁发给各级政府、社会团体和国有企业单位出国从事经济、贸易、文化、体育、卫生、科技交流等活动的人员;后者主要是颁发给因定居、探亲、访友、继承财产、自费留学、就业和旅游等私人事务出国者。

在我国,外交、公务护照由外事部门颁发,普通护照由公安部门颁发。中华人民共和国普通护照的有效期,护照持有人未满16周岁的为5年,16周岁以上的为10年,华侨可在有效期满前向中国驻外使、领馆或外交部授权的驻外机关提出延期申请。

**2. 签证**

签证是一国主管机关在本国或外国公民所持的护照或其他旅行社证件上签注、盖印,表示准其出入本国国境或过境的手续。

(1)签证的类型

我国签证分为外交签证、礼遇签证、公务签证、普通签证4种。旅游签证属于普通签证,在中国为L字签证(发给来中国旅游、探亲或因其他私人事务入境的人员),签证上规定持证者在中国停留的起止日期。

(2)签证办理

希望进入我国境内的外国人必须持有效护照(必要时提供有关证明)向中国的外交代表机关、领事机关或者外交部授权的其他驻外机关申请办理签证。但在特定情况下,如事由紧急,确实来不及在上述机关办理签证手续者,可向公安部授权的口岸签证机关申请办理签证。中国公安部授权的口岸签证机关最早设立的口岸是:北京、上海、天津、大连、福州、厦门、西安、桂林、杭州、昆明、广州(白云)、深圳(罗湖、蛇口)、珠海(拱北)。许多国家为方便旅游者,允许旅游者在入境时直接向口岸签证机关申请办理签证,通常称为"落地证"。

9人以上的旅游团可以发放团体签证,一式三份,附有团体成员名单,签发机关留一份,旅游团入境时交验一份,出境时交验一份。

## 第九章 导游业务常识

一般情况下,境外旅游者进入我国国境都必须办理签证手续,但以下三种情况可以免办签证:华侨回国探亲、旅游时无须办理签证;持国家联程客票搭乘国际航班直接过境,在中国停留不超过 24 小时且不离开机场范围的外国人无须办理签证;签订了互免签证协议国家的公民互相进入对方国境时无须办理签证。

(3)签证的有效期

签证上规定的持证者在中国境内停留的起止时间、期限不等。获签者必须在有效期内进入中国境内,超过期限则签证不再有效。

3. 港澳居民来往内地通行证(港澳同胞回乡证)

港澳同胞来往于香港、澳门与内地之间,凭广东省公安厅签发的"港澳同胞回乡证"或"港澳居民来往内地通行证",从中国对外开放的口岸通行。该证为卡式证件,设置机读码,持卡人只要在出入边防检查机关设置的机器上查验即可,无须填写出入境登记卡。通行证的有效期分为 5 年和 10 年。申请人年满 18 周岁的,签发 10 年有效通行证;未满 18 周岁的,签发 5 年有效通行证。

4. 台湾居民来往大陆通行证

台湾居民来大陆探亲、旅游可向香港中国旅行社和我国外交部驻香港特派员公署领事部申请"台湾居民来往大陆通行证"。台湾居民来往大陆通行证分为有效期为 5 年的和一次性有效期为 3 个月的通行证两种。台湾地区居民若绕道美国、日本或其他国家来大陆,可在中华人民共和国驻这些国家的使、领馆办理。该证件经口岸边防检查站查验并盖验讫章后,即可作为进出祖国大陆和在祖国大陆旅行的身份证明。

5. 外国人旅行证

外国旅游者在中国旅游,不得进入不对外国人开放的地区,违者将依法受到惩处。外国人因公务需前往对外国人不开放的地区,须事先向所在地公安机关出入境管理部门申请外国人旅行证。申请外国人旅行证时应出示本人护照及有效签证,提供接待部门出具的说明其必须前往的理由公函,填写外国人旅行申请表。获准后方能前往。外国人旅行证与护照同时使用。

6. 旅行证

旅行证是中国公民出入境的主要证件,由中国驻外的外交代表机关、领事机关或外交部授权的其他驻外机关颁发。旅行证分为一年一次有效和两年多次有效两种,由持证人保存、使用。

## (二)入出境检查

### 1. 海关检查

海关检查一般是了解入出境人员是否携带有需要申报的物品。入出境人员需要如实填写海关申报单。持外交护照的人员可以免检。各国对入出境人员携带物品的检查掌握程度不同,有些不十分严格,有些则特别严格。各国(地区)都制定入出境物品管理规定,其中烟、酒、香水等物品常限量放行,超过将被罚款。文物、武器、当地货币、毒品、某些动植物品种等为违禁品,非经允许,不得入出境。有些国家(地区)还要求填写外币申报单,出境时还需接受检查。

### 2. 边防检查

边防检查是为了保卫国家的主权和安全,而对出入国境的人员等进行的检查。边防检查的内容包括:护照检查、证件检查、签证检查、出入境登记卡检查、行李物品检查、交通运输工具检查等。

因私出国人员到达出境口岸时,首先要填写一张《出境登记卡》并将自己的护照、身份证、签证等一并交给边防检查人员,由边防检查人员进行逐项检查;边防检查人员对持照人的证件进行核查(包括护照是否真实有效,签证是否真实有效,护照和身份证内容是否一致等)后在护照上加盖验讫章(该章内包括出境口岸的名称、编号、"出境边防检查"字样和年月日等),并将出境登记卡留存于边防检查站;上述手续完毕后,将护照当面交给持照人。

### 3. 安全检查

各国对乘坐飞机的一般旅客在登机前都要进行安全检查,对乘坐国际列车的,在入出境口岸车站也要进行安全检查。安全检查的目的是保证飞机飞行、列车运行和乘客的安全。如携带武器、凶器、爆炸物等,不得登机、登车。检查方式包括过安全门、磁性探测器近身检查、检查随身携带物品和搜身等。

### 4. 卫生检疫

许多国家(地区)对来往某些国家和地区的旅客免验预防接种书,但对于来自疫区的则检查特别严格,对未接受预防接种的旅客会采取隔离、强制隔离的措施。预防接种的有效期是:牛痘自接种后8日,复种后当日起3年内有效;霍乱自接种后6日起6个月有效;黄热病自接种后10日起10年有效。

### 5. 动植物检疫

各国为保护其国家农、林、牧、渔业和人体健康,防止危害动植物的病、虫、杂草及其他有害生物由国外传入和由国内传出,在边境口岸设立口岸动植物检疫站,代

## 第九章 导游业务常识

表国家对入出境的动物、动物产品、植物、植物产品及载运动植物的交通工具等执行检疫检查。

### （三）外国游客在中国境内的权利和义务

在中国境内，外国游客享受合法权益和人身自由不受侵犯的权利，但必须遵守中国的法律，不得进行危害中国国家安全、损害公益事业、破坏公共秩序的活动，违法者将按情节程度受中国法律的制裁。

在签证有效期内，外国游客可在中国对外开放地区内自由旅行，但必须尊重旅游地区的民风习俗。外国游客若希望前去不开放地区旅行，须事先向所在市、县公安局申请旅行证，获准后方可前往，未经允许不得擅自闯入非对外开放地区旅行。

外国游客申请旅行证须履行下列手续：

(1) 交验护照或居留证件。

(2) 提供与旅行事由有关的证明。

(3) 填写旅行申请表。

至于港澳台同胞，他们在祖国大陆住店、购买机票、车票和船票，享受与中国大陆居民同等待遇，可自由去各地参观、旅游。

### （四）不准入境的几种人

1. 下列外国人不准入境

(1) 被中国政府驱逐出境，未满不准年限的。

(2) 被认为入境后可能进行恐怖、暴力、颠覆活动的。

(3) 被认为入境后可能进行走私、贩毒、卖淫活动的。

(4) 患有精神病和麻风病、艾滋病、性病、开放性肺结核等传染病的。

(5) 不能保障其在中国所需费用的。

(6) 被认为入境后可能进行危害我国国家安全和利益的其他活动的。

2. 对下列人士，边防检查站有权阻止入境

(1) 未持有效护照、证件或签证的。

(2) 持伪造、涂改或他人护照、证件的。

(3) 拒绝接受查验证件的。

(4) 公安部或者国家安全部门通知不准入境的。

## 二、出境

### (一)外国旅客出境

外国旅客应当在签证准予停留的期限内从指定口岸出境。外国旅游者出境,须向口岸边防检查站交验有效护照或者其他有效证件。

1. 不准出境的几种人

(1)刑事案件的被告人和公安机关或者人民检察院或者法院认定的犯罪嫌疑人。

(2)人民法院通知有未了结民事案件不能离境的。

(3)有其他违反中国法律的行为尚未处理,经有关主管机关认定需要追究的。

2. 下列人士,边防检查机关有权限制出境

(1)持无效出境证件的。

(2)持伪造、涂改或他人护照、证件的。

(3)拒绝接受查验证件的。

外国游客携带我国文物(包括古旧图书、字画等),应向海关递交中国文物管理部门的鉴定证明,不能提供证明的不准携带出境。

### (二)中国游客出境

为维护国家安全和利益,有以下情形之一者不批准出境:

(1)刑事案件的被告人和公安机关或者人民检察院或者法院认定的犯罪嫌疑人。

(2)人民法院通知有未了结民事案件不能离境的。

(3)被判处刑罚正在服刑的。

(4)正在被劳动教养的。

(5)国务院有关主管机关认为出境后将对国家安全造成危害或者对国家利益造成重大损失的。

出境人员须向我国口岸边防检查站交验有效护照和前往国家或地区的签证(赴香港、澳门须提交往来香港、澳门特别行政区通行证)。

中国游客出境前,须事先填好旅客行李申请单,一式两份。

## 三、中国海关的有关规定

### (一)海关申报

(1)根据《中华人民共和国海关法》和《中华人民共和国海关对进出境旅客行

第九章 导游业务常识

李物品监管办法》的规定,进出境旅客行李物品必须通过设有海关的地点进境或出境,接受海关监督。旅客应按照规定向海关申报。

(2)除法规规定免验者外,进出境旅客行李物品应交由海关按规定查验放行。海关验放进出境旅客行李物品,以自用合理数量为原则,对不同类型的旅客行李物品规定不同的范围和征免税限量或限值。

(3)旅客进出境携有需向海关申报的物品,应在申报台前向海关递交《中华人民共和国海关进出境旅客行李物品申报单》或海关规定的申报单证,按规定如实申报其行李物品,报请海关办理物品进境或出境手续,在实施双通道制的海关现场,上述旅客应选择"申报"通道(亦称"红色通道")通关;携带无需向海关申报的物品的旅客,即可选择"无申报"通道(亦称"绿色通道")通关。

①红色通道("申报"通道)

海外旅游者进入中国境内,一般须经"红色通道",事先要填写"旅客行李申报单"向海关申报,经海关查验后放行。申报单上所列的自用物品,海关加上"A"记号的,必须复带出境(例如录音机、照相机、摄像机等)。外国旅游者不准代他人携带物品进出境。

申报单不得涂改,不得遗失,出境时要再交海关办理手续;申报单位应据实填写,若申报不实或隐匿不报者,一经查出,海关将依法处理。

②绿色通道("无申报"通道)

持有中国主管部门给予外交、礼遇签证护照的外国籍人员及海关给予免验礼遇的人员,可选择"绿色通道"通关,但须向海关出示本人证件并按规定填写申报单据。

不明海关规定或不知如何选择通道的旅客,应选择"红色通道"通关。

(4)经海关验核签章的申报单证请妥善保管,以便回程时或者进境后凭此办理有关手续。海关加封的行李物品,请不要擅自开拆或者损毁海关施加的封志。

**(二)部分限制进、出境物品**

1. 烟酒

来往港澳地区的游客(包括港澳旅客和内地因私前往港澳地区探亲和旅游的旅客)可免税携带香烟200支,酒1瓶(不超过0.75升),其他进境旅客可免税携带香烟400支,酒2瓶(不超过1.5升)。

237

### 2. 旅行自用物品

非居民旅客及持有前往国家或地区再入境签证的居民旅客携进旅行自用物品限照相机、便携式收录音机、小型摄影机、手提式摄录机、手提式文字处理机每种一件。超出范围的,需向海关如实申报,并办理有关手续。经海关放行的旅行自用物品,旅客应在回程时复带出境。

### 3. 金、银及其制品

旅客携带金、银及其制品进境应以自用合理数量为限,其中超过50克的,应填写申报单证,向海关申报;复带出境时海关凭本次进境申报的数量核放。携带或托运出境在中国境内购买的金、银及其制品(包括镶嵌饰品、器皿等新工艺品),海关验凭中国人民银行制发的"特种发票"放行。

### 4. 外汇

旅客携带外币、旅行支票、信用证等进境,数量不受限制,但是必须向海关如实申报。复带出境,海关验凭本次进境时向海关申报登记数额查验放行。

旅客携带限额以外的外汇出境,海关验凭国家外汇管理局制发的"外汇携带证"查验放行。旅客携带外币、旅行支票、信用证等进境,数量不受限制。

### 5. 人民币

旅客携带人民币进出境,限额为20000元。

### 6. 文物(含已故现代著名书画家的作品)

旅客携带文物进境,如需复带出境,请向海关详细报明,旅客携运出境的文物,须经中国文化行政管理部门鉴定。携运文物出境时,必须向海关详细申报。对在境内商店购买的文物,海关凭中国文化行政管理部门的鉴定标志及文物外销发货票查验放行;才在境内通过其他途径得到的文物,海关凭中国文化行政管理部门的鉴定标志及开具的许可出口证明查验放行;未经鉴定的文物,请不要携带出境。携带文物出境不据实向海关申报的,海关将依法处理。

### 7. 中药材、中成药

旅客携带中药材、中成药出境,前往国外的,总值限人民币300元;前往港澳地区的,总值限人民币150元。寄往国外的中药材、中成药,总值限人民币200元;寄往港澳地区的,总值限人民币100元。进境旅客出境时携带用外汇购买的、数量合理的自用中药材、中药,海关凭有关发货票和外汇兑换水单放行。麝香以及超出上述规定限值的中药材、中成药不准出境。严禁携带犀牛角和虎骨进出境。

### (三)行李物品和邮递物品征税办法

为了简化计税手续和方便纳税人,中国海关对进境旅客行李物品和个人邮递物品实施了专用税则、税率。现行税率共有五个税级:免税、20%、50%、100%、200%。物品进口税从价计征;其完税价格,由海关参照国际市场零售价格统一审定,并对外公布实施。

### (四)禁止进出境物品

(1)禁止进境物品:各种武器、仿真武器、弹药及爆炸物品;伪造的货币及伪造的有价证券;对中国政治、经济、文化、道德有害的印刷品、胶卷、照片、唱片、影片、录音带、录像带、激光视盘、计算机存储介质及其他物品;各种烈性毒药;鸦片、吗啡、海洛因、大麻以及其他能使人成瘾的麻醉品、精神药物;带有危险性病菌、害虫及其他有害生物的动物、植物及其产品;有碍人畜健康的、来自疫区的以及其他能传播疾病的食品、药物或其他物品。

(2)2012年11月1日,国家质检总局发布的新版《出入境人员携带物检疫管理办法》正式实施,明确将燕窝(罐头装燕窝除外)、动物源性中药材、动物源性肥料、邮寄栽培介质、转基因生物材料列为禁止携带、邮寄进境的物品。

(3)禁止出境物品:列入禁止进境范围的所有物品;内容涉及国家秘密的手稿、印刷品、胶卷、照片、唱片、影片、录音带、录像带、激光视盘、计算机存储介质及其他物品;珍贵文物及其他禁止出境的文物;濒危的和珍贵的动物、植物(均含标本)及其种子和繁殖材料。

## 第三节　交通常识

### 一、航空客运

民航是重要的旅游出行工具,导游人员必须了解航空旅行的知识。

#### (一)航班

民航的运输飞行主要有三种形式,即班期飞行、加班飞行和包机飞行。其中,班期飞行是按照班期时刻表和规定的航线,定机型、定日期、定时刻的飞行;加班飞行是根据临时需要在班期飞行以外增加的飞行;包机飞行则是按照包机单位的要求,在现有航线上或以外进行的专用飞行。此外,还有不定期航班与季节性航班飞行。

航班分为定期航班和不定期航班,前者是指飞机定期自始发站起飞,按照规定

的航线经过经停站至终点站,或直接到达终点站的飞行。在国际航线上飞行的航班称为国际航班,在国内航线上飞行的航班称为国内航班。航班又分为去程航班和回程航班。

**(二)班次**

班次是指在单位时间内(通常用一个星期计算)飞行的航班数(包括去程航班与回程航班)。班次是根据运量需求与运能来确定的。

**(三)航班号**

国内航班的编号是由执行任务的航班公司的二字英语代码和四个阿拉伯数字组成。其中,第一数字表示执行该航班任务的航空公司的数字代码,第二个数字表示该航班的终点站所属的管理局或航空公司所在地的数字代码,第三和第四个数字表示该航班的具体编号,并且,第四个数字若为单数表示去程航班(由飞机基地出发的航班),双数则为回程航班(飞机返回基地的航班)。如 CA1501 是中国国际航空公司自北京至上海的飞机。

我国国际航班的航班号是由执行航班任务的航空公司的二字英语代码和三个阿拉伯数字组成。其中,中国国际航空公司的第一个数字为9,其他航空公司第一个数字以执行航班任务的该航空公司的数字代码表示。前者如中国国际航空公司北京至新加坡为 CA977,至东京为 CA919;后者如中国东方航空公司上海至新加坡为 MU545,至大阪为 MU515。目前,我国航空运输飞国际航线的航空公司有中国国际航空公司、中国东方航空公司、中国南方航空公司等。

**(四)机票**

1. 购票

乘坐飞机旅行,旅客应根据有关规定购买电子客票。购买电子客票需出示有效证件,例如,中国居民需出示本人的有效身份证件,外国人要出示护照,台湾同胞要持台湾居民来往大陆通行证或公安机关出具的其他有效身份证件购买客票。购买电子客票时使用的有效证件应与办理乘机手续时出示的有效证件相同。客票只限上所列姓名的旅客本人使用,不得转让和涂改,否则客票无效,票款不退。国内、国际机票的有效期为一年。

2. 机票种类

机票一般分为普通机票和特别机票。普通机票主要分为头等票、商务票及经济票三种,票价较高,但灵活方便,没有太多时间上的限制。特别机票分为旅游机票、团体机票、包机机票、学生机票、优惠机票等,价格较为优惠,但限制较多。

## 第九章 导游业务常识

机票根据购买对象分为成人票、儿童票、婴儿票等。成人票是指年满12周岁的人士应购买的机票。儿童票是指年满两周岁的但不满12周岁的儿童所购买的机票,票面价值是成人适用的正常票价的50%左右,提供座位。婴儿票是指不满两周岁的婴儿应购买的机票,票面价值是成人适用的正常票价的10%左右,不提供座位;如需单独占用座位时,应购买儿童票。每一个成人旅客若携带的婴儿超过一名时,超出的人数应购买儿童票。购买儿童票和婴儿票时,应出示有效的出生证明。

3. 退票

游客购买机票后因故不能按时出行,需要退票,必须持有效身份证件到开出航空客票的票务中心办理退票手续,支付相应的退票费:飞机离站前24小时之前退票,支付原票款5%的退票费;飞机离站前2小时之前24小时之内退票,支付原票款10%的退票费;飞机离站前2小时之内退票,支付原票款20%的退票费;在航班规定离站时间后退票,按误机处理。误机游客可以要求改乘后续航班,若要求改变承运人或退票支付相当于票价50%的误机费。注意航空公司规定,因为有的特别机票不能退票。

4. 有效期

正常票价的国内、国际机票有效期均为一年。

5. 客票遗失

旅客在乘机前丢失客票,应以书面形式向航空公司或销售代理人申请挂失,出示有效证件并提供足够的证明。丢失前若客票已被冒退,航空公司不承担责任。

### (五)乘机

1. 乘机

旅客应在航空公司规定的时限内到达机场,凭客票和有效身份证件办理乘机手续。按规定,乘坐国内航班的旅客须在班机起飞前90分钟抵达机场。班机起飞前30分钟机场停止手续办理。

2. 安全检查

旅客的托运行李和非托运行李都必须经过安全检查仪器检查,拒绝接受安全检查的人员,不准登机或进入候机隔离区,损失自行承担。

3. 误机

误机旅客须在原航班离站后的次日中午12时(含)以前,到乘机机场的承运人乘机登记处、承运人售票处或承运人地面服务代理人售票处办理误机确认。办理了误机确认手续的旅游者,如要求改乘续航班,可在上述地点或原购票地点办理变更手续。若要求退票的,应交付票价50%的误机费。

4. 航班延误或取消

如因航班取消、提前、延误、航程改变或承运人不能提供原订座位时,旅客要求退票,始发站应退还全部票款,经停地应退还还未使用航段的全部票款,均不收取退票费。

### (六)民航发展基金

自2012年4月1日起,每位乘国内航班的旅客每次需缴纳50元民航发展基金,乘国际航班的旅客需缴纳90元的民航发展基金。

### (七)行李

1. 随身携带物品

头等舱旅客,每人可随身携带2件物品;公务舱或经济舱旅客,每人只能随身携带1件物品;每件物品的体积均不得超过20厘米×40厘米×55厘米,重量不超过5千克。

2. 免费行李额

持成人票或儿童票的旅客,每人可免费托运行李:头等舱40千克,公务舱30千克,经济舱20千克。持婴儿票的旅客无免费行李额。

3. 不准作为行李运输的物品

旅客不得在托运的行李或随身携带物品内夹带易燃、易爆、腐蚀、有毒、放射性物品和可聚合物质、磁性物质、危险溶液及其他危险物品。旅客乘机不得携带和托运仿真手枪、微型发射器、各类攻击性武器、弹药军械、爆炸物品以及管制刀具、利器和凶器。

4. 禁止随身携带但可作为行李托运的物品

可能危害航空安全的菜刀、大剪刀、大水果刀、剃须刀等生活用刀具,手术刀、屠宰刀、雕刻刀等专业刀具,文艺单位表演用的刀、矛、剑、戟等,以及斧、凿、锤、锥、加重或有尖的手杖、铁头登山杖和其他可用来危害航空安全的锐器、钝器。对于查获的刀具,一律由民航安检部门暂存;对故意隐匿携带刀具的人员,一律交由中国民航公安机关审查处理。

5. 不准在托运行李内夹带的物品

旅客不得在托运行李内夹带重要文件、资料、外交信袋、证券、货币、汇票、贵重物品、易碎易腐物品以及其他需要专人照管的物品。若行李遗失,航空公司只按一

## 第九章 导游业务常识

般托运行李承担赔偿责任。严禁乘机旅客利用客票为他人交运行李,严禁为不相识的人捎带物品。因违反上述规定造成误机的损失由旅客自行承担。

另外按规定,乘坐国内航班的旅客禁止随身携带液态物品,但可办理交运,其包装应符合民航运输有关规定。旅客携带少量自用的化妆品,每种化妆品限带一件,其容器容积不得超过100毫升,并应置于独立袋内,接受开瓶检查。无论是手提行李还是托运行李都禁止夹带打火机和火柴。旅客不能携带未关闭的手机、电脑等物品及强磁类物品乘坐飞机。旅客自用的手机、电脑、锂电池等物品,应随身携带。

6. 行李赔偿

根据《中国民航旅客、行李国内运输规则》规定,托运行李被损坏或丢失,赔偿金额应低于100元人民币/千克(2.2磅)(或等值外币)。如行李价值不足100元人民币/千克(2.2磅)(或等值外币),则根据行李的实际价值赔偿。重要文件和资料、货币、贵重物品、易碎易腐物品等不能夹入行李托运,如果托运的行李内夹带上述物品发生遗失或损坏,航空公司按一般托运行李承担责任,即每千克托运行李赔偿金额不超过100元。

### (八)旅客保险

旅客可以自行决定向保险公司投保国内航空运输旅客人身意外伤害保险。此项保险金额的给付,不免除或减少承运人应当承担的赔偿限额。

### (九)其他

1. 健康

患有重病的旅客购票,须持有医疗单位出具的适于乘机的证明,并事先经航空公司或其销售代理人同意,方可购票。

2. 特殊旅客

无成人陪伴的儿童、病残旅客、孕妇、盲人等特殊旅客,只有在符合航空公司规定的条件下经航空公司预先同意并做出必要安排后方可购票乘机。

3. 航班不正常服务

因航空公司的原因,造成航班延误或取消,航空公司免费向旅客提供食宿等服务;由于天气等不可抗拒的因素,在始发站造成延误或取消,航空公司可协助旅客安排食宿,费用由旅客自理。

4. 机舱等级

F(头等舱,First Class);C(公务舱,Business Class);Y(经济舱,Economy Class or Coach)。

## 二、铁路客运

### (一)旅客列车种类

按车次前冠有的字母分为:

"G"字头为高铁列车;

"C"字头为城际动车组列车;

"D"字头为动车组列车;

"Z"字头为直达特快列车;

"T"字头为特快旅客列车;

"K"字头为快速旅客列车;

"L"为客普快列车。

按4位阿拉伯数字分为:

普通列车快车(1×××、2×××、3×××、4×××、5×××)

普通旅客慢车(6×××、7×××、8×××、9×××)

### (二)车票

1. 车票种类

车票是旅客乘车的凭证,同时也是旅客加入铁路意外伤害强制保险的凭证。车票分为两种:客票和附加票。前者包括软座、硬座,后者包括加快票(特别加快、普通加快)、卧铺票(高级软卧、软卧、包房硬卧、硬卧)、空调票。

2. 儿童票

身高1.2~1.5米的儿童乘车时,应随同成人购买座别相同的半价客票、加快票及相应空调票。超过1.5米的儿童乘车时,应购买全价票。每一位成人旅客可以免费携带身高不够1.2米的儿童一名;超过的人数应买儿童票。

3. 学生票

符合购买学生票条件的在校无收入学生一律凭优惠卡购买半价硬座客票、加快票和空调票。

4. 购票

2012年1月1日(乘车日期)起,全国所有旅客列车实行车票实名制,旅客需凭本人有效身份证件或复印件购买车票。同一乘车日期、同一车次,一张有效身份证件只能购买一张实名制车票。

## 第九章 导游业务常识

### 5. 退票
旅客在列车启动前不同时间段内退票,要缴纳不同的退票手续费。旅客开始旅行后一般不能退票。

### 6. 实名制车票遗失的补办
自 2012 年 5 月 10 日起,旅客购买的实名制车票丢失后,可在不晚于票面发站停止检票时间前 20 分钟到车站售票窗口办理挂失补办手续。

## (三)旅客携带物品
每位旅客免费携带物品的重量和体积是:儿童(包括免费儿童)10 千克,外交人员 35 千克,其他旅客 20 千克。物品的长度和体积要适于放在行李架上或座位下边,并不妨碍其他旅客乘坐和通行。物品的外部尺寸(长、宽、高的总和)最大不得超过 160 厘米;杆状物品的长度不得超过 200 厘米(乘动车不超过 130 厘米);重量不得超过 20 千克。超过规定的物品应办理托运。

凡是危险品(如雷管、炸药、鞭炮、汽油、煤油、电石、液化气等易爆、易燃、自燃物品,放射性物品和杀伤性剧毒物品),国家限制运输物品、妨碍公共卫生的物品、动物、管制刀具以及损坏或污染车辆的物品都不得带入车内。

## (四)高速铁路
按照《综合交通网中长期发展规划》,继京津城际高速铁路之后,我国将建设以"四纵四横"为重点的高速铁路网。"四纵"即北京—上海、北京—香港、北京—哈尔滨和杭州—深圳,"四横"即青岛—太原、徐州—兰州、南京—成都和杭州—昆明。至 2020 年,我国高速铁路总规模将为 1.8 万公里。

## (五)乘火车赴西藏的要求
乘火车赴西藏需先行阅读火车站公布的《高原旅行提示》,然后认真填写"旅客健康登记卡"。上车时,需同时出示车票和填写完整的"旅客健康登记卡"。

外国人、台湾地区同胞购买赴藏火车票,须出示西藏自治区外事办公室或旅游局、商务厅的批准函(电),或者出示中国内地司局级接待单位出具的、已征得自治区上述部门同意的证明信函。

## 三、水上客运

### (一)水路布局
根据交通部公布的《全国内河航道与港口布局规划》,至 2020 年,全国将形成长江干线、西江航运干线、京杭运河、长江三角洲高等级航道网、珠江三角洲高等级航道网、18条主要干支流高等级航道(简称两网十八线)和28个主要港口的布局,遍及全国20个省市区。

### (二)水陆交通的种类

中国的水陆交通分为沿海航运和内河航运两大类。

旅行在沿海和江湖上的客轮大小不等,海上的设备差异很大。大型客轮的舱室一般分五等:一等舱(软卧,1~2人)、二等舱(软卧,2~4人)、三等舱(硬卧,4~8人)、四等舱(硬卧,8~24人)和五等舱(硬卧),还有散席(包括坐席)。豪华客轮设有特等舱(由软卧卧室、休息室、卫生间等组成)。

### (三)船票

船票分普通船票和加快船票,又分为成人票、儿童票(1.1~1.4米的儿童)和残疾军人优待票。身高低于1.1米的儿童免票。每一成人旅客可免费携带1.1米以下儿童一名,超过一名时,超过的人数应购买儿童半价票。身高1.1~1.4米的儿童应购买儿童半价票。超过1.4米的儿童应买全票。持有"革命伤残军人证"的现役军人和退役军人可凭证购买半价票。

旅客在乘船前丢失船票,应另行购票;上船后旅客丢失船票,如能提出足够的证明,经确认后无须补票;无法证明,按有关规定处理。

### (四)行李

乘坐沿海和长江客轮,持全价票的旅客可随身携带免费行李30千克,持半价票者和免票儿童可带15千克;每件行李的体积不得超过0.2立方米,长度不超过1.5米,重量不超过30千克。乘坐其他内河客轮,免费携带的行李分别为20千克和10千克。

下列物品不准携带上船:法令限制运输的物品,有臭味、恶腥味的物品,能损坏、污染船舶和妨碍其他旅客的物品、爆炸品、易燃品、自燃品、腐蚀性物品、有毒物品、杀伤性物品以及放射性物质。

## 第四节 货币和保险常识

### 一、外汇

#### (一)外汇的概念及规定

外汇,是指以外币表示的可用于国际结算的一种支付手段,它包括外国货币

（纸币、铸币等）、外币有价证券（政府公债、国库券、公司债券、股票、息票等）、外币支付凭证（票据、银行存款凭证、邮政储蓄凭证等）以及其他外汇资金。

我国对外汇实行由国家集中管理、统一经营的方针。在中国境内，禁止外汇流通、使用、质押，禁止私自买卖外汇；禁止以任何形式进行套汇、炒汇、逃汇。

旅游者携入中国的外币和票据金额没有限制，但入境时必须据实申报；在中国境内，旅游者若需要钱时可持外汇到中国银行及各兑换点兑换，但要保存好银行出具的外汇兑换证明（俗称水单，其有效期为半年）。离境时，人民币如未用完，可持水单将其兑换回外汇，最后经海关核验申报单后可将未用完的外币和票证携出。

（二）在我国境内可兑换的外币

海外旅游者来华时携入的外汇和票据金额没有限制，但数额大时须在入境时据实申报；在中国境内，海外游客可持外汇到中国银行各兑换点兑换成人民币。世界上有150多种货币，在中国境内能兑换的外币有：美元、欧元、英镑、日元、澳大利亚元、加拿大元、瑞士法郎、丹麦克朗、挪威克朗、瑞典克朗、新加坡元、港币、马来西亚元、菲律宾比索、泰国铢、韩元和澳门元。我国台湾省的新台币，可按内部牌价收兑。

## 二、旅行支票

旅行支票是银行或旅行支票公司为方便旅行者，在旅行者交存一定金额后签发的一种面额固定的、没有指定的付款人和付款地点的定额票据。购买旅行支票后，游客可随身携带，在预先约定的银行或旅行社的分支机构或代理机构凭票取款，比带现金旅行安全、便利。

购买旅行支票时，旅行者要当场签字，作为预留印鉴；支取款项时必须当着付款单位的面在支票上签字；付款单位将2个签字核对无误后方予付款，以防假冒。中国银行在收兑旅行支票时收取0.75%的贴息。

## 三、信用卡

（一）信用卡的概念和分类

信用卡是指银行或其他专门机构为提供消费信用而发给客户在指定地点支取现金、购买货物或支付劳务费用的信用凭证，实际上是一种分期付款的消费者信贷。信用卡上印有持卡者姓名、持卡者账号及每笔赊购的限额、签字有效期和防伪标记等内容。

信用卡的种类很多。按持卡人的资信程度分为普通卡、金卡和白金卡（其资信程度依次递增）；按发卡机构的性质分为旅游卡（由商业、旅馆、服务等部门发出）和信用卡（银行或金融机构发出）；按使用地区分为世界通用卡和地区用卡。为了避免风险，发卡机构对其发行的信用卡规定使用期限一般为1年至3年，并规定一次取现或消费的最高限额。

我国目前受理的主要外国信用卡有七种：万事达卡、维萨卡、运通卡、大莱卡、JCB卡、百万卡和发达卡。

### （二）注意事项

(1) 有效期限：申办信用卡一定要问清信用卡的使用期限。

(2) 消费限额：持卡人要记住一次提取现款或消费的最高限额；有的银行卡还规定一天提取现款的次数。

(3) 超额消费：透支额度和还款计息方式。

## 四、保险知识

保险是一种风险转移机制，即个人或企业通过保险将一些难以确定的事故转移给别人去负担。以付出一笔已知的保险费为代价，就可将损失转移给保险公司承担。当然，办理保险本身并不能消除风险，保险只能为遭受风险损失的人提供经济补偿。

来华旅游者大多在本国、本地区投了旅行意外伤害保险，进入中国境内后，旅游团一般都自动加入了中国的保险。

### （一）旅游意外保险

#### 1. 保险相关内容

旅游意外保险是指旅行者向保险公司支付保险费，一旦旅游者在旅游期间发生意外事故（如得了急性病、受到意外伤害），由承诺的保险公司根据合同约定，向旅游者支付保险金的险种。该险种的有效期，对入境旅游者来说，为自被保险人参加旅行社安排的旅游行程时开始，至该旅行行程结束，办完出境手续出境时为止；对国内旅游者和出境旅游者者来说，为自被保险人在约定时间登上由旅行社安排的交通工具开始，至该次旅行结束离开旅行社安排的交通工具止。如果被保险人自行终止旅行社安排的旅游行程，则其保险期至中止旅游行程时间为止。该险种负责意外事故发生后导致的旅游者死亡、伤残以及医疗费用等。

2.旅游意外险的索赔程序

(1)取得有效凭证

当旅游者在保险有效期内发生保险责任范围内的事故时,陪同或客人在用外汇支付车费、医药费、急需用品费等费用时,要索取外汇发票。旅行社还必须及时取得事故发生地公安、医疗、承保保险公司或其分(支)公司等单位的有效凭证。

(2)事故通知

事故发生后,地陪应在24小时内通知当地分(支)社和当地保险公司,并在三天内向组团社递交书面报告。若延迟通知,使承保保险公司增加的额外查勘和检验等费用,将从所给付的保险金中扣还,所扣部分则由组团社承担,但因不可抗拒因素所导致的延误除外。

(3)事故核查

承保保险公司在接到旅行社报案后,进行调查核实,在核实期间,旅行社应做好协助工作,并向保险公司提供事故报告或出事地点当地政府的证明、县级以上(含县级)公立医院出具的被保险人"死亡证明"或法医的"死亡鉴定书",县级以上(含县级)公立医院出具的"残废证明书"及当地医院抢救治疗费用单据等。

(4)保险金的申请

被保险人身故时,由申请人填写保险金赔付申请书,旅行社应帮助相关人员收集证明和资料向承保保险公司申请赔付保险金。

<u>旅游意外险的索赔期限一般为事故发生之日起180天之内。</u>

(二)航空旅客意外伤害保险

航空旅客意外伤害保险简称为航意险,属自愿投保的个人意外伤害保险。此种保险旅游者可自愿购买一份或多份。其保险期限为自旅游者持保险合同约定航班班次的有效机票到达机场通过安全检查时起,至旅游者抵达目的港走出所乘航班班次的舱门时止(不包括舷梯与廊桥)。

(三)旅行社责任保险

<u>旅行社责任保险是指旅行社根据保险合同的约定,向保险公司支付保险费,保险公司对旅行社在业务经管过程中因工作疏忽或过失致使旅游者人身、财产遭受损害而应由旅行社承担的责任,承担赔偿保险金责任的险种。</u>该保险为强制性保险,其保险期限为一年。

# 第五节　特殊旅游项目的安全知识

## 一、高原旅游

### (一)高原旅游事故的预防

进入高原之前,要进行健康检查或咨询医生,若有心、肺、脑、肝、肾病变,严重贫血或高血压,请勿盲目进入高原。

1. 初到高原,提醒旅游者不可急速行走,也不能跑步,更不能做体力劳动,第一个晚上要早休息,多睡眠。不可暴饮暴食,以免加重消化器官的负担,最好不要饮酒和吸烟。要多食蔬菜、水果等富含维生素的食品,并多饮水。可服用一些常用的预防高原反应的药物,如红景天等,一般进入高原前两天开始服用,旅游途中也坚持服用,可以有效防止高原反应。

2. 感冒是急性高原肺水肿的主要诱因之一。高原温差特别大,很容易着凉并感冒,初到高原,要提醒旅游者防止因受凉而引起感冒。进入高原后的旅游行程安排很有讲究,不可盲目。要先到低海拔的地方,再到高海拔的地方。

3. 避免剧烈活动和情绪兴奋。避免洗过烫的热水澡,以免加快身体新陈代谢而加剧缺氧,导致肺水肿。坚持高糖类、高植物蛋白和低脂肪的饮食原则。糖类能够快速提供热量,使人适应高强度的活动,而且可增加氧气的交换通气量。过量的脂肪和动物蛋白可加重高原反应。高原反应容易导致失眠,可以适当服用安定片保证充足睡眠。

此外,16岁以下和60岁以上者,患有贫血、糖尿病和较严重的心脑血管疾病和慢性肺病者,精神疾病患者以及孕妇等不宜进入高原旅游。

### (二)高原旅游事故的处理

如有游客出现高原反应,给氧及降低高度是最有效的急救处理,若有休克现象,应优先处理,注意失温及其他并发症。一般而言,出现高原反应的患者降低至平地后,即可不治而愈。如果患者情况严重,需立即送医院治疗。

## 二、冰雪旅游

### (一)冰雪旅游事故的预防

冰雪旅游属于生态旅游范畴,是以冰雪气候旅游资源为主要的旅游吸引物,体验冰雪文化内涵的所有旅游活动形式的总称,是一项极具参与性、体验性和刺激性的旅游产品。在旅途中如果不注意天气的变化,特别是寒冷气候对人体的影响,就可能受到某些疾病的侵袭。在游客中,有些是从南方到北方,有些户外活动比较多,还有些是年老体弱者,这些人尤其需要防寒防冻。

1. 为了防止冻伤,提醒游客注意服装的保暖很重要。最外层的衣服应有防风性,可选呢绒、毛皮或皮革质地的衣服;羽绒衣内可形成相对不流动的空气层,保暖性很好,是冬季旅游的首选服装。内衣要柔软、吸湿、透气,以利保湿、干燥。要尽量减少皮肤暴露部位,对易于发生冻疮的部位,有必要经常活动或按摩。

2. 调整饮食,增加肌体代谢,是提高肌体产热能力的一种行之有效的方法。冬季旅游者的膳食中,蛋白质、碳水化合物和脂肪三大营养素以及矿物质、维生素的摄取量都要超过平常,不能像平时一样过分地强调限制脂肪和碳水化合物的摄取量。瘦肉类、蛋类、鲜鱼、豆制品、动物肝脏对补充人体热量很有好处,可适当多食用。

3. 要纠正喝酒取暖的错误观念。酒精和水不能产热,相反,酒精能刺激体表的血管,使体表血液循环增加,人感到"发热",实际上人体在丢失热量。

(二)冰雪旅游事故的处理

1. 当有人发生冻伤时,应让患者迅速脱离寒冷环境,防止继续受冻。
2. 对于伴有冻伤的低体温患者,最重要的是肢体复温以前先完成体液复苏和恢复核心体温,以预防突然出现的低血压和休克。
3. 对于冻伤严重的患者需要立即送医院做进一步治疗。

### 三、沙漠旅游

沙漠是一个地面完全被沙所覆盖、植物非常稀少、雨水稀少、空气干燥的荒芜地区。由于环境和气候条件的特殊性,在旅行前需要我们做好充足的准备和规划合理安全的路线。

1. 由于沙漠风沙多,要提醒游客穿防风沙的衣服及戴纱巾;昼夜温差大,夜晚要准备防寒衣物;白天阳光充足紫外线强烈,脸上可擦防晒霜,戴太阳镜、遮阳帽;在沙漠行走时宜穿轻便透气的高帮运动鞋,以免沙子进入鞋内,影响走路。

2. 在出发前要仔细研究游览路线;毫无沙漠驾驶经验的司机应聘请当地司机作向导,也可预先联系边防部门,做好登记,以便发生意外时能第一时间获救;

3. 提醒游客若在沙漠中迷失方向,不要慌张,要正确地判断方向,如果判断不了,就在原地等待救援。

4. 提醒游客在沙漠旅游中遇见沙暴时,要凭目力的观察选择逃避的方向,只要避过风的正面,大都能化险为夷。千万不要到沙丘的背风坡躲避,否则有被沙暴埋葬的危险。

### 四、漂流旅游

#### (一)漂流旅游事故的预防

漂流是一项人与自然环境交融的自助旅游活动,由于人需乘漂艇于情况不明的激流中,因此,了解关于漂流的情况及安全须知是必要的。

1. 下水前一定穿好救生衣,将衣襟带子及腰带全部扎紧扎牢,因为一旦翻船这衣服可是绝对救生的。

2. 在漂流过程中也要注意留心船体是否被利石刮蹭。一旦发现或者对船的现状有疑义,立刻与领队或者护漂员反映,然后靠近可停留的岸边。

3. 由于全程跌水区及大落差区很多,请一定不要携带怕水的东西,以避免掉落或损坏。戴眼镜的游客找皮筋系上眼镜。

4. 漂流船通过险滩时要听从船工的指挥,不要随便乱动,应紧抓安全绳,收紧双脚,身体向船体中央倾斜。

5. 将码头电话告知旅游者,以备遇到紧急情况时与之联系。

#### (二)漂流旅游事故的处理

如遇游客落水或者遭遇危险的情况时,导游人员应立即组织抢救,必要时请救生员、救生艇协助救援;根据抢救溺水者的处理方式来处理。待溺水者恢复呼吸、心跳和知觉后,尽快送医院做进一步治疗。

### 五、低空旅游

低空旅游即通用航空旅游,是指人们在低空空域,依托通用航空运输、通用航空器和低空飞行器,所从事的旅游、娱乐和运动。

低空旅游的注意事项如下:

1. 登机游客要配合安检员进行安全检查,把随身携带的物品寄放安检处。

2. 禁止游客在机场控制区内吸烟与嬉戏打闹。

3. 严禁游客在直升机螺旋桨旋转时接近尾翼,游客要从安全区域进行登机和离开。

4. 为了保证飞行安全,登机后请立即系好安全带,在飞机降落前不得解开。

5. 若上机后身体不适等现象出现,应立即告诉机场。

## 六、温泉旅游

### (一)温泉旅游事故的预防

温泉旅游以健康养生为特色,集旅游、休闲、会务于一体,已成为21世纪旅游度假的一大热点。温泉旅游集旅游、休闲、健身于一体,正在成为休闲度假旅游的一大热点,温泉经济更是被称为朝阳产业中的朝阳。在北京、广东、福建、东北、四川等温泉资源丰富的省份,近年来温泉已经成为各大旅行社省内游增长最快的板块。温泉旅游的注意事项如下:

1. 避免空腹、饭后、酒后泡温泉,泡温泉与吃饭时间至少应间隔一小时。

2. 选择适应自身的高、中、低温度的温泉池,一般从低温到高温,每次15—20分钟即可,温泉不宜长时间浸泡。

3. 最好不要独自一人泡,以免发生意外。

4. 高血压、心脏病、糖尿病、血管病变者也应遵照医师的指示或友人陪伴才能入浴;癌症,白血病患者,因会刺激新陈代谢,导致身体加速衰弱,不宜浸泡;营养不良或是病后身体极度衰弱时,暂勿浸温泉。

5. 泡完温泉后不必再用清水冲洗,但是强酸性温泉和硫化氢温泉刺激性较大,最好还是再冲洗一下,以防有副作用,皮肤容易过敏的游客更要注意了。

### (二)温泉旅游事故的处理

1. 当游客出现胸闷、口渴、头晕等现象时,就得立马上池边歇歇,或喝点饮料补充水分。

2. 当游客出现休克或者严重不舒服时,需立即送医就诊。

## 第六节　其他常识

### 一、时差

英国格林尼治天文台每天所报的时间,被称为国际标准时间,即"格林尼治时间"。人们在日常生活中所用的时间,是以太阳通过天体子午线的时刻——"中午"作为标准来划分的。每个地点根据太阳和子午线的相对位置确定的本地时间,称"地方时"。

地球每24个小时自转一周(360°),每小时自转15°。自1884年起,国际上将全球划分为24个时区,每个时区的范围为15个经度,即经度相隔15°,时间差1小时。以经过格林尼治天文台的零度经线为标准线,从西经7.5°到东经7.5°为中区(称为0时区)。然后从中区的边界线分别向东、西每隔15°各划一个时区,东、西各有12个时区,而东、西12区都是半时区,合称为12区。各时区都以该区的中央经线的"地方时"为该区共同的标准时间。各时区之间时间差1小时,向西晚1小时,向东早1小时。

我国以位于东八区的北京时间作为全国标准时间。中国幅员辽阔,东西横跨经度64°,跨5个时区(从东五区到东九区),为方便起见,以北京时间作为全国的标准时间。

## 二、华氏温度与摄氏温度

世界上温度的测量标准有两种:摄氏(℃)、华氏(℉)。我国采用摄氏测量温度。导游人员应掌握摄氏与华氏之间的换算公式。

(一)摄氏(℃) = 5/9(℉ − 32)

例如,将90华氏度换算成摄氏度数。

5/9(90 − 32) = 5/9 × 58 ≈ 32.2

即90华氏度约等于32.2摄氏度。

(二)华氏(℉) = ℃ × 9/5 + 32

例如,将30摄氏度换算成华氏度数。

30 × 9/5 + 32 = 54 + 32 = 86

即30摄氏度等于86华氏度。

## 三、度量衡的换算

### (一)长度

1千米(公里) = 1km = 2市里 = 0.62英里

1米 = 1m = 1公尺 = 3市尺 = 3.28英尺 = 1.09码

1市里 = 0.5公里 = 0.31英里

1海里 = 3.70市里 = 1.15英里

1英里 = 1760码 = 5280英尺 = 1.61公里 = 3.22市里

1市尺 = 0.33米 = 1.09英尺 = 10市寸

1英尺 = 0.30米 = 0.91市尺 = 12英寸

## (二)面积

1 平方千米(平方公里)=1000000 平方米=100 公顷=1500 市亩

1 平方英里=2.59 平方公里=10.36 平方市里

1 公顷=10000 平方米=100 公亩=15 市亩=2.47 英亩

1 市亩=0.16 英亩=0.067 公顷

## (三)重量

1 吨(t)=1 公吨=1000 千克=0.98 英吨=1.10 美吨

1 千克(kg)=2 市升=2.20 磅(常衡)

1 磅(1b)=16 盎司=0.45 千克=0.91 市升

1 盎司(oz)=16 打兰=28.35 克=0.57 市两

1 克拉(宝石)=0.2 克

1 盎司=155.5 克拉=0.62 两

## (四)体(容)积

1 升(L)=1 公升=1 立升=1 市升=1.76 品脱(英)=0.22 加仑(英)

1 加仑(英)=4 夸脱=4.55 升=4.55 市升

1 市斗=10 市升=10 升

## 四、境外旅客离境退税

### (一)离境退税

离境退税政策,是指对境外游客在退税定点商店购买的随身携运出境的退税物品,按规定退税的政策。

### (二)退税条件

(1)在退税定点商店购买退税物品,购物金额达到起退点,并且按规定取得退税申请单等退税凭证。

(2)在离境口岸办理离境手续,离境前退税物品尚未启用或消费。

(3)离境日距退税物品购买日不超过 90 天。

(4)所购退税物品由境外旅客本人随身携带或托运出境。

(5)所购退税物品经海关验核并在退税申请单上签章。

(6)在指定的退税代理机构办理退税。

### (三)基本流程

离境退税政策适用于在中国大陆境内连续居住不超过 183 天的外国人和港澳

台同胞,其基本流程包括:购物申请退税、海关验核确认、代理机构退税和集中退税结算四个环节,境外旅客只涉及前三个环节。

## 一、判断题

1. 中国海关规定游客携带人民币进出境,限额为20000元。（   ）
2. 持成人票、儿童票、婴儿票的旅客,每人可免费托运行李为头等舱40千克,公务舱30千克,经济舱20千克。（   ）
3. 旅游意外险的索赔期限一般为事故发生之日起一年之内。（   ）
4. 1884年,国际上将全球划分为24个时区,每个时区的范围为15个经度。
（   ）

## 二、单项选择题

1. 下列人士,不属于限制出境的是(    )。
   A. 持无效出境证件的
   B. 持伪造、涂改或他人护照、证件的
   C. 人民法院通知有未了结民事案件不能离境的
   D. 拒绝接受查验证件的

2. 外汇是指以外币表示的可用于国际结算的一种支付手段,中国对外汇实行由(    )的方针。
   A. 国家集中管理、分散经营     B. 国家分散管理、统一经营
   C. 国家分散管理、分散经营     D. 国家集中管理、统一经营

3. 旅行支票与旅游信用卡的根本区别是(    )。
   A. 是否银行参与发行           B. 是否载有购买者姓名
   C. 是否兑付要当面签名         D. 是否指定了付款人和付款地点

4. 民航的运输飞行主要有三种形式,分别是(    )。
   A. 班期飞行、加班飞行和包机飞行
   B. 班期飞行、不定期航班飞行和季节性航班飞行
   C. 加班飞行、包机飞行和季节性航班飞行
   D. 班期飞行、加班飞行和不定期航班飞行

5. 旅游签证属于(    ),在中国为"L"签证。

第九章 导游业务常识

A. 公务签证 B. 普通签证
C. 礼遇签证 D. 外交签证

6. 乘坐国内航班的旅客必须提前到达机场,航班规定停止办理乘机手续的时间是飞机离站前( )。

A. 10 分钟　　B. 20 分钟　　C. 30 分钟　　D. 40 分钟

7. 持联程客票搭乘国际航班直接过境,在中国停留不超过( )且不出机场的外国人,可以免办签证。

A. 12 小时　　B. 24 小时　　C. 36 小时　　D. 48 小时

8. 乘坐飞机时,持头等舱成人票的旅客,每位免费行李的重量为( )。

A. 20 千克　　B. 30 千克　　C. 40 千克　　D. 50 千克

9. 我国发给政府一般官员、驻外使、领馆工作人员以及因公派往国外执行文化、经济等任务的人员的护照是( )。

A. 公务护照 B. 外交护照
C. 因公普通护照 D. 因私普通护照

10. 旅客在航班离站时间 24 小时之前申请退票,收取票价( )的退票手续费。

A. 10%　　B. 20%　　C. 5%　　D. 30%

## 三、多项选择题

1. 下列物品中属于部分限制进出境的是( )。

A. 烟酒 B. 外汇
C. 人民币 D. 中成药
E. 衣物

2. 下述来华游客中,无需办理入境签证的是( )。

A. 港澳台居民 B. 华侨
C. 外籍华人 D. 直接过境游客
E. 英国人

3. 中国边防检查规定( )不准出境。

A. 持无效证件出境的人

B. 未了结民事案件的人

C. 违反中国法律,主管机关认定需要追究责任的人

D. 犯罪嫌疑人

E. 普通居民

4. 航空旅客随身携带物品的体积和重量的要求为( )。

A. 体积不超过 20 厘米×40 厘米×55 厘米

B. 重量不超过 50 千克

C. 重量不超过 10 千克

D. 体积不超过 10 厘米×40 厘米×25 厘米

E. 重量不超过 5 千克

5. 下列关于面积的换算中,正确的是( )。

A. 1 亩≈666.67 平方米        B. 1 平方千米 = 10000 亩

C. 1 平方英里 = 3885 亩        D. 1 英亩≈6.07 亩

E. 1 公顷 = 10000 平方米

## 参考答案及解析

### 一、判断题

1. √ 【解析】我国海关规定,旅客携带人民币进出境限额为两万元,超出限额的禁止出境,如果携带外汇现钞折合人民币 5000 美元以上的,则海关需要凭银行出具的《携带外汇出境许可证》放行。

2. × 【解析】持婴儿票的旅客无免费行李额。

3. × 【解析】旅游意外险的索赔期限一般为事故发生之日起 180 天之内。

4. √ 【解析】地球每 24 个小时自转一周(360°),每小时自转 15°。自 1844 年起,国际上将全球划分为 24 个时区,每个时区的范围为 15 个经度,即经度相隔 15°,时间差 1 小时。

### 二、单项选择题

1. C 【解析】对下列人士,边防检查机关有权限制出境:持无效出境证件的;持伪造、涂改或他人护照、证件的;拒绝接受查验证件的。人民法院通知有未了结民事案件不能离境的属于不准出境人员。

2. D 【解析】中国对外汇实行"由国家集中管理、统一经营"的方针。

3. D 【解析】旅行支票没有指定的付款人和付款地点,信用卡有付款人和付款地点。

# 第九章 导游业务常识

4. A 【解析】民航的运输飞行主要有三种形式：班期飞行、加班飞行、包机飞行。

5. B 【解析】来中国旅游入境的人员的签证属于普通签证，在中国为"L"字签证。

6. C 【解析】乘坐国内航班的旅客必须提前到达机场，航班规定停止办理乘机手续的时间是飞机离站前30分钟。

7. B 【解析】持联程客票搭乘国际航班直接过境，在中国停留不超过24小时且不出机场的外国人，可以免办签证。

8. C 【解析】持成人票或儿童票的旅客，每位免费行李额为：头等舱40千克，公务舱30千克，经济舱20千克。

9. A 【解析】由于国家公务颁发的护照属于公务护照。

10. C 【解析】民航规定在飞机离站前2小时之内申请退票，收取票价20%的退票手续费；在飞机离站前24小时之前申请退票，收取5%的退票手续费。

三、多项选择题

1. ABCD

2. ABD 【解析】签证是一国主管机关在本国或外国公民所持的护照或其他旅行证件上签注、盖印，表示准其出入本国国境或者过境的手续。持联程客票搭乘国际航班直接过境，在中国停留不超过24小时且不出机场的外国人免办签证；要求临时离开机场的，需经边防检查机关批准。华侨回国探亲、旅游无需办理签证。港澳居民来华旅游只需办理港澳居民回乡证。台湾居民来华旅游只需办理台湾居民来往大陆通行证。

3. BCD

4. AE

5. ACDE 【解析】A项：1平方千米=1000000平方米=1500市亩，所以1市亩=1000000÷1500≈666.67平方米；B项：1平方千米=1500市亩；C项：1平方英里=2.59平方公里，1平方公里=1500市亩，所以1平方英里=2.59×1500=3885市亩；D项：1公顷=100公亩=15市亩=2.47英亩，所以1英亩=15÷2.47≈6.07市亩；E项：1公顷=10000平方米。

# 附 录

# 导游人员管理条例

**第一条** 为了规范导游活动,保障旅游者和导游人员的合法权益,促进旅游业的健康发展,制定本条例。

**第二条** 本条例所称导游人员,是指依照本条例的规定取得导游证,接受旅行社委派,为旅游者提供向导、讲解及相关旅游服务的人员。

**第三条** 国家实行全国统一的导游人员资格考试制度。

具有高级中学、中等专业学校或者以上学历,身体健康,具有适应导游需要的基本知识和语言表达能力的中华人民共和国公民,可以参加导游人员资格考试;经考试合格的,由国务院旅游行政部门或者国务院旅游行政部门委托省、自治区、直辖市人民政府旅游行政部门颁发导游人员资格证书。

**第四条** 在中华人民共和国境内从事导游活动,必须取得导游证。

取得导游人员资格证书的,经与旅行社订立劳动合同或者在导游服务公司登记,方可持所订立的劳动合同或者登记证明材料,向省、自治区、直辖市人民政府旅游行政部门申请领取导游证。

具有特定语种语言能力的人员,虽未取得导游人员资格证书,旅行社需要聘请临时从事导游活动的,由旅行社向省、自治区、直辖市人民政府旅游行政部门申请领取临时导游证。

导游证和临时导游证的样式规格,由国务院旅游行政部门规定。

**第五条** 有下列情形之一的,不得颁发导游证:

(一)无民事行为能力或者限制民事行为能力的;

(二)患有传染性疾病的;
(三)受过刑事处罚的,过失犯罪的除外;
(四)被吊销导游证的。

**第六条** 省、自治区、直辖市人民政府旅游行政部门应当自收到申请领取导游证之日起 15 日内,颁发导游证;发现有本条例第五条规定情形,不予颁发导游证的,应当书面通知申请人。

**第七条** 导游人员应当不断提高自身业务素质和职业技能。

国家对导游人员实行等级考核制度。导游人员等级考核标准和考核办法,由国务院旅游行政部门制定。

**第八条** 导游人员进行导游活动时,应当佩戴导游证。

导游证的有效期限为 3 年。导游证持有人需要在有效期满后继续从事导游活动的,应当在有效期限届满 3 个月前,向省、自治区、直辖市人民政府旅游行政部门申请办理换发导游证手续。

临时导游证的有效期限最长不超过 3 个月,并不得展期。

**第九条** 导游人员进行导游活动,必须经旅行社委派。

导游人员不得私自承揽或者以其他任何方式直接承揽导游业务,进行导游活动。

**第十条** 导游人员进行导游活动时,其人格尊严应当受到尊重,其人身安全不受侵犯。导游人员有权拒绝旅游者提出的侮辱其人格尊严或者违反其职业道德的不合理要求。

**第十一条** 导游人员进行导游活动时,应当自觉维护国家利益和民族尊严,不得有损害国家利益和民族尊严的言行。

**第十二条** 导游人员进行导游活动时,应当遵守职业道德,着装整洁,礼貌待人,尊重旅游者的宗教信仰、民族风俗和生活习惯。

导游人员进行导游活动时,应当向旅游者讲解旅游地点的人文和自然情况,介绍风土人情和习俗;但是,不得迎合个别旅游者的低级趣味,在讲解、介绍中掺杂庸俗下流的内容。

**第十三条** 导游人员应当严格按照旅行社确定的接待计划,安排旅游者的旅行、游览活动,不得擅自增加、减少旅游项目或者中止导游活动。

导游人员在引导旅游者旅行、游览过程中,遇有可能危及旅游者人身安全的紧急情形时,经征得多数旅游者的同意,可以调整或者变更接待计划,但是应当立即报告旅行社。

第十四条  导游人员在引导旅游者旅行、游览过程中,应当就可能发生危及旅游者人身、财物安全的情况,向旅游者作出真实说明和明确警示,并按照旅行社的要求采取防止危害发生的措施。

第十五条  导游人员进行导游活动,不得向旅游者兜售物品或者购买旅游者的物品,不得以明示或者暗示的方式向旅游者索要小费。

第十六条  导游人员进行导游活动,不得欺骗、胁迫旅游者消费或者与经营者串通欺骗、胁迫旅游者消费。

第十七条  旅游者对导游人员违反本条例规定的行为,有权向旅游行政部门投诉。

第十八条  无导游证进行导游活动的,由旅游行政部门责令改正并予以公告,处1000元以上3万元以下的罚款;有违法所得的,并处没收违法所得。

第十九条  导游人员未经旅行社委派,私自承揽或者以其他任何方式直接承揽导游业务,进行导游活动的,由旅游行政部门责令改正,处1000元以上3万元以下的罚款;有违法所得的,并处没收违法所得;情节严重的,由省、自治区、直辖市人民政府旅游行政部门吊销导游证并予以公告。

第二十条  导游人员进行导游活动时,有损害国家利益和民族尊严的言行的,由旅游行政部门责令改正;情节严重的,由省、自治区、直辖市人民政府旅游行政部门吊销导游证并予以公告;对该导游人员所在的旅行社给予警告直至责令停业整顿。

第二十一条  导游人员进行导游活动时未佩戴导游证的,由旅游行政部门责令改正;拒不改正的,处500元以下的罚款。

第二十二条  导游人员有下列情形之一的,由旅游行政部门责令改正,暂扣导游证3至6个月;情节严重的,由省、自治区、直辖市人民政府旅游行政部门吊销导游证并予以公告:

(一)擅自增加或者减少旅游项目的;

(二)擅自变更接待计划的;

(三)擅自中止导游活动的。

第二十三条  导游人员进行导游活动,向旅游者兜售物品或者购买旅游者的物品的,或者以明示或者暗示的方式向旅游者索要小费的,由旅游行政部门责令改正,处1000元以上3万元以下的罚款;有违法所得的,并处没收违法所得;情节严重的,由省、自治区、直辖市人民政府旅游行政部门吊销导游证并予以公告;对委派该导游人员的旅行社给予警告直至责令停业整顿。

第二十四条 导游人员进行导游活动,欺骗、胁迫旅游者消费或者与经营者串通欺骗、胁迫旅游者消费的,由旅游行政部门责令改正,处1000元以上3万元以下的罚款;有违法所得的,并处没收违法所得;情节严重的,由省、自治区、直辖市人民政府旅游行政部门吊销导游证并予以公告;对委派该导游人员的旅行社给予警告直至责令停业整顿;构成犯罪的,依法追究刑事责任。

第二十五条 旅游行政部门工作人员玩忽职守、滥用职权、徇私舞弊,构成犯罪的,依法追究刑事责任;尚不构成犯罪的,依法给予行政处分。

第二十六条 景点景区的导游人员管理办法,由省、自治区、直辖市人民政府参照本条例制定。

第二十七条 本条例自1999年10月1日起施行。1987年11月14日国务院批准、1987年12月1日国家旅游局发布的《导游人员管理暂行规定》同时废止。

# 导游服务质量标准

## 1. 范围

本标准规定了导游服务的质量要求,提出了导游服务过程中若干问题的处理原则。

本标准适用于各类旅行社在接待旅游者过程中提供的导游服务。

## 2. 定义

本标准采用下列定义

2.1 旅行社 travel service

依法设立并具有法人资格,从事招徕、接待旅游者,组织旅游活动,实行独立核算的企业。

2.2 组团旅行社(简称组团社) domestic tour wholesaler

接受旅游团(者)或海外旅行社预定,制定和下达接待计划,并可提供全程陪同导游服务的旅行社。

2.3 接待旅行社(简称接待社) domestic land operator

接受组团社的委托,按照接待计划委派地方陪同导游人员,负责组织安排旅游团(者)在当地参观游览等活动的旅行社。

2.4 领队 tour escort

受海外旅行社委派,全权代表该旅行社带领旅游团从事旅游活动的工作人员。

2.5 导游人员 tour guide

持有中华人民共和国导游资格证书、受旅行社委派、按照接待计划,从事陪同旅游团(者)参观、游览等工作的人员。导游人员包括全程陪同导游人员和地方陪同导游人员。

2.5.1 地方陪同导游人员(简称地陪)local guide

受接待旅行社委派,代表接待社,实施接待计划,为旅游团(者)提供当地旅游活动安排、讲解、翻译等服务的导游人员。

2.5.2 全程陪同导游人员(简称全陪)national guide

受组团旅行社委派,作为组团社的代表,在领队和地方陪同导游人员的配合下实施接待计划,为旅游团(者)提供全旅程陪同服务的导游人员。

## 3. 全陪服务

全陪服务是保证旅游团(者)的各项旅游活动按计划实施,旅行顺畅、安全的重要因素之一。

全陪作为组团社的代表,应自始至终参与旅游团(者)全旅程的活动,负责旅游团(者)移动中各环节的衔接,监督接待计划的实施,协调领队、地陪、司机等旅游接待人员的协作关系。

全陪应严格按照服务规范提供各项服务。

3.1 准备工作要求

准备工作是全陪服务的重要环节之一。

3.1.1 熟悉接待计划

上团前,全陪要认真查阅接待计划及相关资料,了解旅游团(者)的全面情况,注意掌握其重点和特点。

3.1.2 做好物质准备

上团前,全陪要做好必要的物质准备,携带必备的证件和有关资料。

3.1.3 与接待社联络

根据需要,接团的前一天,全陪应同接待社取得联系,互通情况,妥善安排好有关事宜。

### 3.2 首站(入境站)接团服务要求

首站接团服务要使旅游团(者)抵达后能立即得到热情友好的接待,旅游者有宾至如归的感觉。要求如下:

a) 接团前,全陪应向接待社了解本站接待工作的详细安排情况;
b) 全陪应提前半小时到接站地点迎候旅游团(者);
c) 接到旅游团(者)后,全陪应与领队核实有关情况;
d) 全陪应协助领队向地陪交接行李;
e) 全陪应代表组团和个人向旅游团(者)致欢迎辞。欢迎辞应包括表示欢迎、自我介绍、表示提供服务的真诚愿望、预祝旅行顺利愉快等内容。

### 3.3 进住饭店服务要求

进住饭店服务应使旅游团(者)进入饭店后尽快完成住宿登记手续、进住客房、取得行李。为此,全陪应积极主动地协助领队办理旅游团的住店手续,并热情地引导旅游者进入房间,还应协助有关人员随时处理旅游者进店过程中可能出现的问题。

### 3.4 核对商定日程

全陪应认真与领队核对、商定日程。如遇难以解决的问题,应及时反馈给组团社,并使领队得到及时的答复。

### 3.5 各站服务要求

全陪各站服务,应使接待计划得以全面顺利实施,各站之间有机衔接,各项服务适时、到位,保护好旅游者人身及财产安全,突发事件得到及时有效处理,为此:

a) 全陪应向地陪通报旅游团的情况,并积极协助地陪工作;
b) 监督各地服务质量,酌情提出改进意见和建议;
c) 出现突发事件按附录A(标准的附录)的有关原则执行。

### 3.6 离站服务要求

全陪应提前提醒地陪落实离站的交通票据及准确时间,协助领队和地陪妥善办理离店事宜,认真做好旅游团(者)搭乘交通工具的服务。

### 3.7 途中服务要求

在向异地移动途中,无论乘坐何种交通工具,全陪应提醒旅游者注意人身和物品的安全;组织好娱乐活动,协助安排好饮食和休息,努力使旅游团(者)旅行充实、轻松、愉快。

### 3.8 末站(离境站)服务要求

末站(离境站)的服务是全陪服务最后的接待环节,要使旅游团(者)顺利离开末站(离境站),并留下良好的印象。

在当次旅行结束时,全陪应提醒旅游者带好自己的物品和证件,征求旅游者对接待工作的意见和建议,对旅途中的合作表示感谢,并欢迎再次光临。

### 3.9 处理好遗留问题

下团后,全陪应认真处理好旅游团(者)的遗留问题。

全陪应认真、按时填写《全陪日志》或其他旅游行政管理部门(或组团社)所要求的资料。

## 4. 地陪服务

地陪服务是确保旅游团(者)在当地参观游览活动的顺利,并充分了解和感受参观游览对象的重要因素之一。

地陪应按时做好旅游团(者)在本站的迎送工作;严格按照接待计划,做好旅游团(者)参观游览过程中的导游讲解工作和计划内的食宿、购物、文娱等活动的安排;妥善处理各方面的关系和出现的问题。

地陪应严格按照服务规范提供各项服务。

### 4.1 准备工作要求

做好准备工作,是地陪提供良好服务的重要前提。

#### 4.1.1 熟悉接待计划

地陪应在旅游团(者)抵达之前认真阅读接待计划和有关资料,详细、准确地了解该旅游团(者)的服务项目和要求,重要事宜作好记录。

#### 4.1.2 落实接待事宜

地陪在旅游团(者)抵达的前一天,应与各有关部门或人员落实、核查旅游团(者)的交通、食宿、行李运输等事宜。

#### 4.1.3 做好物质准备

上团前,地陪应做好必要的物质准备,带好接待计划、导游证、胸卡、导游旗、接站牌、结算凭证等物品。

### 4.2 接站服务要求

在接站过程中,地陪服务应使旅游团(者)在接站地点得到及时、热情、友好的接待,了解在当地参观游览活动的概况。

4.2.1 旅游团(者)抵达前的服务安排

地陪应在接站出发前确认旅游团(者)所乘交通工具的准确抵达时间。

地陪应提前半小时抵达接站地点,并再次核实旅游团(者)抵达的准确时间。

地陪应在旅游团(者)出站前与行李员取得联络,通知行李员将行李送往的地点。地陪应与司机商定车辆停放的位置。

地陪应在旅游团(者)出站前持接站标志,站立在出站口醒目的位置热情迎接旅游者。

4.2.2 旅游团(者)抵达后的服务

旅游团(者)出站后,如旅游团中有领队或全陪,地陪应及时与领队、全陪接洽。

地陪应协助旅游者将行李放在指定位置,与领队、全陪核对行李件数无误后,移交给行李员。

地陪应及时引导旅游者前往乘车处。旅游者上车时,地陪应恭候车门旁。上车后,应协助旅游者就座,礼貌地清点人数。

行车过程中,地陪应向旅游团(者)致欢迎辞并介绍本地概况。欢迎辞内容应包括:

a) 代表所在接待社、本人及司机欢迎旅游者光临本地;

b) 介绍自己姓名及所属单位;

c) 介绍司机;

d) 表示提供服务的诚挚愿望;

e) 预祝旅游愉快顺利。

4.3 入店服务要求

地陪服务应使旅游者抵达饭店后尽快办理好入店手续,进住房间,取到行李,及时了解饭店的基本情况和住店注意事项,熟悉当天或第二天的活动安排,为此地陪应在抵饭店的途中向旅游者简单介绍饭店情况及入店、住店的有关注意事项,内容应包括:

a) 饭店名称和位置;

b) 入店手续;

c) 饭店的设施和设备的使用方法;

d) 集合地点及停车地点。

旅游团(者)抵饭店后,地陪应引导旅游者到指定地点办理入店手续。

旅游者进入房间之前,地陪应向旅游者介绍饭店内就餐形式、地点、时间,并告知有关活动的时间安排。

地陪应等待行李送达饭店,负责核对行李,督促行李员及时将行李送至旅游者房间。

地陪在结束当天活动离开饭店之前,应安排好叫早服务。

4.4 核对、商定节目安排

旅游团(者)开始参观游览之前,地陪应与领队、全陪核对、商定本地节目安排,并及时通知到每一位旅游者。

4.5 参观游览过程中的导游、讲解服务要求

参观游览过程中的地陪服务,应努力使旅游团(者)参观游览全过程安全、顺利。应使旅游者详细了解参观游览对象的特色、历史背景等及其他感兴趣的问题。

4.5.1 出发前的服务

出发前,地陪应提前10分钟到达集合地点,并督促司机做好出发前的各项准备工作。

地陪应请旅游者及时上车。上车后,地陪应清点人数,向旅游者报告当日重要新闻、天气情况及当日活动安排,包括午、晚餐的时间、地点。

4.5.2 抵景点途中的讲解

在前往景点的途中,地陪应向旅游者介绍本地的风土人情、自然景观,回答旅游者提出的问题。

抵达景点前,地陪应向旅游者介绍该景点的简要情况,尤其是景点的历史价值和特色。抵达景点时,地陪应告知在景点停留的时间,以及参观游览结束后集合的时间和地点。地陪还应向旅游者讲明游览过程中的有关注意事项。

4.5.3 景点导游、讲解

抵达景点后,地陪应对景点进行讲解。讲解内容应繁简适度,应包括该景点的历史背景、特色、地位、价值等方面的内容。讲解的语言应生动,富有表达力。

在景点导游的过程中,地陪应保证在计划的时间与费用内,旅游者能充分地游览、观赏,做到讲解与引导游览相结合,适当集中与分散相结合,劳逸适度,并应特别关照老弱病残的旅游者。

在景点导游的过程中,地陪应注意旅游者的安全,要自始至终与旅游者在一起活动,并随时清点人数,以防旅游者走失。

4.6 旅游团(者)就餐时对地陪的服务要求

旅游团(者)就餐时,地陪的服务应包括:

a) 简单介绍餐馆及其菜肴的特色；
b) 引导旅游者到餐厅入座，并介绍餐馆的有关设施；
c) 向旅游者说明酒水的类别；
d) 解答旅游者在用餐过程中的提问，解决出现的问题。

4.7 旅游团（者）购物时对地陪的服务要求

旅游团（者）购物时，地陪应：

a) 向旅游团（者）介绍本地商品的特色；
b) 随时提供旅游者在购物过程中所需要的服务，如翻译、介绍托运手续等。

4.8 旅游团（者）观看文娱节目时对地陪的服务要求

旅游团（者）观看计划内的文娱节目时，地陪的服务应包括：

a) 简单介绍节目内容及其特点；
b) 引导旅游者入座。

在旅游团（者）观看节目过程中，地陪应自始至终坚守岗位。

4.9 结束当日活动的服务要求

旅游团（者）在结束当日活动时，地陪应询问其对当日活动安排的反映，并宣布次日的活动日程、出发时间及其他有关事项。

4.10 送站服务要求

旅游团（者）结束本地参观游览活动，地陪服务应使旅游者顺利、安全离站，遗留问题得到及时妥善的处理。

a) 旅游团（者）离站的前一天，地陪应确认交通票据及离站时间，通知旅游者移交行李和与饭店结账的时间；
b) 离饭店前，地陪应与饭店行李员办好行李交接手续；
c) 地陪应诚恳征求旅游者对接待工作的意见和建议，并祝旅游者旅途愉快；
d) 地陪应将交通和行李票证移交给全陪、领队或旅游者；
e) 地陪应在旅游团（者）所乘交通工具起动后方可离开；
f) 如系旅游团（者）离境，地陪应向其介绍办理出境手续的程序。如系乘机离境，地陪还应提醒或协助领队或旅游者提前72小时确认机座。

4.11 处理好遗留问题

下团后，地陪应认真处理好旅游团（者）的遗留问题。

## 5. 导游人员的基本素质

为保证导游服务质量,导游人员应具备以下基本素质。

### 5.1 爱国主义意识

导游人员应具有爱国主义意识,在为旅游者提供热情有效服务的同时,要维护国家的利益和民族的自尊。

### 5.2 法规意识和职业道德

#### 5.2.1 遵纪守法

导游人员应认真学习并模范遵守有关法律及规章制度。

#### 5.2.2 遵守公德

导游人员应讲文明,模范遵守社会公德。

#### 5.2.3 尽职敬业

导游人员应热爱本职工作,不断检查和改进自己的工作,努力提高服务水平。

#### 5.2.4 维护旅游者的合法权益

导游人员应有较高的职业道德,认真完成旅游接待计划所规定的各项任务,维护旅游者的合法权益。对旅游者所提出的计划外的合理要求,经主管部门同意,在条件允许的情况下应尽力予以满足。

### 5.3 业务水平

#### 5.3.1 能力

导游人员应具备较强的组织、协调、应变等办事能力。

无论是外语、普通话、地方语和少数民族语言,导游人员都应做到语言准确、生动、形象、富有表达力,同时注意使用礼貌用语。

#### 5.3.2 知识

导游人员应有较广泛的基本知识,尤其是政治、经济、历史、地理以及国情、风土习俗等方面的知识。

### 5.4 仪容仪表

导游人员应穿工作服或指定的服装,服装要整洁、得体。

导游人员应举止大方、端庄、稳重,表情自然、诚恳、和蔼,努力克服不合礼仪的生活习惯。

6. 导游服务质量的监督与检查

各旅行社应建立健全导游服务质量的检查机构，依据本标准对导游服务进行监督检查。

旅游行政管理部门依据本标准检查导游服务质量，受理旅游者对导游服务质量的投诉。

## 附录 A（标准的附录） 若干问题处理原则

A1 路线或日程变更

A1.1 旅游团(者)要求变更计划行程

旅游过程中，旅游团(者)提出变更路线或日程的要求时，导游人员原则上应按合同执行，特殊情况报组团社。

A1.2 客观原因需要变更计划行程

旅游过程中，因客观原因需要变更路线或日程时，导游人员应向旅游团(者)作好解释工作，及时将旅游团(者)的意见反馈给组团社和接待社，并根据组团社或接待社的安排做好工作。

A2 丢失证件或物品

当旅游者丢失证件或物品时，导游人员应详细了解丢失情况，尽力协助寻找，同时报告组团社或接待社，根据组团社或接待社的安排协助旅游者向有关部门报案，补办必要的手续。

A3 丢失或损坏行李

当旅游者的行李丢失或损坏时，导游人员应详细了解丢失或损坏情况，积极协助查找责任者。当难以找出责任者时，导游人员应尽量协助当事人开具有关证明，以便向投保公司索赔，并视情况向有关部门报告。

A4 旅游者伤病、病危或死亡

A4.1 旅游者伤病

旅游者意外受伤或患病时，导游人员应及时探视，如有需要，导游人员应陪同患者前往医院就诊。严禁导游人员擅自给患者用药。

A4.2 旅游者病危

旅游者病危时，导游人员应立即协同领队或亲友送病人去急救中心或医院抢救，或请医生前来抢救。患者如系某国际急救组织的投保者，导游人员还应提醒领

队及时与该组织的代理机构联系。

在抢救过程中,导游人员应要求旅游团的领队或患者亲友在场,并详细地记录患者患病前后的症状及治疗情况。

在抢救过程中,导游人员应随时向当地接待社反映情况;还应提醒领队及时通知患者亲属,如患者系外籍人士,导游人员应提醒领队通知患者所在国驻华使(领)馆;同时妥善安排好旅游团其他旅游者的活动。全陪应继续随团旅行。

A4.3 旅游者死亡

出现旅游者死亡的情况时,导游人员应立即向当地接待社报告,由当地接待社按照国家有关规定做好善后工作,同时导游人员应稳定其他旅游者的情绪,并继续做好旅游团的接待工作。

如系非正常死亡,导游人员应注意保护现场,并及时报告当地有关部门。

A5 其他

如遇上述之外的其他问题,导游人员应在合理与可能的前提下,积极协助有关人员予以妥善处理。

# 旅游饭店星级的划分与评定细则

## 1. 范围

本标准规定了旅游饭店星级的划分条件、评定规则及服务质量和管理制度要求。本标准适用于正式营业的各种经济性质的旅游饭店。

## 2. 规范性引用文件

下列文件中的条款通过本标准的引用而成为本标准的条款。凡是注日期的引用文件,其随后所有的修改单(不包括勘误的内容)或修订版均不适用于本标准,然而,鼓励根据本标准达成协议的各方研究是否可使用这些文件的最新版本。凡是不注日期的引用文件,其最新版本适用于本标准。

GB/T10001.1 标志用公共信息图形符号第1部分:通用符号(GB/T10001.1—2000,negISO7001:1990)

GB/T10001.2 标志用公共信息图形符号第2部分:旅游设施与服务符号(GB/T10001.2—2002,negISO7001:1990)

## 3. 术语和定义

下列术语和定义适用于本标准。

3.1 旅游饭店 touristhotel

能够以夜为时间单位向旅游客人提供配有餐饮及相关服务的住宿设施。按不同习惯它也被称为宾馆、酒店、旅馆、旅社、宾舍、度假村、俱乐部、大厦、中心等。

3.2 星级 star-rating

用星的数量和设色表示旅游饭店的等级。星级分为五个等级,即:一星级、二星级、三星级、四星级、五星级(含白金五星级)。最低为一星级,最高为白金五星级。星级越高,表示旅游饭店的档次越高。

3.3 预备星级 probationarystar-rating

作为星级的补充,其等级与星级相同。

## 4. 符号

星级以镀金五角星为符号,用一颗五角星表示一星级,两颗五角星表示二星级,三颗五角星表示三星级,四颗五角星表示四星级,五颗五角星表示五星级,五颗白金五角星表示白金五星级。

## 5. 总则

5.1 由若干建筑物组成的饭店其管理使用权应该一致,饭店内包括出租营业区域在内的所有区域应该是一个整体,评定星级时不能因为某一区域财产权或经营权的分离而区别对待。

5.2 饭店开业一年后可申请星级,经星级评定机构评定批复后,可以享有五年有效的星级及其标志使用权。开业不足一年的饭店可以申请预备星级,有效期一年。

5.3 除非本标准有更高要求,饭店的建筑、附属设施、服务项目和运行管理应符合安全、消防、卫生、环境保护等现行的国家有关法规和标准。

## 6. 星级的划分条件(略)

## 7. 星级的评定规则

7.1 星级评定的责任分工

7.1.1 旅游饭店星级评定工作由全国旅游饭店星级评定机构统筹负责,其责任是制定星级评定工作的实施办法和检查细则,授权并督导省级以下旅游饭店星级评定机构开展星级评定工作,组织实施五星级饭店的评定与复核工作,保有对各级旅游饭店星级评定机构所评饭店星级的否决权。

7.1.2 省、自治区、直辖市旅游饭店星级评定机构按照全国旅游饭店星级评定机构的授权和督导,组织本地区旅游饭店星级评定与复核工作,保有对本地区下级旅游饭店星级评定机构所评饭店星级的否决权,并承担推荐五星级饭店的责任。同时,负责将本地区所评星级饭店的批复和评定检查资料上报全国旅游饭店星级评定机构备案。

7.1.3 其他城市或行政区域旅游饭店星级评定机构按照全国旅游饭店星级评定机构的授权和所在地区省级旅游饭店星级评定机构的督导,实施本地区旅游饭店星级评定与复核工作,保有对本地区下级旅游饭店星级评定机构所评饭店星级的否决权,并承担推荐较高星级饭店的责任。同时,负责将本地区所评星级饭店的批复和评定检查资料逐级上报全国旅游饭店星级评定机构备案。

7.2 星级的申请

7.2.1 申请星级的旅游饭店,应执行《旅游统计调查制度》,承诺履行向全国旅游饭店星级评定机构提供不涉及本饭店商业机密的经营管理数据的义务。

7.2.2 旅游饭店申请星级,应向相应评定权限的旅游饭店星级评定机构递交星级申请材料;申请四星级以上的饭店,应按属地原则逐级递交申请材料。申请材料包括:饭店星级申请报告、自查自评情况说明及其他必要的文字和图片资料。

7.3 星级的评定规程

7.3.1 受理

接到饭店星级申请报告后,相应评定权限的旅游饭店星级评定机构应在核实申请材料的基础上,于14天内做出受理与否的答复。对申请四星级以上的饭店,其所在地旅游饭店星级评定机构在逐级递交或转交申请材料时应提交推荐报告或转交报告。

7.3.2 检查

受理申请或接到推荐报告后,相应评定权限的旅游饭店星级评定机构应在一个月内以明查和暗访的方式安排评定检查。检查合格与否,检查员均应提交检查报告。对检查未予通过的饭店,相应星级评定机构应加强指导,待接到饭店整改完成并要求重新检查的报告后,于一个月内再次安排评定检查。对申请四星级以上

的饭店,检查分为初检和终检:

a)初检由相应评定权限的旅游饭店星级评定机构组织,委派检查员以暗访或明查的形式实施检查,并将检查结果及整改意见记录在案,供终检时对照使用;初检合格,方可安排终检;

b)终检由相应评定权限的旅游饭店星级评定机构组织,委派检查员对照初检结果及整改意见进行全面检查;终检合格,方可提交评审。

### 7.3.3 评审

接到检查报告后一个月内,旅游饭店星级评定机构应根据检查员意见对申请星级的饭店进行评审。评审的主要内容有:审定申请资格,核实申请报告,认定本标准的达标情况,查验违规及事故、投诉的处理情况等。

### 7.3.4 批复

对于评审通过的饭店,旅游饭店星级评定机构应给予评定星级的批复,并授予相应星级的标志和证书。对于经评审认定达不到标准的饭店,旅游饭店星级评定机构不予批复。

### 7.4 星级的评定办法

7.4.1 星级的评定按照本标准及附录 A、附录 B 和附录 C 中给出的最低得分和得分率执行,服务与管理制度评价表参见附录 D。

7.4.2 星级评定和复核的检查工作由星级标准检查员承担。

### 7.5 星级的评定原则

7.5.1 饭店所取得的星级表明该饭店所有建筑物、设施设备及服务项目均处于同一水准。如果饭店由若干座不同建筑水平或设施设备标准的建筑物组成,旅游饭店星级评定机构应按每座建筑物的实际标准评定星级,评定星级后,不同星级的建筑物不能继续使用相同的饭店名称。否则,旅游饭店星级评定机构应不予批复或收回星级标志和证书。

7.5.2 饭店取得星级后,因改造发生建筑规格、设施设备和服务项目的变化,关闭或取消原有设施设备、服务功能或项目,导致达不到原星级标准的,应向原旅游饭店星级评定机构申报,接受复核或重新评定。否则,原旅游饭店星级评定机构应收回该饭店的星级证书和标志。

7.5.3 某些特色突出或极其个性化的饭店,若其自身条件与本标准规定的条件有所区别,可以直接向全国旅游饭店星级评定机构申请星级。全国旅游饭店星级评定机构应在接到申请后一个月内安排评定检查,根据检查和评审结果给予评定星级的批复,并授予相应星级的证书和标志。

7.6 星级的复核及处理

7.6.1 星级复核是星级评定工作的重要补充部分,其目的是督促已取得星级的饭店持续达标,其责任划分完全依照星级评定的责任分工。

7.6.2 对已经评定星级的饭店,旅游饭店星级评定机构应按照本标准及附录A、附录B和附录C进行复核,每年一次。

7.6.3 复核工作应在饭店对照星级标准自查自纠,并在将自查结果报告旅游饭店星级评定机构的基础上,由旅游饭店星级评定机构以明查或暗访的形式安排抽查验收。旅游饭店星级评定机构应于本地区复核工作结束后进行认真总结,并逐级上报复核结果。

7.6.4 对严重降低或复核认定达不到本标准相应星级的饭店,按以下办法处理:

a) 旅游饭店星级评定机构根据情节轻重给予签发警告通知书、通报批评、降低或取消星级的处理,并在相应范围内公布处理结果;

b) 凡在一年内接到警告通知书三次以上或通报批评两次以上的饭店,旅游饭店星级评定机构应降低或取消其星级,并向社会公布;

c) 被降低或取消星级的饭店,自降低或取消星级之日起一年内,不予恢复或重新评定星级;一年后,方可重新申请星级;

d) 已取得星级的饭店如发生重大事故,造成恶劣影响,其所在地旅游饭店星级评定机构应立即反映情况或在权限范围内做出降低或取消星级的处理。

7.6.5 饭店接到警告通知书、通报批评、降低星级的通知后,应认真整改并在规定期限内将整改情况报告处理机构。

7.6.6 旅游饭店星级评定机构对星级饭店进行处理的责任分工依照星级评定的责任分工办理。全国旅游饭店星级评定机构保留对各星级饭店的直接处理权。

7.6.7 凡经旅游饭店星级评定机构决定提升或降低、取消星级的饭店,应立即将原星级标志和证书交还授予机构,由旅游饭店星级评定机构做出更换或没收的处理。

7.7 星级的标志和证书

7.7.1 旅游饭店星级的标志和证书由全国旅游饭店星级评定机构统一制作、核发。

7.7.2 旅游饭店星级的标志应置于饭店前厅最明显位置。